トビー・ドッジ

イラク戦争は民主主義をもたらしたのか

山岡由美 訳
山尾大 解説

みすず書房

IRAQ: FROM WAR TO A NEW AUTHORITARIANISM

by

Toby Dodge

First published by Routledge, a member of Taylor & Francis Group,
for The International Institute for Strategic Studies, 2012

イラク戦争は民主主義をもたらしたのか　目次

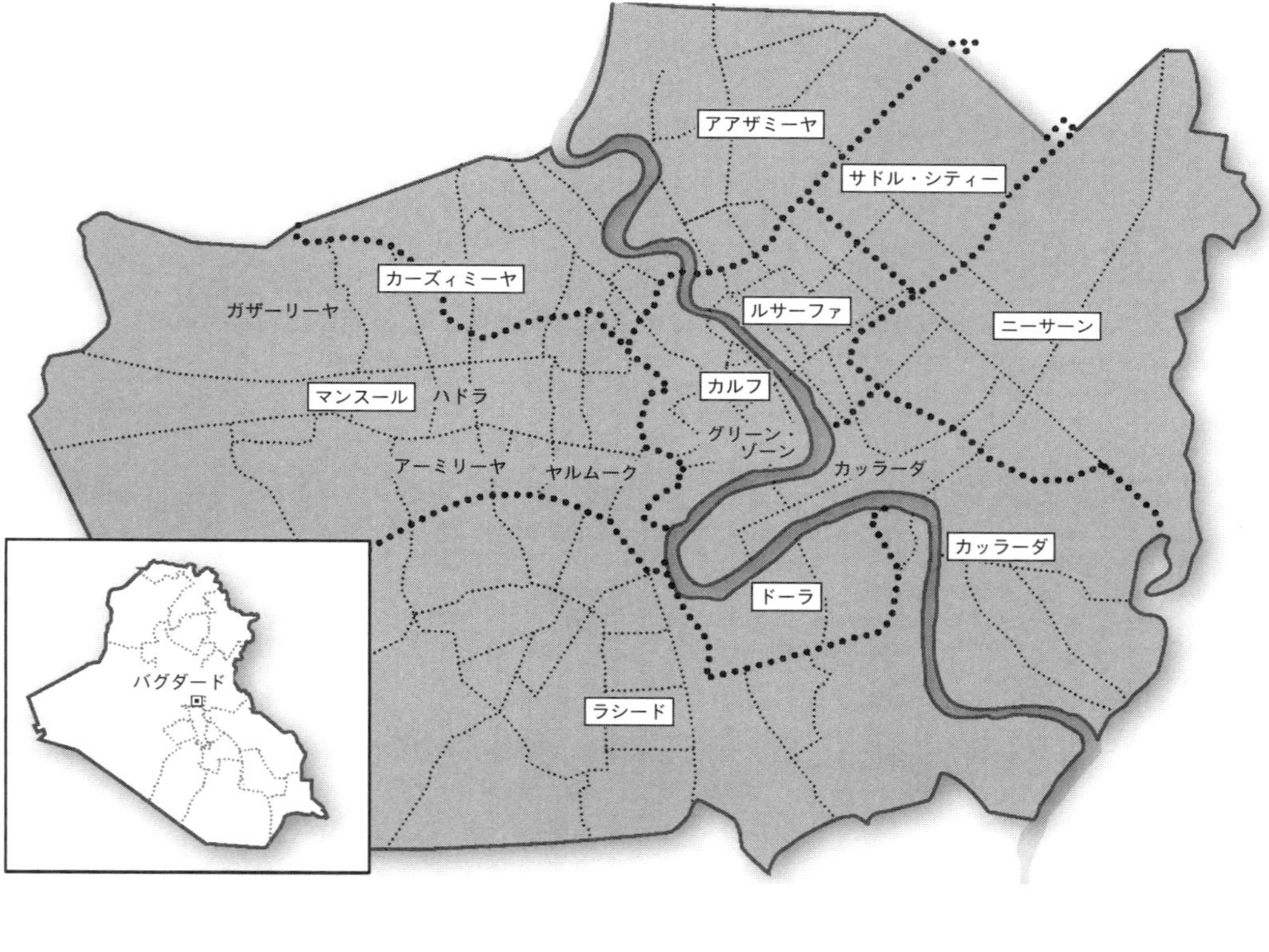
アアザミーヤ
サドル・シティー
カーズィミーヤ
ガザーリーヤ
ルサーファ
ニーサーン
マンスール
ハドラ
カルフ
グリーン・ゾーン
アーミリーヤ
ヤルムーク
カッラーダ
カッラーダ
ドーラ
ラシード
バグダード

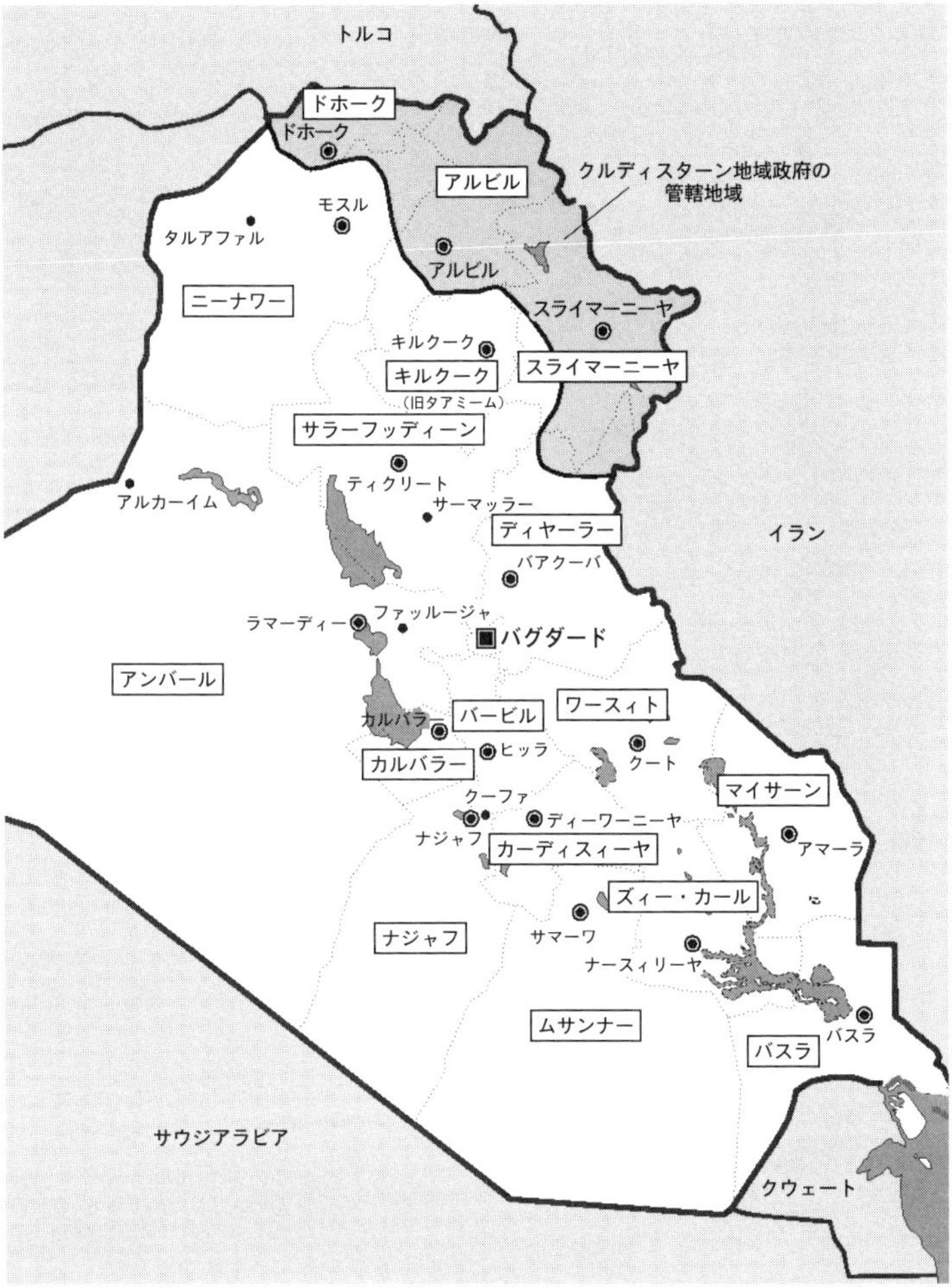

トルコ
ドホーク
ドホーク
アルビル
クルディスターン地域政府の
管轄地域
モスル
タルアファル
アルビル
ニーナワー
スライマーニーヤ
キルクーク
キルクーク
スライマーニーヤ
（旧タアミーム）
サラーフッディーン
ティクリート
アルカーイム
サーマッラー
ディヤーラー
イラン
バアクーバ
ファッルージャ
ラマーディー
バグダード
アンバール
ワースィト
バービル
カルバラー
ヒッラ
クート
カルバラー
マイサーン
クーファ
ディーワーニーヤ
ナジャフ
カーディスィーヤ
アマーラ
ズィー・カール
サマーワ
ナジャフ
ナースィリーヤ
ムサンナー
バスラ
バスラ
サウジアラビア
クウェート

ズヘイル・カーディリーの思い出に捧げる

序――未来の展望

主権国家イラク

二〇一一年一二月一五日、バグダード国際空港。警備の厳しい空港内施設で、レオン・パネッタ米国防長官が見守るなか、イラクにおけるアメリカのプレゼンスに正式に終止符が打たれた。その式典は、イラク侵攻から八年九カ月にわたり同地に駐留していた米軍の最終的な撤退を刻印するものだった。パネッタは演説のなかで、節度を保ちながらも陰鬱な調子で、占領期間中にイラク人とアメリカ人がともに払った犠牲を強調した(1)。

パネッタが消極的な物言いに終始したのも無理からぬことで、それにはふたつの理由がある。第一に、イラク人の政治的意見によって米軍が最終的にこの国から追放されたということがあげられる。ジョージ・W・ブッシュの政権とイラク側が合意した二〇〇八年の地位協定（SOFA）では、一一年末をもって米軍撤退を完了することが確定しており、戦闘部隊については〇九年六月までに都市、区、郡から撤収することとなっていた。ブッシュの後を襲ったバラク・オバマは選挙公約を踏まえ、戦闘部隊の撤退期限を一〇年八月に前倒しした。ところが一一年四月には、当初の完全撤退期限後も一万から二万の兵力を駐留させるため、アメリカ側が協定の再交渉を望んでいることが明らかとなった。イラク政府からその許可を得ようと、国防長官ロバート・ゲーツと統合参謀本部議長マイケル・マレン海軍大将がバグダードに赴いた。イラクの法律から米兵を保護することについて、イラク議会から承認を得ることも目指していた。五月後半にはゲーツ国防長官が、イラク軍の訓練を継続するために一一年一二月以降も八〇〇〇人以上の兵力を駐留させたいと語っている。[2] だがイラク政府側には、そんなことを受け入れるつもりはさらさらなかった。ヌーリー・マーリキー首相も一〇年一二月の時点でこの点をはっきりさせ、「撤退に関する協定は一一年一二月三一日に失効する。最後の一兵も（そのときまでに）イラクを去らねばならない」と語っている。[3] 一一年一〇月になると世論の圧力が高まり、イラク連立政権の主要メンバーは駐留継続のための最低限の条件すら米軍側に提示できないことが判明した。[4] つまり米軍は撤退せざるをえない状況に陥ったわけである。

だが、パネッタの演説が精彩を欠いていた第二の理由のほうが重要性をもつ。アメリカが再建しようとしている国家の安定と持続性に対する深い疑念が、それには関係しているからだ。二〇〇三年三月のイラク侵攻以後、アメリカはイラクを自由市場経済の民主主義国家に変換しようという露骨な試みに着手した。そのために国軍を解体し、既存のエリートを権力の座から追い落としている。しかしその後反体制暴動と内戦状態に直面したことで、アメリカは政策目的を大幅に縮小、国家を変換するのではなく、アメリカの撤退後も持ちこたえるだけの強さを備えた行政および軍事機構を設立することにした。[5] 当初に比べ限定的な目標を掲げたことで、アメリカはひとまず成功を収めることができた。

しかし一一年一二月の米軍撤退後、この国の政治はどのような軌跡をたどるのだろうか。深い疑念が、今も潜んでいる。

二〇〇三年三月にアメリカが有志連合を率いて侵攻したのは、イラクが中東を不安定化させる傾向を帯びていたからだった。世界第三位の石油埋蔵量、三三〇〇万の人口という要因が、イラクをこの地域における戦略的要衝のひとつにしている。また過去三〇年の間にイラクが展開してきた外交は、湾岸地域を不安定にする大きな要因でもあった。つまり戦略地政学的な意味でのイラクの重要性、そして中東の政治の不安定化にイラクが及ぼしてきた影響が、この国を湾岸地域の中心的存在にしたのである。

いまやイラクは完全な独立を果たした。だがこの国は将来、どのような方向に進むのだろうか。本書では将来の展望を試みるが、そのための手立てとして、三つの問いに取り組んでみたい。第一は、イラクは再び内戦状態に陥らずに済むか、そして二〇一〇年以来おびただしい数の死者を出しつづけている暴力を減じることができるのか、という問題である。第二は、この国が介入主義者たちの夢見るアラブ民主主義国家に近い国、つまり法の支配する多元主義的政体に変わるのか否か、という問い。そして最後の問いとして、イラクが再び近隣諸国にとって脅威になることはあるのかを検討する。過去においてはイラクの自律性と力と野心がこうした脅威を生み出していたのだが、〇三年から一二年までの間に明らかとなったのは、弱体化したイラクもまた、別の形で安全保障上の問題を引き起こすということである。ここでは〇三年の戦争後の政治・治安状況を分析し、それを基盤として右記の問いへの答えを導き出そうと思う。とくにこの国を内戦に引き込んだ要因、すなわち相互に連関した相異なる三つの要因、具体的には（一）社会文化的要因、（二）国家の行政機関および警察・軍事機関の脆弱性、（三）戦後の政治を形づくっている憲法的枠組み、に注目する。

戦後の安定性を測る

イラクの安定性を測る際によく用いられるアプローチは、民間人の死亡率を算出するというものである。しかし――紛争の苛烈さを考えればもっともなことではあるが――死傷者に関するデータにはばらつきがあり、議論の余地が残る。イラクの死傷者についての医学的調査として広く受け入れられているものに、二〇〇八年一月の『ニューイングランド・ジャーナル・オブ・メディシン』に掲載された研究がある。その試算によると〇二年一月から〇六年一月の間に一五万一〇〇〇人が暴力により死亡した。(6) また、報道記事を収集している非政府組織の「イラク・ボディ・カウント」は、開戦時から一二年一一月までの間に一〇万九七二〇人から一一万九八七九人の民間人が死亡したことを示唆する米国政府の文書をリークした。(7) ブルッキングス研究所の『イラク・インデックス』にも、「イラク・ボディ・カウント」の最新データとイラク内務省および米軍の公表した統計を合計した数字が掲載されている。その推計によると、開戦時から一二年六月までの間に一一万六四〇九人の民間人が死亡したという。(8)

公表されている数字が正確なものであるか否かは別として、民間人の死者数には明らかな傾向があることが確認でき（六ページのグラフを参照）、この国の安定性の水準が変化していることがうかがえる。突出して大きい値がいくつか含まれるが、それを度外視すると、暴力によって死亡した人の数は二〇〇三年五月から〇六年二月にかけて増えつづけている。「イラク・ボディ・カウント」の推計では一日あたりの死者の数は段階的に増えており、〇六年三月から〇七年三月までのピーク時には一日七三人に達した。[9]『イラク・インデックス』も民間人の年間死亡者数を追跡調査しており、それによると、〇三年の七三〇〇人がピーク時の〇六年には三万四五〇〇人にはねあがった。

戦後初の議会選挙が行われた二〇〇五年に、紛争が内戦に変わったことは間違いない。学術的定義として広く受け入れられている内戦とは、「一義的に国内規模の」紛争で、「効果的抵抗の能力を有する暴動側の軍隊と中央政府の軍隊とが対立」している状況において、戦場での年間死亡者数が一〇〇〇人を超えるものを指し、〇五年のイラクはこの定義に合致する。[10]〇六年二月二二日に北部のシーア派聖地サーマッラーのアスカリー廟が破壊されると、暴力による民間人の死亡者数は激増した。この事件は宗派対立を原因とする殺人を激化させる危険をはらむものだったといえるが、バグダードの国連事務所の推計によると、この年には三万四四五二人の民間人が殺害されたという。[11]これが内戦に等しいということを疑う向きがあったとしたら、暴力とそれに関連して引き起こされた人々の移住がどのような性質のものかを考えれば、その疑念は払拭されるに違いない。裏づけとなる確たる証拠はないものの、アスカリー廟の爆破事件後に超法規的殺人によって命を失ったバグダードのスンナ派の数は一カ月に一〇〇〇人、家を追われたイラク人は三六万五〇〇〇人である。[12]内戦の原因を研究しているニコラス・サンバニスは「暴力の水準はあまりに高く、一九四五年以後に発生したほとんどの内戦の水準をはるかに超えるほどだ」と語る。[13]

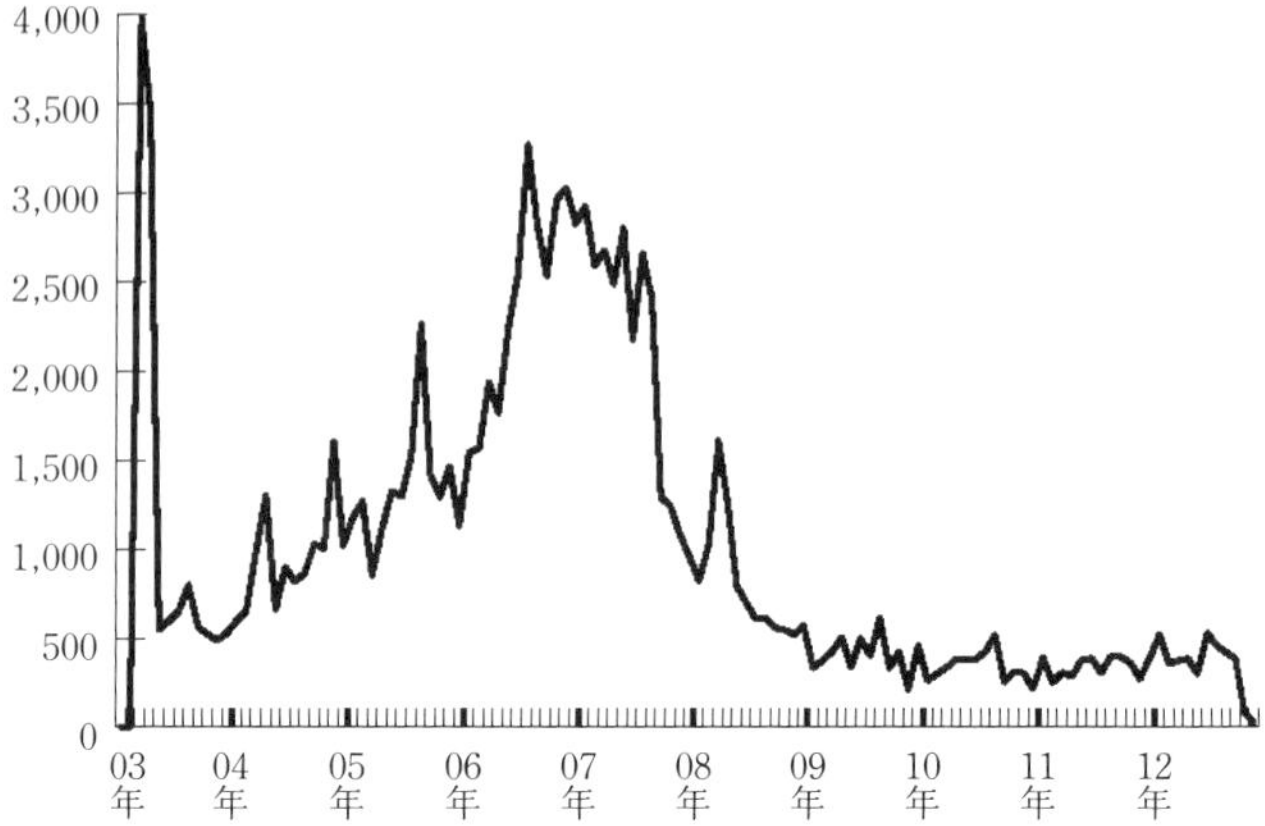

暴力により死亡したイラクの民間人数（2003年３月—2012年11月）.
出典：Iraq Body Count（www.iraqbodycount.org）.

内戦関連の暴力が頂点に達したのは二〇〇六年一〇月だった。『イラク・インデックス』の推計によると、このわずか一ヵ月の間に三七〇九人が死亡したという。〇七年一月一〇日にはブッシュ米大統領がテレビ演説でイラク政策の大幅転換を発表。一般にサージ（surge）と呼ばれるこの措置により、追加兵力として三万九〇〇〇人を投入し、イラク人社会のただなかに展開することとなった。そして同年二月以降は、イラクにおける民間人の死者が徐々に減少。〇八年半ばには一ヵ月間の死亡者が五〇〇人を下回った。その後も数字は減りつづけ、一ヵ月に三〇〇人となった。これが意味するところは、本稿執筆時点もイラクは数字のうえで依然として内戦状態にあるということだ。とはいえ、暴力がピークに達した〇六年に比べれば、紛争の苛烈さと範囲が大幅に減じたことは否定できない。

イラクの体制転換後、アメリカ政府はさまざまな尺度（ベンチマーク）を使って安定化の進展度を測ってきた。二〇〇七年までは大きな「転換点」を必要以上に強調している。その最初の例がサッダーム・フセインの米軍による拘束（〇三年一二月半ば）である。次が主権の委譲（〇四年六月）だが、このとき外交官出身のポール・ブレマー率いる連合国暫定当局（CPA）から、亡命イラク人のイヤード・アッラーウィーを首班とする暫定移行政権に統治権限が委譲されている。しかし、いずれの出来事も政治的動機に基づく暴力の増加に歯止めをかけることはできなかった。

安定化への前進を示す確たる根拠としてブッシュ政権が喧伝した次の出来事は、二〇〇五年一月の制憲議会選挙である。この選挙の結果イブラヒーム・ジャアファリーを首相とする移行政府が誕生し、さらに議会が憲法を起草、同年一〇月には新憲法の国民投票が成功裏に終わった。一二月には正式な政府を選出する初めての選挙が実施された。それからヌーリー・マーリキーが新首相に決まるまで一五六日もの時間を要したが、アメリカ政府にとっては、この選挙と（幾分おそかったとはいえ）新指導者の決定は祝福すべき出来事だった。イラクがもうひとつの山を越え、平和と持続的な安定に向かって歩んでいることがここに示されている、というわけなのだった。

こうした出来事が歴史的重要性をもつことは否定しないが、この二〇〇五年はまた、いかなる定義に基づくにせよ内戦としか形容できない状態にイラクが陥った年でもある。[14]主権が委譲され、二度にわたる選挙によって政権が誕生したことは、イラクの内戦突入を早めこそしなかったが、その速度を落とすことも、また悲境に陥ったイラク人に夜明けを告げることもなかった。イラクで暴力の嵐が吹き荒れ、アメリカで戦争反対の声が高まるなか、追い込まれたブッシュ政権はイラクの政治的・軍事的安定度を測定する新しい尺度を採用し、反感を募らせる自国の有権者に、その尺度を使った判定結果を売り込んだ。〇六年から〇七年にかけてさまざまな「ベンチマーク」を考案し、国内情勢の安定化につながると考えた政策をイラク政府に実施させようとした。

二〇〇六年一〇月には多国籍軍司令官のジョージ・ケーシー米陸軍大将とザルメイ・ハリルザード駐イラク米大使が「行程表」を発表。これはマーリキー政権の実績とイラクの安定度を判定するためのもので、具体的には宗派対立を深化させている民兵の武装解除のほか、経済的および軍事的施策を盛り込んでいた。[15] ところがバグダードにいたアメリカの外交官が耳を疑うような事態が持ち上がった。マーリキーがこれに強く反発し、行程表をつくって細かい政策目標を押しつける権利など、ケーシーにもハリルザードにも認めないとつっぱねたのである。[16]

同年末、ブッシュ政権はアメリカの政策が破綻しつつあるという事実に直面した。イラクの分裂とアメリカの敗北を回避するために、政策を根本的に転換する必要にも迫られていた。アメリカ政府はこうした認識のもと、前述のようにサージ戦略を決定。このときもまた分かりやすいベンチマークをいくつか用意し、これを柱に据えた。二〇〇七年一月にブッシュが全米向けに行ったテレビ演説では、イラク政府に次のようなベンチマークを実行させる意向を明らかにしている。すなわち、(一)全ての県における治安維持、(二)石油収入を分配する法の制定、(三)復興およびインフラ計画に一〇〇億ドルのイラク国家予算を投入すること、(四)県議会選挙の実施、(五)脱バアス党法の改正、(六)憲法改正を検討するための公正な手続きの整備、である。[17]

サージの一環として兵力を増派するという政府の発表に、議会の民主党議員は当惑した(結果としてその後三万九〇〇〇人が送り込まれた)。だが民主党は前年の中間選挙で上下両院の多数を獲得していた。そこで議会は政府のイラク政策に一定の統制を及ぼすべく、ブッシュ演説よりも多い一八のベンチマークを九五〇億ドルの追加戦費の承認と抱き合わせにした。これによってアメリカのイラク政策の成果を判定し、不備が確認されれば変更を要求できるようにしたのだ。[18] この法案は二〇〇七年五月に議会を通過した。盛り込まれたベンチマークのいくつかは、ブッシュが一月に発表したものをなぞったにすぎない。残りは、民兵の武装解除、司法府と軍隊の独立の保証、治安機関を拡充する任務をイラク政府に課すことなどを求めるものだった。[19]

この年アメリカ政府と議会は、イラクの凄惨な内戦がアメリカに戦略上の大敗北をもたらす危険を悟ったのだが、両者の考えた事態是正のための試みの根底には、紛争の推進要因は多面的であるという認識があった。経済に関してはブッシュも議会も、石油収入をイラク国民の間に均等に分配すべきこと、復興において政府の果たす役割を拡大すべきことを強調している。またブッシュがイラク政府に課したベンチマークのなかには、和解を生み出すための積極的な政治措置や法の制定に重点を置いているように思われるものが多かったが、これはスンナ派の排斥に歯止めをかけて緩和することを目指している。具体的には脱バアス党政策の懲罰的色彩を薄めること、県議会選挙の実施、憲法改正といったベンチマークにそうした傾向がみられる。他方議会側は、治安機関が脆弱で各宗派の民兵の力が大きいという問題が重要であり、イラクの安定化以前にこちらに注意を向けるべきだとの認識だった。イラク戦争後に考案された政治的解決策と国家としての弱さ。それがイラクの内戦を深刻化させる大きな要因であることは間違いない。そのことを認識しているという点においては、ブッシュも議会も正しい。

不安定状態と暴力の原因

ブッシュ政権が新しいイラク政策を開始すると、民間人の死者は減少した。それは二〇〇六年一〇月の三七〇九人をピークに減りつづけ、一二年後半には一カ月間の死者の数は二〇〇から五〇〇人の間で推移している。[20] だが死亡事件が大幅に減少した理由はどこにあるのだろう。また死亡者数の減少は、イラクという国全体が安定と持続可能な未来に向かっていることを示すものと考えていいのだろうか。いずれについても、判断は難しい。暴力の減少とアメリカ政府の打ち出したベンチマークとの関係はあまり明確ではない。議会の提示した一八のベンチマークの達成度にはばらつきがある。一〇年一〇月の時点で達成できたものは、部分的な達成も含め一一項目。サージ作戦中の米軍に対する支援、治安機関の拡充、民兵組織の警察内への浸透抑制といった分野で進展がみられた。しかし石油法の制定や脱バアス党法の改正、憲法の再検討作業などにおいては、ほとんど、あるいはまったく成果があがっていない。何より重要なのは、政府が各宗派の民兵組織を武装解除しておらず、全国規模での活動が続いているという問題だ。活動が下火になり、バグダードとバスラで民兵組織の影響力が小さくなったことは確かだが、それでも民兵は依然、暗躍している。[21]

こうした状況のなか、イラクの現状と将来の安定を測るうえで信頼できる方法とはどのようなものか。それはこれまで述べてきた「買い物リスト」的アプローチを超えるものでなくてはならない。信頼に足る分析のためには、イラクにおいて暴力の原因となりうる事柄を広範囲にかつ系統的に測定する必要がある。もちろん、そこにはアメリカ政府がベンチマークに入れるべき事柄としたものも含まれる。しかし、まずは最初の内戦についての検討を試みる。開戦から二〇〇七年までの四年間に、かくまで深い不安定をもたらした原因は何かを確認したい。次に、〇七年から一二年の間に、その不安定要因への対策がどの程度とられたのかを分析する。アメリカのサージ戦略とその後のイラク政府の政策は、内戦を引き起こした要因を削減あるいは一掃したのだろうか。

各地の内戦の原因と終結を考察する研究では、三つの大きな問題に焦点を絞る。ひとつ目は暴力的な紛争を引き起こす社会文化的要因、ふたつ目は暴力拡大を許す間隙をつくりだすにいたった行政機関と警察・軍事機関の脆弱性、そして三つ目は憲法的枠組みの性格なのだが、この枠組みにより、政治の機能のあり方や、誰が権力へのアクセスを有するのか、権力をどのように分配するのかが決まる。[22]イラクで増大している暴力の分析にも、この三つは重要な役割を果たす。内戦を引き起こしたこれらの主要な要因について、アメリカのサージとイラク政府の政策はどの程度の対策を講じたのか。安定した未来の成否は、この点にも左右される。しかし再び内戦に突入する可能性だけでなく、国家による支配が強くなりすぎるという危険な問題もある。軍事力を統括する者が、秩序の維持だけでなく社会を抑圧する能力を身につける。内戦と新しい権威主義。ふたつの危険な要素が、イラクの政治的変化と中東地域におけるこの国の役割を方向づけることになろう。

中東地域および地球規模でのイラクの重要性

中東地域でこの問題が有する重要性は、いかに強調してもしすぎることはない。その要因のひとつは地理的なものである。イラクはいわば、中東における人口の断層線上に位置している。つまり、イラク自体の人口は三二〇〇万だが、南西には人口が少なく豊富な石油資源を有する湾岸諸国（サウジアラビアとクウェートも含む）があり、東は対照的に七二〇〇万という大きな人口を抱えるイランと国境を接する。[23] 経済においては、世界第三位の石油埋蔵量を誇り一日八〇〇万バレルが生産可能、輸出国として世界第二位の地位を占める。二〇一二年の国際エネルギー機関（ＩＥＡ）の報告書によると、今後数十年間の世界の石油需要をまかなえるか否かは、イラクにかかっているという。[24] このように比較的大きな人口を抱え、石油部門が高い潜在力を有していることから、イラクは歴史を通じ湾岸および中東の政治において重要な役割を果たしてきた。宗教の面でも、この国は断層線上にあるといえる。シーア派の多いイラクは、アラブの多数派であるスンナ派の地域と、シーア派が圧倒的なイランの間に位置する。

過去四〇年間、中東地域は不安定に揺れつづけてきたが、それにイラクが少なからぬ影響を及ぼしたのは、この人口と経済、宗教という要因のためだった。中東の現代史を一瞥しただけでも、そのことがうかがえる。イラクの支配エリートが自国の社会と国際システムに対する相対的な自律性をもち、それを享受しているのは、この国が豊かな石油資源に恵まれ大きな人口を擁しているからであることは間違いない。そしてそのことが、中東地域に不安定をもたらした。それが明確になったのは、イギリスが湾岸地域からの軍事的撤退を宣言した一九六八年である。[25] 国外の覇権国が立ち去ったのと時を同じくしてイラク国内ではバアス党が権力を掌握、同年七月にハサン・バクル率いる政権が生まれた。七九年七月にはサッダームが政権をとっている。バアス党指導部の国内および国際社会での自律性の形成は、七二年のイラク石油会社（ＩＰＣ）国有化と密接な関係がある。石油を国有化したことで、政府は自国の発展のために必要な量を生産できるようになり、急ピッチで増産を進めた。七三～七四年の石油ショック後には石油輸出による収入が飛躍的に増大。七三年一〇月から七五年末の間に八倍となり、国庫を潤した。[26] 一〇年単位でみると、石油収入は四〇倍に増えている。[27]

イラクの支配者たちは手にしたばかりの自律性を梃に、国民に対する支配を確立し、湾岸地域に対しては国力を誇示した。こうしてイラクは中東の大きな不安定要因と化した。イラクが火をつけたふたつの戦争はこの地域で最大の犠牲者を出し、戦争の影響は最も長きに及んだ。一九八〇～八八年のイラン・イラク戦争と、九〇年のクウェート侵攻である。この戦争の後、イラクは国内に飛行禁止空域を設けられ、国際社会の制裁を受けることとなった。八〇年九月にイラクがイランを攻撃したのはふたつの動機によるものだった。シャットルアラブ河の領有をめぐる対立を自国に有利に解決する、というのが目的のひとつだが、それよりも重要なのは、イラン革命の影響を中和する、という第二の目的だ。ホメイニー師の指導するイランはイラクにとって脅威に等しかった。ホメイニーはイラクのシーア派に、サッダームおよびバアス党の世俗主義・民族主義政権を打倒することを呼びかけたのである。しかしイラクによる侵攻後、八年続いた紛争は、いずれの目的も果たすことなく終わった。五〇万もの人が命を失い、石油収入は一〇〇〇億から二〇〇〇億ドル減り、イラクは湾岸およびヨーロッパ諸国に対し多額の債務を抱えることとなった。[28]

一九九〇年九月のクウェート侵攻の引き金となったのが、このイラン侵攻の失敗と膨大な債務である。クウェート併合を狙ったイラクの暴挙は、国際法の基本原則を大きく逸脱していた。当時世界は冷戦の二極構造から脱したばかりであり、国連安全保障理事会の常任理事国が賛成票を投じた決議も、明確な言葉でイラクを非難するものだった。国際的コンセンサスがほぼ固まると国連はすぐさま制裁を課し、米軍を中心とする多国籍軍は空と陸からイラク軍部隊に攻撃を加えた。強圧を加えられたイラク軍は、六週間が過ぎたころ、クウェートから撤退した。まさに鎧袖一触といった態である。その後安保理は決議六八七および六八八を採択、イラクに制裁を課した。それは「近代以降の歴史において達成された最大の国際協調」の賜物であったが、と同時に「一国家に課されたものとしてはかつてないほどに包括的であり、苛烈を極めた」制裁でもあった。[29] だがバアス党政権は六八年に獲得した自律性をその後も国内および対外的に維持し、国際社会の強制外交に覆されることなく、一〇年以上も生きながらえたのである。[30]

アメリカはバアス党政権の打倒を目指して、二〇〇三年三月にイラクに侵攻した。それによりイラク政府が国内および中東地域において維持していた自律性を破壊し、さらに中東不安定化の主要な推進要因をも取り除くことも狙っていた。しかしアラブの大国をアメリカの軍事力でつくり変えるというこの大胆な企ては、実際には思いがけない別の不安定要因を生み出した。崩壊したイラクを呑み込んだ暴力と内戦の渦が、国境の外にも波及しかねないほどの勢いになったのだ。まことに皮肉なことだが、〇三年以後にイラクが陥った破綻国家という状態は、サッダームの支配するならず者国家よりも中東を大きく不安定化させる可能性を宿していたのだった。

岐路に立つイラク

一九六八〜二〇〇三年、そして二〇〇三〜二〇一一年というふたつの時代には、イラクと中東地域を不安定にしたふたつの大きな相反する力学が映し出されている。一九六八年から続いていたバアス党の支配のもとでは、国家の軍事力と経済力は非常に強大だった。国内のいかなる反対勢力をも力によって粉砕し、その威力を国外にも誇示できるほどの大きさだった。しかし二〇〇三年の体制転換後は、その逆のことが起きた。一九九〇年に国連の制裁を課されていただけでなく、一九八〇年から二〇〇三年までに三つもの戦争を戦ってきたために、イラクは崩壊の瀬戸際にはまり込んだのだ。これに追い打ちをかけたのが米軍をはじめとする連合軍の侵攻と、その後占領当局が推進した政策である。これによりイラクという国家の力が削がれ、国民に秩序遵守を義務づけたり国境の安全を保障したりすることが難しくなった。つまり国内においては、国家の対処能力の崩壊、宗派のポリティクスにより正統性を得た民兵の跳梁、体制転換後に押しつけられた政治的措置の構造といった要素が、イラクを内戦状態に陥れた。地域規模でみると、米軍による占領、国家の著しい弱体化、宗派間戦争の拡大といった要素がイラクを変えた。外交をめぐって近隣諸国が駆け引きを繰り広げる競技場《アリーナ》へと、この国は変貌したのである。

二〇一二年にイラクは主権を完全に取り戻したが、この国の未来は、短期的には右に述べたような戦後の力学によって形づくられることになろう。マーリキーの率いるイラクは、かつて内戦をもたらした社会的・政治的圧力を今度は回避できるのだろうか。そして国家の諸機関には、内戦で中心的に活動していた民兵を統制し武装解除するだけの自律性があるのだろうか。これらの社会的アクターは、イラクを内戦に引き戻す恐れがある。だがそれよりもさらに不透明なのは、国家そのものである。殊にマーリキーは、国家の諸機関に対する個人支配を確立して政略に長けたところをのぞかせた。マーリキーは独裁を再び招来するのではないか。イラクの支配エリートの間にはこうした危惧が広がっており、それが二〇一〇年三月の選挙後の組閣を九ヵ月も遅らせた。

イラクは暫時、ふたつの亡霊につきまとわれることになる。ひとつは、国家を呑み込み内戦に陥らせた勢力が戻ってくるかもしれないという危惧。そうなれば、人々は万人の万人に対する闘争に再びさらされるだろう。生活は危険と暴力に塗りつぶされ、天寿も全うできない。もうひとつは、次の独裁者が現われるかもしれないという、過去にイラクを何度か悩ませた危惧である。新しい独裁者はマーリキーの姿を借りて現れ、国家の強制力を利用して社会を支配し、自らの支配に対するいかなる異議申立ての萌芽をも蹂躙するのではないか。政界にいる者は、そのことを恐れている。ふたつの亡霊に取りつかれたイラク。この国は再び近隣諸国の脅威となり、湾岸地域を揺り動かす危険を秘めている。

第１章　暴力の推進要因

イラクの未来を計測するには、二〇〇三年から暴力が絶えず、不安定な状況が続いている原因を分析する必要がある。そもそもイラクに内戦を引き起こした要因は何であったのか。また二〇〇七年以後に起きた出来事はその要因を軽減したのか、さもなくば政治アリーナから取り除いたのであろうか。一九四五年以後に世界で起きた内戦について考えてみると、二〇〇三年以降のイラクにも共通する三つの推進要因があることが分かる。その三つは相互に関連しており、広い意味での社会文化的要因であるといえる。すなわち、（一）非国家行為主体による暴力の利用を助長する社会のイデオロギー的傾向、（二）国家の行政機構および警察・軍事機関の脆弱性、（三）政治を形づくっている憲法的枠組みの性格、である。[1]

イラクに内戦を引き起こした社会文化的要因

紛争の社会文化的要因が考察の対象になるとき、相互に絡み合う次のふたつの要素が強調されることが多い。ひとつは「暴力が広く一般から正統性を付与されること」である。「殺人を禁じる慣習が戦時に覆されることで、正統性を獲得する」。ふたつ目が「暴力的性向を有する者の台頭」(2)。三五年に及ぶバアス党の独裁下では、全体主義的な支配の追求と並行して極度の暴力が国家の承認を受け、広範囲に行使された。だがそれだけでなく、政府は一九六八年以来、社会における暴力の集合的配置を確実に国家の統制下に置くべく力を注ぎ、許可なく暴力を行使する者を厳しく罰してきた。また、最初はイラン、次にクウェートへ侵攻し、社会を支配する手段として国家間の戦争をも利用している(3)。

殺人を禁じる慣習に最も深刻な影響が及んだと思われるのは、一九九〇〜九一年の湾岸戦争後の時代である。国家が国連の制裁下にあり、九〇年代半ばには国家による暴力の独占状態が揺らぐ事態にいたった。それにより犯罪行為が横行し、国家による治安維持活動以外に、個人の利益に奉仕することを目的とした私的暴力の行使が広がった(4)。殺人を禁じていた国家と社会がこれに歯止めをかけられなくなったのはこのときだった。二〇〇三年を境に暴力は爆発的に増えたが、このことと、制裁措置がイラク国民に押しつけた犠牲の間には直接的な関係がある(5)。〇三年に帰国したイラク人著述家のズヘイル・ジャザーエリは、社会において血肉化した暴力をつぶさに描き出している。

塹壕で、訓練キャンプで、そしてあらゆるものが武力に従属させられるなかで、自己表現と抗議の一形式として暴力を行使するという思考の染みついた世代が、三代にわたり育っていた。彼らは……遵守を義務づけられた場合を除き……いかなる法にも、社会規範にも縛られない。九〇年代にイラクに課された制裁は、高等教育を受けた中流階級、この国の近代性と進歩の案内役だった中流階級を縮小させた。それにより、この暴力の文化を助長したのだ。[6]

イラク社会は二〇年の間に三つの紛争を経験していたのだが、戦争と国連の制裁により高度に軍事化されてしまった。それが頂点に達した一九八九年には、この国の常備軍は兵力一〇〇万、備蓄兵器（火器）四二〇万という規模になっている。[7] 軍事化が進んだことで民間人による銃砲の所有件数も増大、三二〇万の銃砲が普通の人々の手に渡った。大規模な常備軍と徴兵制度に加え、政府は民兵も召集していた。こうした要素が、社会に小火器を浸透させていった。[8] 二〇〇三年になると、小火器はさながら洪水のようにあふれだす。イラク軍が米軍の攻撃の前にあっけなく崩れ去ったことで、国軍の武器を略奪する動きに火がついたのだった。治安機関の管理していた四二〇万の銃砲が、社会の隅々にまで出回った。社会はトラウマを抱え、犯罪の世界だけでなく政治においても過度な暴力が当然のごとく使われ、合法違法を問わず民間人による銃砲の所有が増大した。こうして二〇〇三年以後、集合的暴力を組織することがいっそう容易になった。

イラクにあふれる暴力を説明する社会文化的要因として、右にあげた要因よりも盛んに取り上げられるのは、民族的・宗教的分断である。この点に絞った議論は、一見すると生産的でないように思える。他の諸地域の紛争を論じた研究でも、当該地域における内乱発生についての説明では、民族的・宗教的分断という性質はむしろ軽視される傾向が強い。[9] この問題に関し、ファナール・ハッダードはいみじくもこう述べている。「従来のイラクの言説では人々は、それが上から語られるものであれ下からのものであれ、『宗派主義』を公然と論じることに苦慮してきた」[10]。だが反体制暴動が内戦に変化すると、宗派主義的な言い回しは、民間人の殺害件数の増大や人々の強制移住、大規模な殺傷攻撃を正当化する言説のなかで多用されるようになった。ジャーナリストで著述家のニール・ローゼンが指摘するように、

スンナ派とシーア派は互いを呼ぶのに新たな用語を使うようになった。シーア派にとって、スンナ派はワッハーブ主義者、サッダーム主義者、ナワーフィブであり、スンナ派にとって、シーア派はラーフィダである。ラーフィダは「拒絶者ども」という意味で、イスラームの歴代カリフを否定し預言者の代理人としてイマームたるアリーの子孫を望む者を指す。(11)

二〇〇六年までには、人々を分断するような攻撃的かつ宗派主義的な言葉による紛争の正当化は誰の目にも明らかとなった。宗教的・民族的アイデンティティに基づくこうした政治的動員は、合理性や有用性のみによって機能するのではない。必ずしもすべてが意識的になされるわけでもない。「現代の先進世界におけるエスニシティの政治的資質は、まさに、それがもっている心情的な支えと計画的戦略とを組み合せる能力にある(12)」。

ハッダードは宗教的・民族的アイデンティティを、攻撃的、消極的、普通の三段階に分類している。(13)社会が著しく不安定なときには、集団は生き残りをかけた闘争を繰り広げる。有形無形の限られた資源をめぐって競争が展開され、対立する各々が、自らの攻撃的な主張を相手に投げつける。それにより集団の集合的自己意識は、普通もしくは消極的なものから暴力的なまでの積極性を帯びたものに変

化しやすくなる。予想不能な流動的状況下で複数のコミュナル〔宗教や民族に基づく集団に忠実であること〕なアイデンティティが競合しているとき、そのなかのひとつが他を凌駕し組織化の原理となるためには、ある種のサブナショナルな政治エリートも必要である。このような「民族企業家」（ethnic entrepreneurs）は広範なコミュニティにとって絶対的に必要なもの、すなわち一定水準の安定と確実性を提供できる者でなくてはならない。それができてこそ、その者はコミュナルなアイデンティティにおいて何らかの役割を担うことを正当化でき、希少な資源をめぐる競争において助力を得られる。(14)人々はこのような環境に置かれると、生存のための最良のきっかけを得られるならばどんな集団にも、あるいは民兵にさえ期待をかけ、いかなるアイデンティティにもすがるようになる。(15)不安定で危険なこのプロセスは、国家が崩壊し政治企業家が活動する以前の段階でその方向を決定されており、いわば経路依存性を有している。そして国家が崩壊すると、隙間から地方的・サブステイト的・民族的アイデンティティが出現し、人々を動員する経路の役を果たし、政治的組織化のための手近な基盤となる。(16)

このプロセスが動きはじめる段階では、「民族企業家」がコミュナルなアイデンティティに基づき人口のかなりの部分をすでに動員していることから、その力学はたちまちのうちに強固になる。(17)そして、あるアイデンティティにおいてそれまで「輪郭がはっきりしなかった」か消極的であった諸々の特徴が政治的なものに変化し、「リスト化される」(18)。民族的あるいは宗派的なアイデンティティの提示のあり方が次第に攻撃性を帯びてゆき、何にもましてこのことが、個人やその家族の生存、または一定程度の予測可能性を保証することになる。だが、このプロセスの始動は防止不能ではない。コミュナルな対立はその原因ではなく、むしろ国家が崩壊し治安が乱れた後に生じるものだ。このプロセスの根本原因は、国家崩壊と治安の真空状態なのである。

二〇〇三年以前のイラクでは、国家はイラク国民主義を唱導し、見かけ上は宗教的な偏りがないかのように映っていた。もっとも、一九九〇年代半ば以降はサッダームがバアス党の支配イデオロギーにイスラームを注入してきたのだが、それでもあからさまな宗派主義的レトリックを国家が使用した例は、どちらかといえばまれだった。支配イデオロギーは実のところアラブ民族主義を基盤としており、仔細に観察すると、その根底には消極的であれスンナ派との親和性がみられる。この点は重要である。イラクのバアス党はそのイデオロギーにスンナ派とシーア派の象徴体系のいずれをも取り入れようとしたにもかかわらず、前者のほうが積極的に取り込まれたことは間違いない、とハッダードは指摘している。[19] それだけではない。国立の学校で教えていたのはスンナ派の教えであり、シーア派の宗教儀礼については、バアス党政権下で実践を禁じられたものは多岐にわたった。[20]

このように、スンナ派の象徴体系が尊重されシーア派は抑圧されていたのだが、二〇〇三年四月にバアス党政権が倒れたことにより、まったく唐突な形でこれに終止符が打たれてしまった。シーア派の大多数が、自らの宗教的アイデンティティを自由に打ち出すことができるようになった。バアス党崩壊からわずか数週間後には、三〇〇万人ものシーア派信徒が、かつて禁じられていたアルバイーンという宗教行事のために聖地カルバラーへ押し寄せている。[21] 国の統治機構が無きに等しく無秩序な状態にあって、位階制度により構成されるシーア派の宗教界ハウザが忠誠を集め、希望の灯をともしたのだった。[22] そして暫定的な統治機構が設けられると、かつて亡命していたシーア派の人物や集団がたちまちのうちに主要な地位を占め、これからのイラクの政治はシーア派の思想を核にすべきであり、シーア派の教義を中心に据えつつイラクのナショナリズムをつくりかえねばならないと声高に主張した。かくのごとくシーア派が宗教的アイデンティティを昂然と打ち出したことで、スンナ派の側が反発した。無法状態は深刻の度を加え、シーア派の政党やハウザが圧倒的な存在感をもって君臨する。それまでイラクのナショナリズムを磐石とみなし、そこに安住していたスンナ派は、別のところに目を向けるようになった。そんななか、好戦的なスンナ派イスラーム思想を主張する動きが生まれた。激しさを増していくその主張はラディカルで、なかには暴力的な勢力もいた。(23)

二〇〇三年以後の国家の脆弱性

暴力の増大を社会文化的観点から説明する場合に、それと直接的に関係するのは、国家諸機関の権力、つまり軍および警察の武力と、国民へのサービス提供能力という要素である。国家の力が激減することで「殺人を禁じる慣習」が衰退に向かい、サブステイト次元のアイデンティティの強硬な主張がなされるにいたる。国家機関が社会から後退すると、それによって生じる空白部分に民族企業家が入り込んで人々を動員し、また暴力の発動能力をもつ者が無法状態を利用するようになる。ゆえに体制転換後のイラクにおける暴力を分析する際は、二〇〇三年四月以後に国家の能力が急速に衰えたことを考慮せねばならない。そこから導き出せる分析は、フィアロンとレイティンの研究にみえる以下の議論とぴたりと一致するものとなる。「財政および組織の点、さらに政治的に中央政府が弱体となると、地方における警察活動が弱まり、暴動鎮圧行為も不適切なものとなり、あるいはそこに不正が働くようになる。それによって暴動は、引き起こすのがますます容易となり、誘引力を増す[24]」。

国家が集権的であるためには、国民に秩序を維持させ、領土全体に集合的暴力を配置する力がなくてはならない[25]。秩序を維持させこれを保証できるだけの能力を獲得すると、国家の持続性と正統性は、その基本的機関の力に依存するようになる。唯一の国家権力として全国的に機能しつつ、国民にサービスを提供できる能力の有無がきわめて重要となる[26]。この理念型に近づいているか否かを判断する基準としては、第一に、法の支配を遵守させこれを保証する国家機関の能力があげられる。第二が社会に浸透し国民を動員する能力、第三が課税の形で定期的に資源を抽出する能力である[27]。つまるところ国家の安定を左右するのは、市民の多数に国家の行動がどの程度の正統性をもつものと判断されるかであり、市民の同意を醸成する支配エリート側の能力といえよう[28]。

安全保障の真空状態については、侵攻軍の兵員数が少なかったこと、さらにはイラク国軍の解体にその原因を求めることができる。暴力的な体制転換の後には無法状態が拡大するものだが、アメリカはそうした事態に対応するに充分な兵員を送り込んでいなかった[29]。戦争の前段階の二〇〇三年二月にもエリック・シンセキ陸軍参謀総長が、戦後の秩序維持には「数十万程度の兵員」が必要と述べている。これとほぼ同じ時期に刊行され、広く引用される論考にジェームズ・ドビンズが国家建設について論じた著作がある。そこではアメリカによる介入と第二次世界大戦以後の他の国家による介入との比較がなされているのだが、ドビンズの結論によると、占領軍は一〇〇〇人の住民に対し二〇人の治安要員や警察官、兵員を伴っていなければならないという。これをイラクにおける米軍にあてはめるならば、治安維持には四〇万から五〇万の兵員がいなければならなかったことになる。[30] 〇三年五月時点の連合軍の兵力は一七万三〇〇〇人だった。翌年には一三万九〇〇〇人に縮小し、ブッシュが「サージ」を宣言した〇七年初頭にもごくわずかしか増加していない。[31] さらに〇三年五月に文民行政官ポール・ブレマーが国軍の解体を決定したことで、訓練を受けた四〇万もの元国軍兵が武装した状態で街頭に放り出され、失業の憂き目にあう結果となった。はるかにゆゆしきことは、ブレマーの決定によってイラク軍をほとんどゼロから建て直す必要に迫られたことである。だがそれにはプロセスの性質上、数年は必要となる。つまり、秩序維持にあたるべき兵員が欠如していたために安全保障の真空状態が生じ、その直接的な帰結として、〇三年以後のイラクは暴力の激動に襲われたといえる。

二〇〇三年時点の行政機関も、その能力という点においてやはり危機的な状況にあった。イラクは一九八〇年と九〇年のふたつの戦争を経験したのみならず、過去に例のないほど過酷で長期にわたる国際制裁を課せられていた。制裁措置は政府のサービス提供能力を奪うことを目的として考案されたものであり、食糧配給制度という例外を除くと、著しい効果をあげていた。[32] 二〇〇三年四月にはバアス党政権が倒れて略奪行為が拡大、そのため国家は能力を喪失した。暴力と略奪が横行した最初の三週間で被った打撃は深刻である。バグダードにあった二三の官公庁施設のうち一七が、がらんどうと化している。[33] 初めはコンピュータなど持ち運びの容易なものが略奪の対象となったが、そのうちに家具調度類も標的になった。さらには壁に配線されていたケーブルまでもがきれいに取り除かれ、金属くずとして売り払われた。ケーブルの略奪は拡大しつづけ、隣国のイランとクウェートにも闇ルートを通じて盗品の金属くずが大量に流入、銅とアルミニウムの価格を大幅に押し下げるにいたった。[34] 略奪による被害額は全体で一二〇億ドル、イラクのGDPの三分の一に相当する規模との推計もなされている。[35]

全国規模で行政府の基幹施設が破壊されたのに続き、占領軍が脱バアス党政策を推し進めたことで、かろうじて国家に残っていた人材はおろか、行政機関が蓄積してきた知識までもが失われる結果となった。この政策によって公務員の上層を占めていた二万から一二万人が職を失っている[36]（数字に幅があることは、下された決定の重大性にもかかわらず、結果についての信頼可能な情報が不足していることを物語る）。つまり、二〇〇三年以後のイラクでは、秩序を維持させる能力を国家が失っただけでなく、行政府の業務遂行能力と集権性も崩れ去ったということがいえる。人々は無秩序のなかに放り込まれ、国家の行政サービスを受けることもできなくなった。

戦争と制裁、占領軍の無能力、それによって生じた略奪の波。それらが重なりあって、イラクは二〇〇三年、崩壊国家と化した。ウィリアム・ザートマンは言う。

国家の崩壊は、単なる反乱やクーデター、暴動よりも深刻な現象である。それは組織構造と権威（正統性に根ざした力）、法、政治秩序が分解し、復旧または新たな創設を必要とする状態を指す。[37]

国家が破綻すると、社会的なものであると行政のものであるとを問わず、権威機構の能力と正統性が急速に消失する。[38] それまで国家の政治経済が機能していた地理的領域は、拡大すると同時に収縮する。ひとつには、国家が行政能力と強制力を失うために国境の意味が薄れていく、ということがある。

意思決定の力が国境を越えて隣国に流出する。イラクの例では、アンマンやダマスカス、テヘラン（そして遥かかなたのワシントン）といった場所に流れていく。このプロセスが加速すると、近隣諸国のアクターや国際社会のアクターが、事の当否は別として紛争にかかわるようになる。しかしこれよりも憂慮すべきは、社会に残されている場所、具体的には首都でなく地方のレベルに権力が流れ込み、限定された形で組織能力が再建されることである。国家の崩壊に伴って生じる力学によって、政治が国際的になると同時に著しく地方的なものとなる。[39] 国家が破綻すると、個々人は公共財や公的サービスを探し求め、最低限の生活を維持しようと奔走する。あらゆる手立てを講じて命をつなぐ。利用されるのは、場当たり《アドホック》的かつ非公式の経路であることが多い。

国家の権威が崩壊すると、それまで公的機関が提供していた保護を受けることができなくなるだけでなく、諸機関の課していた制限からも解放される。その反動で個人はしばしば安全や利益、またはそのいずれをも追求するようになる。動因は、国家に依存できたときに比べ複雑さを増す。[40]

まさに、二〇〇三年以来イラクの人々が陥っている状況にほかならない。国家が突如機能を停止し、全土に安全保障の真空が生じる。乱れに乗じて略奪をはたらく者がはびこり、暴動に関与する勢力が拡大、イラクはついに全面的な内戦に陥ったのだ。

エリート間の取り引きと戦後の政治

体制転換後に導入された政治システムの核は何かといえば、エリート間の排他的（独占的）な取り引き《バーゲン》であると答えざるをえない。それがコミュナルな紛争を激化させ、暴動を宗派間戦争に転換させることにつながった。ある国を独裁制から民主主義に移行させようというとき、または内戦を平和的解決に導こうとする際に、エリート間の取り引きが交渉の中心を占めることは多い。そうした取り引きのなかで成立する合意は、「たいていの場合、紛争を終わらせる条件についての、明文化されない了解事項である。しかし大半の国家では、これが暴力的紛争の発生を防いでいる」[41]。取り引きに参加するエリートは「政治および経済、軍事の主要な意思決定者であり、社会の優勢な集団を率いるリーダーシップを発揮できねばならない」[42]。また、「政治を動かしていくための基本的な手続きと基準」に関するコンセンサスが、取り引きのなかで形成される[43]。エリートたちが解決に達するのは、「勝者のみえない骨肉相はむエリート同士の争い」を継続することの損害が、指導層にとって過大になりつつある場合が多い。あるいは、暴力的な争いを再開すると過大な犠牲が生じる場合である[44]。

さはさりながら、そうした取り引きは必ずしも政治を紛争から切り離し、安定的共存に導くとは限らない。ステファン・リンデマンはアフリカの紛争多発国家の例にエリート間取り引きの概念を適用し、次のような区別を設けた。すなわち包括的で安定を促進するようなエリート間取り引きと、排他的で紛争を再燃させる危険の大きいエリート間取り引きである[45]。包括的解決では、既存の国内エリートを網羅的に取り込んで連立政権を形成する。それにより、エリートらが代表する組織は国家機関へのアクセスを得、職を獲得でき、さらには恩典も受けられる。こうして政治家は国家の人的・物的資源や不労所得《レント》、雇用機会を利用して支持者に庇護《パトロネージ》を与え、社会のなかに強い支持基盤を築き、これを維持する。[46] これに対し排他的取り引きは、関与するエリートの範囲がずっと狭くなる。重要な政治家でありながら排除される者が多く、その支持者も疎外されるため、「対立と暴力的紛争」の拡大につながる。[47] イラクの場合はどうか。戦後にアメリカが考案した政治的措置は新憲法により制度化され、二〇〇五年の二度にわたる選挙によって正統性を得てはいるが、これがエリートによる排他的な取り引きであることは疑いを容れない。暴動が発生し内戦に突入したのは、取られた措置がこのような性格を有していたことが大いに関係している。そこにおいては、国内の既存政治エリートに統治機構内のいかなる役割も与えないということが意図されていたのだった。

　エリート間取り引きは政治の帰趨に大きな影響を及ぼしたが、その源泉は二〇〇三年に生まれたイラク統治評議会にある。戦争で無力化した統治機構に代わる何らかの受け皿が必要だと、セルジオ・ヴィエイラ・デメッロ国連事務総長特別代表がアメリカに説いた。デメッロはさらに連合国暫定当局（ＣＰＡ）の代表ポール・ブレマーを説得し、イラク人によるこの代表組織を発足させたのだ。[48] しかしイラク統治評議会は少数の亡命イラク人政党を集めただけのもので、国家を掌握するための基盤としてこの勢力に利用された。メンバーの選定も公開されず、そのプロセスでは真の意味での対話も行われていない。イラク国民合意、イラク国民会議、イスラーム・ダアワ党、イラク・イスラーム最高評議会〔ＩＳＣＩ。当時の名称はイラク・イスラーム革命最高評議会＝ＳＣＩＲＩ。〇七年五月に名称変更。本書ではＩＳＣＩで統一する〕、クルディスターン民主党、クルディスターン愛国同盟、これら六つの主要亡命政党とブレマー、デメッロが延々と交渉を重ねた末に構成が決まったのだった。ブレマー率いるCPAによれば、選び出された政治家は民族的・宗教的に分化しているイラク社会の性格を反映していた。シーア派が一三人、スンナ派が五人、トルコマン人とキリスト教徒がそれぞれ一人という構成である。だが、こうした人選は不自然かつ異様で、そのことは、一三人の「シーア派ブロック」にイラク共産党の代表ハミード・マジード・ムーサーが入っていたことによく表れている。亡命時代にイラク侵攻を積極的に支持した政党が米軍の力でバグダードに戻り、いち早くイラクの政治機構を独占した、というのが実態である。

イラク統治評議会の人選は、果たして市民社会に衝撃を与えた。新たに力を得た市民たちが真っ先に批判したのは、国民の間の差異を殊更に強調した選定プロセスだった。従来のイラクの政治的言説においては中心的でなかった露骨な宗派主義を、この選定プロセスが持ち込んだとの見方がなされた。[49]次に議論が集中したのは政府の効率が損なわれはしまいか、という点である。専門知識や技術の有無でなく、所属政党への貢献度によってメンバーが選ばれたことへ抗議の声が湧いた。

さらにイラク統治評議会の人選は、二〇〇三年以後の政治を方向づけたエリート間取り引きの性格を浮き彫りにしてもいる。第一の特徴は、亡命期間中にアメリカと密接な関係を築くことで台頭した六政党、すなわちイラク国民会議、イラク国民合意、イスラーム・ダアワ党、ISCI、クルディスターン民主党、クルディスターン愛国同盟が統治評議会を支配した点である。第二は、メンバーのうち国内の事情に理解の深い「インサイダー」とみなすことができる者、言い換えるとバアス党政権下でイラク中部および南部に住んでいた者の割合が二八％にすぎない点。[50]他のメンバーは長期亡命者か、一九九一年以降国家の統治圏外にあったクルディスターン地域に住んでいた者だった。また、統治評議会メンバーのアラブ人「スンナ派」五人のなかで、組織化された政党に所属しているのはナースィル・チャーデルチーとモホセン・アブドゥルハミードの二人だけだったということも指摘しておかねばならない[51]。そのようなことから、支持者となりうる層の支持を得ることも非常に難しくなった。チャーデルチーの党は彼の父が結成した政党だが、体制転換後のイラクの政治にはそぐわない存在になっていた[52]。他方アブドゥルハミードはイラク・イスラーム党の書記長という地位にあった。この党は「スンナ派の票」を取り込むという役割をイラク統治評議会のなかで担うこととなった。言い換えるなら、過去に支配エリートを生み出してきた層を奪還して戦後の政治的枠組みのなかに復活させる任務を与えられたのであり、政権が変わった後も一貫してその役割を課されていた。ところが二〇〇三年から現在にいたるまで、この点に関しイラク・イスラーム党のあげた成果は惨憺たるものといわざるをえない。本来なら自分たちを支持してしかるべき層の利害を、この党は代弁していなかったからである。イラク・イスラーム党はアメリカの占領当局と緊密な関係を結び、占領軍の樹立した統治機構に組み込まれていた。そのことによって、いっそう過激な政治勢力に隙をつかれ、スンナ派の動員という点においてそれらの勢力に競り負ける結果となった[53]。

こうした取り引きが行われたために国家全体をイラク統治評議会が掌握することになったのだが、このような体制の成立には、アメリカの国内問題が大きく影響していた。イラクで暴力が拡大の一途をたどっていた二〇〇三年一一月一一日にも、ブレマーが突然本国に呼び戻され、翌年六月までにイラクに主権を委譲することが決定されている。その後、いわゆる「一一月一五日合意」（一一月一五日は、その計画がイラク統治評議会に知らされ、統治評議会が同意した日）が成立し、それにより新政府が樹立された。全国的な選挙を実施するまでの間、この移行政府が暫定的な統治権を行使することとなった。首相に就任したのはイヤード・アッラーウィー。長期にわたり海外にいた亡命者でイラク国民合意（INA）の党首である。副大統領にはダアワ党党首のイブラヒーム・ジャアファリーとクルディスターン民主党幹部のローシュ・シャーウィースが就任した。〇三年七月のエリート間取り引きの中心にいた政党は、かくして権力を確保したのだった。

二〇〇五年にはこの排他的な体制に民主的正統性を与えるための試みがなされ、二回にわたる選挙、さらに新憲法の是非を問う国民投票などを通じて、新しいエリートに対する信任が問われた。しかし選択された選挙のシステムや選挙戦の実態、憲法起草のあり方は、むしろ戦後に考案された政治的措置の排他性を強め、イラク社会の多数を占める集団を排除する方向に働いている。

民主主義プロセスは二〇〇五年一月三〇日の選挙をもって始まり、このときに、以後一年間イラクを統治する暫定的な政府が誕生した。選挙自体は治安や実務上の問題から、全国一区で投票する形がとられている。(54)それにより、各地方の問題や候補者自身の評価が選挙戦で争点となる可能性は失われた。イラク統治評議会を牛耳っていた政党や政治家が大連合に走り、(55)俗耳に入りやすい民族主義的・宗派主義的な言葉を弄して票集めにいそしんだ。

スンナ派が排除されたために、事態は悪化した。スンナ派を有効に動員できる組織は二〇〇五年にはすでになくなっていたのだが、これはイラク・イスラーム党が米占領軍に協力し、拭いがたい汚点をつけたことによる。モスクの緩やかな連合体「ムスリム・ウラマー機構」が、疎外されていたスンナ派の声を吸い上げて台頭し、イラク・イスラーム党をおびやかすまでになった[56]。ムスリム・ウラマー機構は、二〇〇四年四月に米軍がファッルージャに加えた攻撃に対する民衆の憤りを代弁する役割を果たしていた。この作戦が巻き起こした憤激はすさまじく、イラク・イスラーム党までが部分的にせよ選挙ボイコットに加わったほどだった[57]。

戦後初の選挙では、有権者の五八％にあたる八五〇万人が投票した[58]。だが地域別、また民族・宗教別にみてみると、投票者数には大きな格差が認められる。クルド人が圧倒的多数を占める北部の投票率が八二～九二％、シーア派地域の南部では六一～七一％だったのに対し、スンナ派の多い西部アンバール県ではわずか二％だった。ここにはスンナ派の怒りと疎外がみてとれる[59]。またシーア派の票を集めるためにシーア派諸政党が結成したイラク統一同盟は得票率四八％で二七五議席中一四〇議席を獲得、クルディスターン同盟は二七％の票を得て七七議席を確保した。これに対しアッラーウィー率いる世俗主義でナショナリストのイラク・リスト〔ＩＮＡ、イラク共産党他からなる政党連合〕は、得票率わずか一四・五％で獲得議席数も四〇にとどまった。アッラーウィーが米軍のファッルージャ攻撃を許可したこと、ラディカルなシーア派イスラーム主義者のムクタダー・サドルの勢力との軍事対立がマイナスに働いたのだといえよう。

バランスを欠いた政府が選挙によって誕生したことは、議会の主たる任務だった憲法起草作業にも深刻な影響を及ぼした。選挙後に五五人の議員からなる憲法起草委員会が設置されたものの、議会も委員会もないがしろにされ、それは「憲法草案完成直前の」八月上旬になっても変わらなかった。起草作業に顧問の立場で関わったジョナサン・モローはこのように述べている。「議員には草案作成に対する法的責務があったにもかかわらず、イラクの憲法起草プロセスには加わっていなかった。その〔排除の〕手法には驚かされる」[60]。作業の主導権を握ったのは議員ではなくエリート間取り引きの中心にいた政党で、それが「指導者協議会」ともいうべきグループを形成していた。メンバーはジャアファリーのほか、ISCI議長のアブドゥルアズィーズ・ハキーム、大統領でクルド人指導者であるジャラール・ターラバーニー、同じくクルド人のマスウード・バールザーニー。憲法の草案を起草したのはこのグループだった。

憲法起草作業が強引で透明性を欠く非民主的なものであったため、排除された議会のなかだけでなく、イラク全土に憤りが広がった。法的有効性を得るために必要な国民投票で、憲法が現実に拒絶される恐れも強まった。そこでこうした事態を避けるため、アメリカ大使ザルメイ・ハリルザードがぎりぎりの段階で調停に乗り出し、必要な賛成票を得られるよう対処した。憲法についての国民投票が終わった後に議員による委員会を設け、対立を生む恐れのある規定に関する協議を行い、場合によっては改正できることとしたのだ。イラク・イスラーム党の同意をとりつけるには、これで充分だった[61]。この賭けは短期的には奏効し、国民投票でも七八・四%の有権者が憲法草案を承認した。しかしこのときも、スンナ派の多い県では圧倒的多数が反対票を投じている[62]。その後憲法の改正が行われることはなかったが、これは別に驚くようなことではない。結局のところ二〇〇五年一月の制憲議会選挙と憲法は、排他的エリート間取り引きを固定する働きをしたのである。そしてエリートによる取り決めを軸に、イラクの政治は展開するにいたった。

二〇〇五年一二月一五日には、四年任期の正式な国民議会議員を選ぶ選挙が実施された。最初の選挙が影響して、このときもまた三つの大連合が大きな力をふるった。投票率は七六％に達している。イラク統一同盟がやはり最大の勢力となり、四六・五％の票を得て一二八議席を確保した。この政党連合の中心的存在はＩＳＣＩとイスラーム・ダアワ党だが、支持を伸ばすことができたのは、ムクタダー・サドルと共同歩調をとったからである（サドルのマフディー軍は米占領軍に対する抵抗の先頭に立ち、〇四年四月と六月にイラク南部から中部にかけて、また〇四年八月にはナジャフで蜂起している）。クルディスターン同盟の得票率は一九・二七％で議席数は五三だった。

投票率の上昇には、選挙に参加したスンナ派の増加が反映されている。スンナ派の票の多くはイラク合意戦線（タワーフク）に集まった。この政党連合はイラク・イスラーム党がスンナ派勢力を糾合したもので、得票率は一六％、獲得議席数は四四だった。これよりもラディカルなイラク国民対話戦線は四％の票を得て一一議席を獲得した。この選挙でも、世俗主義とナショナリズムを訴える勢力が敗北した。アッラーウィーは前回よりも多くの政党を取り込んでイラク国民リストを結成したのだが、獲得した票はわずか九％、議席も二五にとどまっている。[63] タワーフクは集めた票への「報酬」として、副大統領と副首相という、多分に名目的な役職を与えられた。閣僚ポストも獲得するにはしたが、割り振られたのはいずれも重要度が高くなく、支持層の声を国家に直接届けるに充分な人的・物的資源に恵まれないポストである。二〇〇七年八月には内閣からの離脱を決め、その後一年にわたりボイコットを続けたのだが、このときにも政府内での立場の弱さが浮き彫りになった。民兵による殺人行為の厳重な取り締まりを要求して政権に復帰したものの、その後の政府の方針にほとんど、あるいはまったく影響を及ぼすことはなかった。[64]

長きにわたる亡命期間中に台頭した諸政党は、二〇〇三年七月以後アメリカとの連携を着実に強めてゆき、ものの見事に統治機構を掌握した。このことは、アメリカおよび新生イラク政権が脱バアス党化政策を強硬に推し進めたことと相まって、エリートの間に排他的取り引きを生じさせた。それによりかつての支配エリートはおろか、その出身母体であるイラクのスンナ派社会全体が意図的に排除され、悪者に仕立て上げられたのだった。社会は引き裂かれ、宗教集団あるいは民族集団の次元に分解、暴力がわき起こってしまった。イラク・イスラーム党はこのような制約のもとで、スンナ派の支持を獲得する必要に迫られたといえる。しかしその役を果たす過程で、数々の困難に直面した。第一に、米占領当局および新政府と密接な関係をもったために、スンナ派を動員する力が弱まった。スンナ派はアメリカのプレゼンス、さらにはアメリカの打ち立てた政治構造とは根本的に相容れない存在だったからである。イラク・イスラーム党は戦後の政治的枠組みの内側にいつづけたいという思惑から幾度も妥協を受け入れた。憲法に関する国民投票に賛成したのもその一例だが、そのためにかえってスンナ派の利益を代表する能力を削がれる結果となった。それだけではない。自党の支持基盤となるべき層がすでに疎外されていたにもかかわらず、政府への協力の対価としてこの党の得たものはあまりにも貧弱だったため、支持者層と国家とをつなぐのに必要な人的・物的資源を提供する力を骨抜きにされたのだといえよう。

小括

二〇〇三年以後のイラクを内戦状態に陥れた秩序の乱れ。そこには複数の、相互に影響し合う要因が存在する。第一に、制裁と戦争、そして三五年にわたる独裁によって傷つき、武器の保有が深く浸透した社会では容易に組織的暴力が広がる、ということがある。第二はイラク社会に存在する文化的・民族的な亀裂だが、これ自体は暴力の原因ではない。しかしこうした亀裂は大量殺戮を正当化する格好の口実となり、また特定の集団を動員して経済的・政治的利得を得ようとする強硬派の民族企業家には都合のよい大義名分を与えた。体制転換後にとられた政治的措置、すなわちエリート間の排他的な取り引きによって、かつて亡命していた政治家は国家の中枢に収まり、宗派間の緊張を高めた。亡命政治家たちは他の勢力は宗派主義的であるというイメージに訴えてこれを統治機構から排除して権力を掌握し、正統性をも獲得した。

体制転換後につくられた国家は脆弱であり、このことが紛争の根源をなしている。国軍を解体したために、占領軍で利用できる兵員がいなくなり、イラク南部と中部に治安の真空状態が生まれた。この真空にさまざまな勢力、言い換えるなら内戦の発生に責任を負うべき者たちが入り込んだ。アメリカ人の放逐を求めて戦う者、民兵や暗殺集団、「メソポタミアのアルカーイダ」（四三ページ参照）、そして国家の諸機関の内側にいる政治家たち。いずれもが、自分たちのイラク像を他者に押しつけるべく、すさまじいまでの暴力的攻撃を繰り出した。未来を持続可能なものとするには、紛争のこうした原因のすべてを取り除くべきだとはいわないにせよ、少なくとも抑制せねばならない。

第2章　反体制暴動から内戦へ——暴力の担い手たち

二〇〇三年、米占領軍に対する暴動が発生し、暴力的闘争の火蓋が切られた。これはイラクの未来がどうあるべきか、また誰が国を支配すべきなのかについての、相異なるふたつの見方の対立として理解することができる。この内戦は、体制転換によって権力を得た者が特定の政治的解決策を国に押しつけようとしたことが発端となった。つまりこの勢力は勝者の平和のなかで、自分たちによる国家の支配を確実にし、社会への統制力を確保する解決策を強制しようとしたのだが、これに抵抗したのが暴動側である。後者は戦後に生み出された解決策を覆し、他の中東アラブ諸国の政治制度と調和のとれた制度を取り戻そうと攻撃を拡大させていった。言い換えるなら、戦争とその余波によって起きた政治的変化をはね返すために戦った。〇五年から〇六年末までの段階では、この紛争はあからさまな宗派主義の色彩を帯びていた。いずれの側も、自分たちの闘争を正当化するために宗教的イメージを次々と繰り出していったためである。現在国家を掌握している側は、シーア派的なイメージを利用し、共同体の防衛（ただし宗教的排除の観点から定義した共同体の防衛）を訴えて支持を集め、敵を悪者に仕立て上げた。他方、この勢力を権力の座から追い落とそうとする側はラディカルなスンナ派イスラーム思想を喧伝して暴力の行使を正当化した。さらに、自分たちを政治の中枢から遠ざけようとする者たちから自らの共同体を守っているのだと主張していた。

体制転換によって勝利を得た者も負けた者も、暴力を広範囲にわたり行使した。一方は自分たちの支配を強化し永続化することを、他方は戦後に押しつけられた解決策を覆すことを目指した。紛争はこの対立から生まれ、当事者らにとってそれは全面的な戦いだった。完全な勝利によってしか目的を達成できない、善悪をめぐる闘争とみなしていたからである。ひとたび軍事対立が停止すると、敗者の側すなわち邪悪な敵を一掃して社会を「浄化」するために国家の軍事力が広範に配置され、崩壊した旧秩序に関与していた社会的・政治的組織が排除されていった。[1] 反体制側の暴動に特徴的な点は草の根の非国家的な暴力の盛り上がりである。それはまた、戦争後にエリートの間で成立した排他的（独占的）な取り引きにより周辺においやられた地方および国家レベルの他のエリートたちが、統治者用の席を振り分けることを要求し、あるいは戦後の取り決めそのものを反故にしようと暴力に訴えたものだった。国家を統制下に置き、勝者の平和を盤石なものにしようとする者。そしてその平和を壊そうとする、権力の座から排除された者。二〇〇三年以後にイラクで発生した紛争では、この両者が組織的暴力を利用した。

紛争に火がつき激しさを増したのは、二〇〇三年に国家の能力が損なわれ、治安の真空状態が生じたためである。この真空に無法領域がつくりだされた。そして体制転換後に生まれた秩序を押しつけようとする側と覆そうとする側とが、瞬く間にそのなかへと入り込んだのだった。国家機関が能力を損なわれて強制力を失うと、国民は一定程度の予測可能性を日常的に与えてくれる新しい方策を探す必要に迫られる。また食糧や住居、水といった日々のニーズを満たし、何らかの形で安全を保つための応急処置を模索せねばならなくなる。イラク中部と南部、とくにバグダードの住民の大多数は、五年以上にわたりこうした問題に振り回された。

社会における国家のプレゼンスが著しく縮小すると、それぞれの地区や町を支配下に置く民兵組織の規律と集権構造が個人の生活の質を左右するようになった。イラクを内戦にひきずり込んだ理由はいくつかあるが、戦争と国家の崩壊こそがその中心をなす。社会文化的な要素もむろん暴力を助長する要素とみなすことができ、かつてはかなり強い誘因となりえたが、これは少なくとも一九八〇年代から存在し、特別新しい要素ではない[2]。民族・宗派のポリティクスの入り込める空間が急速に拡大したのは体制転換後のことである。民兵組織が各地に広がる過程で、その活動を正当化するためにこの空間が利用されたのは間違いない。しかし二〇〇三年を境に、暴力の社会文化的要素は第一の原因ではなくなった。国家の強制力および国家機関の能力の喪失が、これに影響を及ぼしたといえる。

暴力の循環——二〇〇三～〇七年

二〇〇三年四月、サッダーム政権の崩壊は一種異様なほどの歓喜で迎えられた。しかしそれはすさまじい規模の略奪と暴力へと変化し、収束には三週間も要した。バアス党政権は倒されたが、米軍は事態を完全には掌握していないという認識がイラク人の間に広がり、そのため犯罪的暴力と略奪が政治的動機に基づく組織的な暴動に変化した。占領軍への幻滅が広がったことで、政治的な暴力の増加に拍車がかかった。占領軍が体制転換の機会を生かすことができず秩序維持に失敗をきたすなか、治安機関の元職員やバアス党支持者、サッダームの一族と近しい関係にあった者が再び集結した。烏合の衆ともいうべき雑多な人間の寄せ集めではあったが、このとき彼らは米軍をイラクから放逐し、いまだ初期段階にあった戦後秩序を覆す可能性を読み取ったのだ。政権内の連携の乱れをついて、米軍に奇襲攻撃を仕掛けた。攻撃は次第に巧妙となり、頻度も高まった。これは典型的な非対称戦争である。地形や土地の事情に通じ、高い機動性を有する集団が米軍に損害を与えつづけ、死者の数が増加の一途をたどった。占領開始から四ヵ月の間に暴動は激しさを増し、殺傷技術も向上した(3)。〇三年に路上爆弾攻撃により死亡した米兵は一二人を下回っていたが、翌年にはひと月に少なくとも二〇人が殺害されている(4)。

ムハンマド・ハーフィズによると、暴動勢力は初期段階から、イデオロギーの線に沿ってきれいに分類することができたという。ラディカルなイスラーム主義の宗派主義的な集団と、ナショナリズムに同調的な集団のふたつである(5)。後者は体制転換後に押しつけられた政治的解決策を反故にするため戦っていた。これに対しラディカルなイスラーム主義の勢力は、それよりも広範で宗派主義的な目標を掲げていた。用いる手段も自爆が中心を占めていた。二〇〇三年から〇六年までの間に五〇〇件を上回る自爆テロを仕掛け、破壊的な損害を引き起こしている(6)。占領業務に複数国を関わらせようというアメリカの目論見を崩そうと、中東諸国の政府機関や国際組織を標的とした。〇三年八月にはヨルダン大使館と国連事務所が爆弾攻撃を受け、一〇月には赤十字国際委員会の事務所も爆弾テロの被害にあっている(7)。カナル・ホテルの事務所が攻撃されたことを受け、国連はイラクへの関与に厳格な制限を設けるにいたり、その後もこの方針を維持した。赤十字への攻撃も、人道支援を行っていた多くの非政府組織（NGO）を撤退させる結果を生み出している。

自爆テロはまた、政界の要人やシーア派のモスク、シーア派ゆかりの地をも標的にしたが、外国の政府機関や国際機関への攻撃よりもはるかに大きな影響を及ぼし、イラクを内戦に陥れた。そうした自爆テロの口火を切ったのが、二〇〇三年八月にイラク・イスラーム最高評議会（ISCI）議長で高位ウラマーのムハンマド・バーキル・ハキームが暗殺された事件である。ハキームはナジャフのイマーム・アリー・モスクで金曜礼拝を終えた後、自動車に積まれた爆弾で殺害された。〇四年三月にはカーズィミーヤで行われた宗教儀式やシーア派モスク、バグダードのシーア派聖廟、シーア派の聖地カルバラーが攻撃を受けた。[8] 同年五月以降は、イラク人だけでなく外国人労働者の誘拐・斬首が発生するにいたる。

暴動のふたつの流れ、すなわちイスラーム主義とナショナリズムが合流して米軍への抵抗を繰り広げた場所が、ファッルージャである。バグダードの西方五〇キロメートルの場所にあるファッルージャは、体制転換以前は保守的なスンニ派が多いことで知られ、「モスクの街」と呼ばれていた。他方で近隣のラマーディーと同様に、サッダームの影響が最も及びにくい逸脱的な土地柄ともいわれていた。その街で、米軍に対し陳情活動を行っていた一七人が米兵に殺害されるという事件が起きた。二〇〇三年四月のことである。これをきっかけに、反乱の火蓋が切られたのだった。[9] 暴力と復讐の循環が生まれ、イラク北西部の情勢が不安定となった。〇四年三月にアメリカの民間警備会社に務める四人が殺害されると海兵隊がファッルージャに対する攻撃を開始、一〇月には米軍が空と陸から大規模攻撃を加えた。

この攻撃によりファッルージャは灰燼に帰し、三〇万の住民の大半が避難民となった。[10]ニール・ローゼンによれば、二〇〇五年とその翌年にバグダードで吹き荒れた宗派主義的浄化の嵐は、ファッルージャに対する〇四年の攻撃作戦にその起源をさかのぼることができるという。ファッルージャを逃れ過激化したスンナ派避難民が、スンナ派の多いバグダード西部に住みつき、それまで複数の宗派が共存していたこの地域からシーア派住民を追放した。「シーア派に対するスンナ派の暴力行為は、二〇〇四年後半、バグダードのアーミリーヤ地区で拡大した[11]」。

暴力による人口移動が二〇〇四年末ごろに始まり、〇五年五月にはバグダードとその近郊は内戦の渦中に投げ込まれていた。いずれの勢力も宗派主義的な言辞を弄して内戦を正当化した。同年三月にバグダードの中央死体安置所に置かれていた他殺体の六〇%は反体制暴動とは関係なく、「宗教対立」で殺害された人のものであったという。[12]「メソポタミアのアルカーイダ」が自動車爆弾や自爆テロといった手段でシーア派地区やシーア派モスクを攻撃し、多数の犠牲者を出した。するとシーア派社会の代弁者を標榜する民兵組織がスンナ派ムスリムに対する復讐に出て、誘拐や殺害を繰り返した。〇五年の一月から六月までの間に一三〇件の自爆テロが起きたが、その大半は他の宗派を狙ったものである。[13]

二〇〇六年二月二二日にサーマッラーのアスカリー廟モスクが爆破され、その後の一年の間に宗派間の暴力がさらに激しさを増した。[14]アスカリー廟モスクはシーア派にとって最も神聖な聖廟に数えられる。この爆破事件はシーア派を挑発するよう計算されたものであったが、宗派主義的な暴力行為への報復については、最高位のシーア派ウラマーであるアリー・シスターニー師がその禁止を宣告していたため、組織的な報復行為には歯止めがかかっていた。だがシスターニーは爆破事件を受けて、一週間の服喪と抗議行動を呼びかけた。さらに、政府が信仰の場所を守ることができないのであれば「神の助けを借り、信徒が守る」と付け加えた。シスターニーに近い消息筋の伝えるところによれば、「状況は忍耐の限界に達するほど悪化しており、民心の収拾は困難を極めていると師は感じて」いた。[15]

アスカリー廟モスク爆破事件後、バグダード内のスンナ派モスクが報復攻撃の標的となった。しかしそれよりも憂慮すべきは、宗派主義に基づく暴力を恐れ、あるいは脅迫を受けたために避難する人が増え、人口移動が生じたことである。イラク政府の推計では、この爆破事件後に発生した避難民は三六万五〇〇〇人にのぼり、そのほとんどはバグダードおよびその近郊の出身者だったという。[16] また軍関係者によると、バグダードの殺人発生状況は深刻の度を増し、一日平均一一件から三三件に増えた。[17] 国連の統計は、二〇〇六年だけで三万四四五二人の民間人が殺害されたことを示している。[18]

宗派間の暴力は二〇〇五年と翌年にはさらに悪化し、バグダードはずたずたに引き裂かれてしまった。どの宗派に属する人も、自らを犠牲者と考えていた。[19] バグダード市民は自分たちの居住区にこもって、暗殺集団や自爆テロリスト集団から身を守るために遮蔽物を設けた。民兵組織が常駐していない地区では、住民が武装集団を結成したり、民兵組織に警備を依頼するなどの対策をとっている。こうした組織は、自分たちが守っている地区の住民から金銭を搾り取り、自らの宗派をその口実として持ち出した。暴力の激化により、宗派の線に沿って市民の分布が変化した。そして〇六年が終わるころには、バグダードは壁に囲まれたゲットーの寄せ集めと化したのだった。

暴力を行使しているのは誰か

イラクは将来、安定を確立できるのか。安定の実現には内戦の当事者が武力闘争の放棄を受け入れねばならないが、その段階に達したといえるほど当事者が疲弊しているのか否か、あるいは武力放棄の意向がどの程度かたまっているのかが安定の確立を左右する。この水準を計測するには、暴力を組織的に行使している集団を整理し、その能力に検討を加えねばならない。紛争当事者は以下のグループに大別できる。ひとつは新しい政治秩序を覆そうとする勢力であり、非対称暴力〔国家の軍事組織との均衡を欠く非国家・非正規集団による暴力行為〕に特化した、草の根レベルの組織が大半を占めている。もうひとつは戦後に考案した政治的解決策を根づかせ拡大させることを目指す勢力で、民兵組織も擁するが、国家警察の人員も抱えている。

反体制暴動

広範囲にわたって散発的に発生した、米軍に対する低強度の軍事行動。これはどちらかといえば当然の成り行きで起きたものといえる。サッダーム政権の軍事的敗北によって、何千人という国軍兵が故郷に戻っていた。復員あるいは武装解除の手続きがとられ、兵士は滞りなく帰郷していた。バアス党政権時代に全国各地の集積場に武器が保管されていたことから、小火器や爆発物は、犯罪を企てる者や政治的意図をもった者の手に届く所にあった。このためなんらかのきっかけさえあれば、その地域には瞬く間に暴動が広がったのである。その一方で、米軍にイラクを統制する力がないことが次第に明らかとなっていった。血縁や地縁、仲間意識は個人同士を結び合わせ、小規模な戦闘集団を次々と生み出した。[20] 戦闘集団は試行錯誤を重ね、二〇〇三年から翌年には規模も拡大し能力も高まった。だが〇五年を境に暴動の性格は変化した。それまでよりも大規模で組織化された、資金力のある集団が主導するようになったのだ。[21] 具体的には、イラク・イスラーム軍、アンサール・スンナ、イラク・イスラーム抵抗戦線、メソポタミアのアルカーイダの四集団が中心的存在となった。[22] その名が示すように、戦闘的・宗派主義的・政治的なイスラームの観点から政治的暴力を正当化する傾向が、〇五年ごろには強まっていた。これは勝者の平和が既定路線になったこと、つまり旧体制の関係者を悪者に仕立て上げ、新国家のシーア派性を重んじるという排他的取り決めが既成事実化したことへの反動である。反体制暴動勢力はこれに対抗し、強烈なイラク・ナショナリズムと厳格なサラフィー主義を融合させることで集権性をもつイデオロギーをつくりだした。さらにその一方で、宗派性も強めている。[23]

暴動勢力が組織とイデオロギーの面でまとまりをみせるようになると、このラディカルなイスラーム主義勢力のなかで、アブー・ムスアブ・ザルカーウィーが求心力を強めていった。二〇〇三年のヨルダン大使館と国連事務所への爆弾攻撃、ハキームの暗殺は、いずれもザルカーウィー率いるメソポタミアのアルカーイダによるものである[24]〔厳密には、当時の名称は「タウヒードとジハード機関」〕。実のところ、この組織の人的規模は暴動勢力全体の一〇%にすぎない。[25] しかし戦略目標ははっきりしていた。イラクを血なまぐさい内戦の泥沼に引きずり込むことだ。この組織による犯行はアメリカ人を標的にした攻撃事件の一五％であるのに対し、自爆攻撃では実に九〇％を占めていることからも、それは明白である。[26]ザルカーウィーの図抜けた資金力と組織の宣伝力、そして残虐性。これらの要素が、暴動に加わる者をイデオロギー的に方向づけた。〇六年には、このラディカルなイスラーム主義勢力はイラクを内戦に陥れていた。にもかかわらず、自分たちはバグダードおよびイラク北西部のスンナ派共同体のために戦っているのだと主張し、シーア派ムスリムとクルド人の牛耳る政府および軍部はスンナ派ムスリムを屈服させようとしているが、自分たちこそがその野望をくじくのだということを言明していた。[27]

暴力と勝者の平和

前述のように、米軍の撤退を目指し小規模な集団が遂行していた武力闘争は宗派対立的な内戦へと変化し、一方の当事者はコミュナルな観点から自らを正当化するにいたった。だがもう一方の側は勝者の平和を他者に押しつけ、これを守ることを目指していた。その端緒は米占領当局が脱バアス党法を発表した二〇〇三年五月に開かれた。社会を浄化しサッダーム独裁の復活を封じなければならないという説明とともに、バアス党政権の上位四階級に属する職員が追放されたのだ。イラク人に統治権限が委譲されると、脱バアス党政策はさらに急進化した。[28]

バアス党員の追放と並行して、超法規的な暗殺作戦も暗々裏に進められていた。この作戦は次第に拡大してゆき、二〇〇五年にはイラク中部および南部のスンナ派住民に対する大規模テロに発展、こうした状況は〇七年まで続いた。暗殺作戦が開始されたのは〇三年である。バグダード市内および近郊で発生し、バアス党の旧幹部党員を標的にしていた。[29]当初は非計画的な報復行為か、またはシーア派イスラーム主義組織のバドル軍団もしくはマフディー軍のいずれかの犯行と考えられていたが、事態が深刻化するにつれ、ゆゆしき情報が浮かび上がってきた。政権与党がこの攻撃作戦を支援していることを示す有力な証拠がみつかったのである。バグダードからスンナ派住民を放逐するために、警察・軍事機関を利用したのだった。イラク駐留米軍でデーヴィッド・ペトレイアス司令官の顧問を務めたH・R・マクマスター准将は〇六年当時を振り返り、次のように語っている。「こうした活動のほとんどは戦争犯罪だ。イラクの政府と治安機関のなかにいる指導的人間が計画・組織した戦争犯罪なのだ[30]」。

またシーア派諸政党からなるイラク統一同盟は、二〇〇五年一月に予定されていた戦後初の選挙を前に新政府の枠組みについて計画を立てていたのだが、後に入閣したアリー・アッラーウィーの説明によれば、

最も重要なのは「治安機関の」ファイルだった。イラク統一同盟は治安機関を徹底的に浄化し、外部の団体を取り込む必要性を訴えた。外部の団体とは、いうまでもなくバドル軍団のことである。[31]

当時のイラク政府当局者の目には、国防省と国軍のいたる部門にアメリカの統制が及んでいるように映った。これに対し内務省にはアメリカの監視が届かないと考えられていた。加えて、この省には

特別警察突撃隊（後に国家警察に改称）があった。突撃隊は最も戦闘能力の高い組織とみなされているだけでなく、内務省令によって設置されたものであったため、法や議会、内閣の監視が及ぶこともない。[32]選挙で勝利を収めたイラク統一同盟はバヤーン・ジャブルを内務相に指名した。ジャブルはＩＳＣＩの幹部で、かつてバドル軍団を統率していた。その人物が、特別警察突撃隊を完全な管理下に置くことになったのだ。[33]ジャブルは治安機関を「徹底的に浄化」するため、手始めに解雇の対象を大幅に拡大し、バドル軍団の構成員を可能な限り雇い入れるという「常軌を逸した採用」方針をとった。[34]

二〇〇五年以降、内務省の傘下にある特別警察突撃隊／国家警察は暗殺集団と化した。超法規的処刑や拷問といった手段に頻繁に訴え、こうした行為は翌年になっても続いた。[35]バグダードでは、かつて複数の宗派が共存していた地域で宗教浄化が行われ、それに特別警察突撃隊が関与しているとささやかれた。[36]いったいどのような手口が使われたのか。バグダード南部、スンナ派が多数を占めるドーラ地区を担当していた米軍部隊の指揮官ジェームズ・ダンリーは、作戦行動を目撃している。

国家警察は宗派に基づいて人を殺害していた。彼らがそこにいたのは住民を殺すためだ。あれは掃討作戦以外の何物でもないと思う。国家警察の部隊はスンナ派の地区、ちょうどアメリカにあるのと同じような住宅地区だが、そこに侵入して銃を乱射する。手当たり次第に射撃するのだ。建物に押し入って無差別に撃つ……我々はこれをデス・ブロッサムと呼んでいた[37]〔Death Blossom は一九八四年製作の米映画『スター・ファイター』のなかで使われる秘密兵器。主人公はこれを使って敵を全滅させる〕。

内務省への非難は、二〇〇五年一一月に頂点に達した。規制の抜け穴を利用して同省が設けた拘禁施設へ米軍が捜索に入り、「言語に絶する劣悪な環境で[38]」収監されていた一七〇人を発見するという事件が起きたのである。うち一六六人はスンナ派ムスリムだった。これをきっかけに裏づけ作業が進められ、秘密の拘禁施設の存在や拷問の蔓延が明らかになった[39]。しかし政府内におけるＩＳＣＩの力は絶大であり、ＩＳＣＩがジャブルを強力に擁護したため、不祥事が表沙汰になり拷問の横行が暴露されても、ジャブルが内相を辞任することはなかった。結局、新政権が誕生する二〇〇六年まで内相の職にとどまっている。しかも、このときにはさらに大きな影響力を行使できる財務相に就任した。

スンナ派住民をバグダードから追放するために、内務省以外の政府機関が使われた形跡もある。例えば二〇〇五年と〇六年には、財務省がバグダードのチグリス川西岸地区での銀行業務を、おそらくは組織的に停止させた。そこは最大のスンナ派集住地区である。〇六年当時、対岸にあるシーア派民兵の警備地区に足を踏み入れずにバグダード西部の住民が銀行に行こうと思えば、いちばん近くてもアンバール県に向かわねばならなかった[40]。これに対し、バグダードのシーア派地区では九五％の銀行が営業していた[41]。〇五年と〇六年に、バグダードからスンナ派を放逐する目的で国家の人的・物的資源が投入されたことは明々白々だ。アリー・アッラーウィーの言葉を借りるなら、「公式認可を受けた暗殺集団の文化[42]」が、その背景にある。

しかし国家による正式雇用の領域外では、民兵がさらに大々的に暴力を行使し、甚大な被害を出していた。二〇〇六年時点で民兵組織が擁していた人員の数は資料によって推計値に幅があるが、サドルのマフディー軍に関していえば、最盛期には六万人を動員できたという。バドル軍団はマフディー軍に比べるとよく組織され、資金も潤沢で練度も高いが、兵力は一万五〇〇〇人である。[43] この部隊はもとを正せばイランの革命防衛隊が育成した組織で、資金と訓練の面でも革命防衛隊に依存していた。バドル軍団の幹部はイランに帰還した〇三年まで、革命防衛隊のメンバーでもあった。国家警察にバドル軍団を組み入れるということは、すなわちその構成員が警察の制服を身に着けるということであり、宗派主義的な動機で殺人を犯しても、マフディー軍ほどは目立たないわけである。

勝者の平和の既定路線化を目指す非国家行為主体のなかで、最も破壊的な組織がマフディー軍だった。ムクタダー・サドルの組織の基盤と正統性は、父のムハンマド・サーディク・サドル師から受け継がれたものだ。サッダーム政権時代、サーディク・サドルはバアス党に融和的な姿勢をみせたこともあった。だが指導力に優れ、ラディカルなシーア派ナショナリズム組織を結成した彼は、一九九〇年代には政権にとって大きな脅威となっていた。サーディク・サドルは九九年に暗殺され、以後その組織は、体制転換のときにいたるまで地下に潜んでいた。二〇〇三年になるとムクタダー・サドルが組織を立て直し、亡き父の名をとって殉教者サドル事務所に名称を改めた。自らの運動の正統性を示すため、父と同じように強烈なイラク・シーア派的アイデンティティ、戦闘的なナショナリズムを打ち出している。祖国の息子たち（ibn al-Balad）と呼ばれる、貧しく周辺に追いやられた都市部の若者層に照準を絞った。こうした若者は、サドルの操るラディカルなレトリックと、占領反対を唱える攻撃的なメッセージに駆り立てられやすい。[44]

サドルはリヤード・ヌーリー、ムスタファー・ヤークービー、モハンマド・タバータバーイー、カイス・ハズアリーといった父の支持者を結集した。[45] シーア派イスラーム主義を軸に据えたラディカルかつ暴力的な抵抗運動を率いる指導層である。当初はアメリカ占領軍を標的にしていたが、その一方で、今や内戦の中心にある宗派主義的な暴力闘争にも関与を深めていった。二〇〇六年までには、サドルの説教は虐げられた者（mustadafin）に呼びかけ、ムスリムの連帯のためにアメリカによる占領に抵抗することを唱えてはいたが、はっきりとした宗派主義的なレトリックもちりばめるようになった。ナワーフィブ、すなわち「シーア派の歴代イマームを受け入れず、預言者一族を白眼視する者」を正当な敵と公言した。[46] サドルの運動におけるナワーフィブが、イラクのスンナ派ムスリムを指していることはいうまでもない。

二〇〇三年に体制が転換され国家が崩壊したことで、運動に弾みがついた。「空白があるのに気づいた。しかも、誰もその空白を埋めていなかった」と、サドル自身も語っている。[47] サドルは機会を逃さなかった。父の運動が残した遺産を生かし、イラク南部から中央部にウラマーのゆるやかなネットワークを築いた。本拠地をナジャフに置いて週ごとに有力者と会見し、指導や説教の内容を全国のモスクに貼り出した。[48] そして〇三年九月には〔このときサドルは武装集団を組織していることを公言した模様〕、組織はバグダード東部のスラムを完全に掌握するにいたった。以後この地域はサドルの地盤となるのだが、ここには二〇〇万以上もの人が住んでいる。住民の大半は南部農村地帯の出身者で、国連の経済制裁が始まった一九九〇年以後に、ここに移住してきた人も多い。一九五〇年代にこの地区が造成されたときはサウラ（革命）地区と呼ばれていたが、バアス党政権時代はサッダム・シティーになり、二〇〇三年にはムハンマド・サーディク・サドルにちなんでサドル・シティーに改称した。九月にはこの地区にあるモスクの九〇%がサドルの影響下に入ったとみられる。[49]

しかし自分への恭順をシーア派宗教界に要求するには、サドルはウラマーとしてあまりに未熟である。彼はイランに拠点を置くカーズィム・フサイニー・ハーイリー師と手を組み、それにより後押しを得た。資金面でも支援を受けることができ、全国のハーイリーの支持者から、毎月六万五〇〇〇ドル相当の寄付金がサドルの組織に届くようになった[50]。組織はまた、サドル・シティーにある四軒の大規模ガソリンスタンドを管理下に置き、バグダードで使われる大半の燃料油と食用油の流通も統制した。それによって、さらに力を増した[51]。

体制転換後に急速に組織を拡大させたことは、少なくとも二〇〇三年と〇四年初頭に関しては、サドルの強みとなっていた。しかし〇四年になると二カ所で米軍との武力紛争を抱えることになり、組織の結束とサドルの統率力には陰りがみえるようになった。二回目に米軍と衝突した際にはハーイリーがサドルへの支持を撤回し、安定的な収入の道も断たれる結果となっている[52]。また、闘争の戦術をめぐって対立が生じたことから腹心をも失った。例えばハズアリーは、さらにラディカルな戦略を追求するためにサドルのもとを去っている。マフディー軍旗下の指揮官たちはゆすりを繰り返すことによってナジャフの本部に対する経済的依存を弱め、身代金目的の誘拐や文化財・骨董品の密売、石油の略奪にも手を染めるようになった。サドルはたびたび綱紀粛正を図ったが、いずれも空振りに終わった。ある指揮官によれば、「サドルは部隊長を解雇するが、部下はサドルでなく部隊長に服従している。指揮官に対する兵士の忠誠心を弱めようと、サドルは指揮官を毎月やめさせている」という[53]。

ラディカルで暴力的な、統制を欠く集団。二〇〇五年に内戦を戦っていたのは、こうした組織だった。マフディー軍の第一の目的は、バグダード東部を支配下に置き、宗派混住地区からスンナ派を追放することである。[54] 武力闘争が頂点に達した〇六年半ば以降は、サドルの民兵は夜陰に乗じてサドル・シティーを出発し、チグリス川を渡ってバグダード北部および西部で討伐作戦を展開するようになった。どこからみても、西部のスンナ派集住地区を攻撃するために周到に計画された作戦行動といわざるをえない。部隊は宗派混住地区やスンナ派集住地区に侵入して、一回の攻撃で六〇人もの人を捕捉し、車のトランクに押し込む。翌朝には、サドル・シティーのはずれに遺体が打ち捨てられる。遺体には拷問の痕跡が残っていた。[55]

この作戦の究極の目標は、バグダードに住むスンナ派の数を一気に減らすことである。スンナ派住民はバグダード西部に閉じ込められ、その居住地区も徐々に狭まっていった。首都の西部から北部に広がるアンバール県に避難する動きも生まれた。二〇〇五年と翌年には、経済的に豊かな層が住んでいたマンスールやヤルムークなどチグリス川以西の地区を狙い撃ちにし、暴力的な強制移住が強行されている。〇七年初頭には、この地区はすっかり荒れ果てた。アーミリーヤやガザーリーヤも例外ではなく、市場も商店も閉鎖され、取り残された住民は軟禁同然の状態で家にこもっていた。民兵による殺人と脅迫は、スンナ派居住地区での銀行業務と医療サービスの停止と時を同じくしていた。こうした業務の停止とスンナ派の追放作戦との調整が図られていたことを疑うに足る相当な状況も認められる。[56]

二〇〇五年一二月に行われたこの年二回目の全国選挙の後に、紛争は新たな展開をみせた。首相選出が難航し、最終的にサドル潮流がマーリキー支持に回ったことが決定打となり、マーリキーの首相就任が決まった。サドル潮流はその見返りに、厚生相や運輸相といった閣僚ポストを獲得、閣僚ポストはサドル潮流の財源を潤すために使われた。汚職と、自派支持者が圧倒的多数を占める省庁職員への給与の支払いという形で金《かね》が流れた（とはいえ、これは何もサドル潮流に限ったことではなく、どんな政党にもみられる現象なのだが）。閣僚の地位はまた、バグダードにおける宗教浄化のために悪用された。[57] 最悪の例が厚生省である。この省の管轄する施設警備隊にマフディー軍の兵士が大規模採用され、病院をはじめとする医療施設が監視哨と化してしまった。[58] サドル潮流に反対する医師や幹部職員は殺され、あるいは追い出された。[59] スンナ派の病傷者の殺害という、心胆寒からしむる事実の存在を裏づける情報も浮かび上がっている。[60]

小括

戦後に打ち立てた勝者の平和を既成事実化しようとする側の民兵と、これを覆そうとする抵抗勢力。二〇〇五年と翌年のイラクでは、両者の戦いが内戦を拡大させた。紛争により破壊が進行し、毎月数千人もの民間人が殺害された。これに直接的な作用を及ぼした要因は三つある。社会秩序を維持するに充分な力を国家がもっていなかったこと。軍隊が混乱し、民兵や反体制暴動勢力の活動を鎮圧できなかったこと。そして、軍事力を有する組織のなかで最も集権性の高かった内務省管轄の国家警察が紛争の一方の当事者の道具と化し、バグダードのスンナ派住民の追放に利用されたこと。残虐行為がバグダードで広がるにつれて、暴力を正当化する目的で民族的シンボルや宗教的シンボルを悪用する例が増えた。民兵は保護すべき住民から金銭を搾り取りながら、コミュナルな言辞を操ってこれを正当化した。だが住民の側にしてみれば、安定を約束する組織がほかになかったから、まやかしの安定しか得られないことを承知のうえでその勢力に忠誠を誓ったまでである。民兵も反体制暴動勢力も、自分たちの共同体が他者に滅ぼされるのを防ぎとめているのだと主張した。しかしそれよりも憂慮すべきは、特定の集団を国家から排除することを狙ってエリートたちが結んだ取り決めである。これに従うならば、国家に保護される権利を一部の集団が失うことになる。〇五年と翌年に暴力を激化させた要因と、暴力の永続化を可能にしている組織を政治から追放する。このふたつがどの程度達成できるかが、将来におけるイラクの安定を決定する。

第3章　アメリカの政策と対暴動ドクトリンの復活

二〇〇七年一月一〇日、ジョージ・W・ブッシュ米大統領はテレビを通じて国民に語りかけた。異なる共同体同士の紛争がイラクの中部および南部で連鎖反応を起こしている事態を受け、アメリカ政府は大規模な戦略的敗北を避けるべく政策を抜本的に転換せねばならないとの認識に達した、と。(1) 演説の眼目は、いわゆる「サージ」(surge) だった。イラクに駐留させる米軍の兵力を一時的に増強し、紛争当事者の間に配備するという内容である。(2) 増派は「すでに掃討した地区を確保するのに必要な水準に兵力を引き上げるためである」と述べ、ブッシュは正当化を試みた。(3)「掃討 (clear)、確保 (hold)、建設 (build)」のレトリックをはっきりとイラクの新戦略の柱に据えることで、対暴動 (counter-insurgency) ドクトリンのイラクへの適用を明確に支持し、政権の新方針を実地に移す責任者にデーヴィッド・ペトレイアス大将を任命して自身の発言に実質をもたせた。ペトレイアスこそは、米軍内で対暴動ドクトリンの必要性を唱えてきた人物だったのである〔このドクトリンには、暴動勢力を掃討した後にその地区を確保して暴動側の反攻を阻止し、社会や国家を建設するという方法論が含まれる。なお、アメリカはベトナム戦争以来、このドクトリンが対象とする非正規戦を経験していなかった〕。

目減りしているブッシュの功績を下支えすること。アメリカのイラク政策転換の具体的な狙いはここにあった。兵力の増強によって内戦を停止に導くことができるなら、ブッシュの任期が終わる前にアメリカとイラクの関係は安定するだろうとの希望的観測がなされていた。ブッシュにずっとついて回り、政権の存続に影響するようになった唯一の問題、それにけじめをつけることができるかもしれないと考えられたのだ。しかし戦争開始からの四年間、見事に失敗しつづけたこの目標を達成するには、紛争の主な原動力となっている者たちに向き合わねばならなかった。二〇〇七年初頭にサージを発表した際にブッシュが考えていたのは、対暴動ドクトリンの実施によって、イラクの市街地から暴力を行使する者を排除できるだろうということだった。また国家の能力を再建し、エリートらが考案した政治の枠組みを再び機能させ、〇五年にイラクにおける政治的言説を隘路に追い込んだ宗派間の緊張を緩和することも期待されていた。不可能ではないにせよ、かなり野心的な目標であったことは否定できない。

米軍が対暴動ドクトリンに再び注目したのは、二〇〇三年以後、イラクにおけるプレゼンスの失敗が続いたからである。米軍が試みるべきアプローチに関する論文のなかで、ペトレイアスと共著者は対暴動作戦の歴史を深く掘り下げ、この戦略技術を過去に実践しながらも長く忘れ去られていた人物に光をあてている。他方でペトレイアスは新しい軍事ドクトリンも編み出した。これは敵の捜索および殺害から、住民の保護に焦点を移すものだという。軍部はまた、文化を意識することも強調した。米軍による保護の対象となる人たちの社会における位置やその組織のあり方を知り、統治機構を再建し、国家の諸制度を社会に復活させることの重要性に触れている。さらに、指揮系統の統一を強化することも訴えた。占領軍の民政部門と軍事部門を統合して戦略の開発や部隊の配備にまとまりをもたせることで統一をはかることとされている。

対暴動ドクトリン以前のアメリカのイラク政策

二〇〇七年のサージ開始によって、イラク占領に関わった経験のある米軍出身者の間に激しい論争が始まった。〇七年以前におけるアメリカの政策の何が原因でイラクに内戦が発生したのか。この点をめぐり論戦が展開されたのだ(4)。サージ以前の軍事政策の起点は、イラクへの行政権委譲が開始された〇四年四月に求めることができる。同年六月、ジョージ・ケーシー大将がイラク多国籍軍司令官に就任し、米中央軍司令官のジョン・アビゼイド大将と歩調を合わせながら指揮をとることになった。イラクについてのアビゼイドの考え方を形づくっているのは、彼自身の言葉によれば「抗体説」である。社会とは外国のプレゼンスに必ず拒絶反応を示すもので、アラブ社会やムスリム社会はとくにその傾向が強い、というのがその主旨である。この説に沿って考えると、配備された米軍の規模が巨大なこと自体がイラク人の反感と暴力的抵抗の原因ということになるだろう(5)。ケーシーとアビゼイドはいずれも一九九六年から九七年までボスニア＝ヘルツェゴヴィナで指揮官として任務にあたり、その経験から駐留軍の規模について独自の結論に達した。彼らによると、人口稠密地から離れた地点に堅固に要塞化した基地を設ければホスト国との摩擦や紛争の可能性を減じることができる。しかも、ドナルド・ラムズフェルド国防長官は米軍を撤退させてイラク軍に指揮権を移すことが必要だと唱えており、ケーシーらの理論は重要性を増した。[6] 二〇〇五年六月にはブッシュがこれを公式に支持、「イラク人が立ち上がるなら、我々は撤退する」と語った（ちなみにブッシュはこの言葉を度々口にしているが、このときが最初である[7]）。

要塞化した基地の維持と撤退という対立する要素の間のどこに解決の糸口があるのか。ケーシーは検討の結果、これらの要素を新しい作戦計画のなかで結び合わせ、二〇〇六年六月半ばにブッシュ政権から承認を受けた。「〈勝利のための撤退〉戦略」とケーシーが命名した計画では、権限の委譲を三段階に分けていた。「二〇〇七年初頭までに安定化をはかり、二〇〇八年半ばまでに民政当局を再建、二〇〇九年末まで自立支援を継続する」というものである。[8] 〇六年にケーシーが推進した戦略は駐留兵士の削減に照準を定め、これが揺らぐことはけっしてなかった。[9] ボスニアでの経験を反映し、イラクに残留する者は要塞化された大規模な基地に再配備された。基地は都市部から離れた安全な場所につくられていた。同じ六月には、イラク政府への軍事的役割の完全な委譲に向けた三段階からなる予定表が考案された。〇六年末までに完了するとされる第一段階では駐留軍の兵力を三万から一〇万削減する。[10] 次に、イラク政府の軍に対する統制権を〇八年半ばまでに回復させる。最終期が完了する〇九年には、イラク軍が自立を達成する——このようなプロセスである。米軍の縮小と並行して、イラク国内の米軍基地も削減し、六九の基地を〇七年末までに一一に減らすこととされた。[11]

駐留軍の規模の縮小に伴う危険については、イラク軍の訓練を速やかに仕上げることで対応するというのがケーシーの考えである。連合国暫定当局（CPA）の代表ポール・ブレマーがイラク国軍を解体したのは二〇〇三年五月のことだったが、米軍は〇四年四月にいたるまで新生イラク軍の拡大のペースを早めることはしなかった。しかし、要塞基地へと引き揚げていく米兵に取って代わることになったのは創建から二年しか経っていないこの小規模な軍だった。米軍によれば、イラク南部および中央部の作戦域のうち、〇六年五月時点でイラク軍の管轄下に置かれていた箇所は五〇％であるが、年末にはこれを一〇〇％に引き上げることになっていた。[12]しかし治安状況は〇六年にも悪化の一途をたどり、ケーシーもさすがにその楽観論を後退させざるをえなくなった。八月に行程表を修正し、イラク軍が独立を果たすにはさらに一八ヵ月が必要と説明している。だがその一方で治安権限の委譲は同年九月に開始され、県の治安管理は県知事に徐々に任されるようになった。一〇月には、多国籍軍のイラク軍訓練任務は四分の三を完了していると、内戦のさなかにもかかわらずケーシーは語っている。[13]

権限委譲に関するケーシーの計画は、ワシントンにいる自分の（政治的な意味での）上官たちのニーズに合うように考えられたものであり、バグダードの状況への適否を考慮してつくられてはいない。米軍の兵力と死傷者の削減を可及的速やかに実現することを目指していた。二〇〇六年にイラクが内戦状態に陥った主要な原因がこの政策にあることは間違いない。米軍の兵力削減と再配備、それに伴う治安の真空状態に対する備えが、イラク軍にはできていなかった。ブッシュがイラク問題の「現地化」方針を打ち出す演説を行った〇五年六月以後、民間人の死者は増加しつづけ、〇六年に最悪の数字を記録した。これはケーシーが米軍の縮小と再配備の計画を進めていた時期にあたる。[14]治安の空白を埋めるべきイラク軍にはその準備がまったくできていなかった。〇七年には、この政策を揶揄して「ケーシー化」（Casification）と呼ぶ向きも現れた。イラクが被る犠牲を度外視して治安維持の任務を放棄する方針、という意味である。実際、イラク側に治安維持権限を委譲していったことでバグダードやイラク中部および南部、北部諸県の周辺地域の状況は悪化の道をたどった。

米軍の兵力およびプレゼンスを縮小させるという計画が推進されるなか、イラク北西部の遠隔地では、ケーシーの計画にほとんど逆行する手法がとられはじめていた。二〇〇五年にタルアファルにいた第三騎兵連隊が使っていた方法がそれである。その柱となる部分が、〇七年以降の米軍の手法を形づくることとなった。第三騎兵連隊が「住民の保護」という明確な任務を帯びてタルアファルに到着したのは〇五年五月である。[15] 部隊はまずタルアファルに通じるすべての道路に検問所を設けて町を封鎖した。それまでこの地域は反乱勢力側が管理下に置いており、米軍やイラク軍の干渉をほとんど受けてこなかったのだが、第三騎兵連隊は町を封鎖すると、この勢力との間で一四日間にわたる激しい戦闘を繰り広げた。連隊長のH・R・マクマスター准将は作戦終了後、二九の監視哨をタルアファル全域に設置した。さらに麾下の部隊がイラク軍とともに駐留し、駆逐した反乱勢力の帰還を阻止することとされた。[16]

対暴動ドクトリンの再発見

マクマスターがタルアファルで作戦の最も熾烈な局面に入っていたとき、ペトレイアスは米軍の新しい対暴動ドクトリンの執筆に着手した。二回目のイラク視察を終えた直後のことである。[17] まさに暴動が全面的な内戦に突入しつつあったときに、新しいマニュアルを書く。それは「米軍が大規模な自己批判集会を公の場で開くに等しい」[18]。ペトレイアスの狙いはおそらく、イラクでの戦い方とこの戦争の制度的な側面の全体を変えることにあったのだと思われる。そしてその手段として、一九六〇年代に生まれた対暴動ドクトリンを明確な拠り所にしつつ、新しいアプローチを考えるという方法を選んだ[19]。第二次世界大戦以来維持されてきた「古典的な」対暴動アプローチでは、軍事よりも政治を優先する。作戦における民政部門と軍事部門の調整や、情報収集活動に重きを置いた作戦、さらに暴動勢力と多数派の住民との分離といったことを重視する[20]。ペトレイアスの目には、古典的アプローチには捨て去るべき部分があると映った。彼自身が取り組んでいる問題、すなわちイラク（と後にはアフガニスタン）における紛争は軍事侵攻と体制転換によって生まれたもので、現存する政府の防衛の問題ではない[21]。この遠征戦争は準帝国主義的な戦争だ。「保護」の対象となる住民は、そもそも外国軍に正統性を認めるだろうか。こうした根本的な疑問が生まれることは火を見るより明らかである。

ペトレイアスは対暴動ドクトリンについての新マニュアルのなかで、対暴動理論の権威、デーヴィッド・ガルーラの著作を援用した。この書物は、「住民を管理するための機関」たる国家にその能力と正統性とを回復させることの必要性を説く[22]。こうした認識においては、暴動の根本原因は脆弱な政府あるいは正統性のない政府にあると考えられている。それが暴力的な反対勢力の組織化を許し、住民の国家からの離反を可能にするからである。ペトレイアスとガルーラのアプローチは「競争的国家建設」（competitive state-building）との類似が多いようにみえる。紛争の両当事者が自らの警察・軍事機関と行政機関の力と影響圏を拡大するために戦い、社会の多数を占める集団に対する支配権をめぐって競い合う、という側面における類似性である[23]。ただし米軍にとっては、正統性のある支配権は

「基本的な経済的ニーズを満たし」「最低限必要な公共サービスを提供し」「重要な社会および文化制度を維持」することによって得られるものである。[24]

古典的対暴動ドクトリンから借用した理念の二番目にあげられるのは、「対暴動作戦に関与するあらゆる階層の……活動の一体性」を重視するという考え方である。[25] 具体的には、民政および軍政部門のあらゆる活動を集権的に管理する権限を「一人の『最高責任者』に」与えることを意味する。[26] 最終的な権限および監督権を一人の司令官に付与し、司令官はその与えられた権限と人的・物的資源により、戦術と戦略、民政と軍事を統合して明確な目標と一体性のある政策を立てることになる。イラクでは二〇〇七年以降、ペトレイアス自らが政策を考案し適用する権限を徐々に獲得していった。ひとつにはブッシュの後押しがあったためであり、また、彼自身の世評の高さと政治力のなせるわざでもあった。

このように、新ドクトリンはガルーラの著作との共通点を公言し、政治的な側面を重視し、活動の統一性に力点を置くものである。しかしイラクに関しては、アメリカの対暴動アプローチとその適用は、むしろ古典的アプローチを大はばに手直ししたもののように映る。つまり実地においては、負担が重く多大な時間を必要とする国家建設には戦略の重点を置いていなかった。その代わりに、政治的なアプローチではなく「社会学的」ともいうべきアプローチに膨大な時間とエネルギーを投入していた。新しい対暴動マニュアルが打ち出した新機軸のひとつは、作戦行動の対象となる住民の文化に対し人類学的といってもいいような関心を向けている点だ。[27] マニュアルによれば、「文化を知ることは暴動への対応を成功に導くうえできわめて重要である。アメリカ人の考える『標準』や『合理性』には、普遍性はない」[28]。社会というもののしくみ、また社会がどのように安全をもたらしてきたか、さらにはアメリカを標的とした軍事作戦への支持を集めるために暴動勢力が使った方法を理解するには文化を知らねばならない、とマニュアルの執筆陣は論じる。しかし文化に対するこのアプローチは少なくとも次のふたつの点で批判を受けている。カライヴァスによると、このマニュアルでは、文化は「柔軟な」ものと理解されている。つまり米軍の軍事・政治・経済力によって人のアイデンティティや態度を変化させることができ、住民は米軍のプレゼンスを受け入れるようになると考えられている[29]。しかし、占領の長期化に対する住民の反感と暴力は根深い感情とイデオロギー的動機に起因するものである。このマニュアルではそれが過小評価されているのではないかとカライヴァスは指摘する。またレイラー・ハリーリーの見方によれば、このアプローチでは分断の起こりやすい特殊な文化にのみ焦点を合わせている。社会を分裂させる可能性をはらみ、少数派と占領軍の連携をもたらす可能性のある宗派や部族に関心が集中しているという[30]。

文化に対する理解の重要性と並んでマニュアルが強調するのは、住民側の感情や活動を沈静化させるためにとるべき戦略である。この点に関しては、ガルーラの考案した戦略を忠実になぞっている。「支持は活動的な少数派を通じて得ることができる」というのが対暴動戦略における重要な「法則」のひとつだとガルーラは論じている。この少数派を特定し、それを組織化したうえで、社会全体を動員する推進力として使わねばならない[31]。このプロセスを開始できるのは暴動の脅威が取り除かれた後である。その段階で、暴動に対抗する側およびその政府こそが安全を保障するのであって暴動側ではないということを住民に納得させ、支持を動員する[32]。対暴動作戦で住民の保護が最優先されるのはその後のことだ。タルアファルでマクマスターがとったアプローチが示しているように、住民は「網の目のように配した部隊」が保護する。部隊は住民の「近隣に生活し」「対暴動部隊へのアクセスを二四時間体制で提供」しなければならない[33]。

対暴動ドクトリンのイラクへの適用

二〇〇七年二月、バグダードに向かう前に、ペトレイアスは次のように語った。イラクの内戦を終結させ持続可能な安全をもたらすには、暴力を行使する者を取り除くだけでなく、暴力の根本原因を除去する必要がある。そのためには「四つの領域において、つまり米軍だけでなく、アメリカ政府の文民部門、イラク軍、イラク人の政治的意志という領域においても、サージがなくてはならない[34]」。

にもかかわらず、アメリカがこの年に推進した政策は軍事作戦に振り回されてしまった。その第一段階はバグダード治安計画、アラビア語で「法の執行」(Fard al-Qanoon)と呼ばれるものである。バグダードおよび周辺の住民の安全に照準を合わせつつ、対暴動マニュアルがそのまま適用された。第二段階ではファントム・ストライク作戦とファントム・サンダー作戦が実行され、このときはバグダードの近郊と後背地が対象となっていたが、作戦はいずれも掃討作戦の様相を呈していた。スンナ派ムスリムの過激派集団を追討するため、米軍と特殊部隊が大々的に投入された[35]。

国家建設に焦点を絞った民政部門における「サージ」は、政治を規定していた枠組みの改善に向けた動きと同様に二〇〇七年から翌年末までたびたび予告された。確かに、民政のための政策が頻繁に話し合われたし、アメリカのイラク政策は〇七年に大きな転換点を迎えた。しかし政策は軍事作戦が中心で、他の要素はすべて隅に追いやられてしまった。

サージが開始されたのは、厳密には二〇〇七年二月一四日である。レイ・オディエルノ（ペトレイアスのもとで副司令官を務めた人物）の顧問の任に当たったことのあるエマ・スカイによれば、「司令部では住民保護がスローガンのようになっていた」という。(36) また〇七年四月にバグダードで著者がインタビューしたアメリカ政府高官は、この計画は「バグダードの小さな地区で高い水準の安全を達成し、その後これを拡大する」ものだと語っている。(37) ペトレイアスの言葉を借りるなら、「網の目のように配した部隊」によって、共同体レベルにおける人間の安全保障が実現される。(38) 暴動に対するペトレイアスの他のアプローチと同様に、この戦術も既存の対暴動理論に直接範をとっている。具体的には、革命戦争に対するフランスのアプローチである。「油のシミ」（tache d'huile）という名のこの手法では、まず複数の小規模な孤立地区で安全を確保し、しかる後に継続的な平定軍の展開やデモンストレーション効果を通じて同様の地区を増やしていく。(39) 成功すれば、軍事力と民政力を組み合わせた碁盤目（quadrillage）のなかに住民を抑留でき、それによってバグダードは最終的に平定されるというわけである(40)〔アルジェリア戦争の際にフランス軍は、アルジェリア農村部を碁盤目状の作戦区域に分割し、境界に監視哨を設置した。このシステムを quadrillage という〕。

都市レベルに関していえば、バグダードは一〇の軍管区に分割された。作戦レベルでは、五〇から一五〇〇の住宅からなる街区（アラビア語で「マハッラ」）に分割され、バグダードは四七四のマハッラに分けられた。これにより宗派間の戦闘が激しいマハッラに集中的に部隊を投入することが可能となった。バグダード治安計画はこれらの地区での「掃討作戦」で始まり、果たして米軍の損耗は急激に増大した。[41] こうして米軍のプレゼンスを確立すると、バグダードの周辺にある複数の要塞基地から兵士が送り込まれ、住民の近くに配置された。具体的には、対象となる個々のマハッラに防備の堅固な小規模要塞を建設し、そこに一二〇から一五〇の兵力を置くのである。これは米軍の兵士とイラク軍、国家警察で構成される。二〇〇七年四月バグダード東部のルサーファ治安地区にいた第二歩兵師団第二旅団の場合、その七五％は母基地から小規模要塞に送り込まれていた。[42] 六月時点では、バグダードのマハッラ内小規模要塞の数は六八となっている。[43] こうした共同警備所を、統治能力を示す目に見えやすい象徴として各地域で利用するというのが、この計画の論理である。小規模要塞が治安を維持することで住民との絆が生まれ、管理下の地域に対する国家のサービスが小規模要塞を通じて提供されると考えられていた。

地域の掃討作戦と共同警備所の設置が完了すると、そのマハッラはいわゆるゲーテッド・コミュニティ（要塞街）と化す。マハッラを周辺地域から分離する巨大なコンクリート製の防護壁（Tウォール）がつくられる。警備上の理由から、外部につながる交通のアクセスポイントは二カ所しか設けられていない。車両の出入りを監視することで、暗殺部隊や自爆テロリストの動きを阻止できるものとされている。さらに、米軍とイラク軍はIDカードを発行し、住民調査を行う。住民を特定し、人の移動を管理できるようにするためである。警備体制を構築した後は、司令官緊急対応プログラム（CERP）の資金を使って米軍の各大隊長が管轄下の地域に対する行政サービスの提供に着手する。道路清掃業者の雇用や下水処理施設の整備、学校の再開と校舎修復、変電所の修復などの権限が地域自治体に与えられる。地域経済の再活性化のため、少額の助成金が小規模事業者に交付される。二〇〇八年八月までに、CERPの資金から二八億ドルが拠出された。[44]

二〇〇七年六月にサージの第二段階が始まった。このときは通常型の大規模な軍事作戦が行われた。オディエルノは暴動集団の脱出と再組織を妨害するため、バグダード周辺に部隊を二重の同心円状に配備した。そして、イラク戦争開戦以来最大規模のファントム・サンダー作戦とファントム・ストライク作戦が始動し、バグダード域外で活動する暴動組織への攻撃が始まった。それと並行して、米軍の特殊部隊が暴動側の有力メンバーを追討、敵側の組織の統制を乱して連携行動と再集結を阻止した。[45]

とくにバグダードで顕著に表れた傾向なのだが、二〇〇七年にはイラク全土で民間人の死者数が月を追うごとに減っていった。一月には三五〇〇人だったのに対して、六月には一九五〇人、一二月には六〇〇人となっている。[46] しかし、バグダード治安計画および同年行われたふたつの作戦と死亡率の急激な下落との関連性については不明な点も残る。それが明らかになるまでは、〇七年から〇八年にかけての暴力の減少に持続性があるか否かという問いには答えることができない。だが少なくとも、防護壁で囲まれたマハッラの住民はこの処置に激しく反発している。自分たちの居住区であるにもかかわらず、出入りのたびに検問所を通らねばならず、屈辱を味わわされるのだ。住民の反発は、デモに発展した。[47] 加うるに、防護壁自体がコミュニティ内の暴力を激化させている形跡もある。[48] また、宗派対立の激しいマハッラを封鎖することで、むしろバグダードの宗派浄化を助ける結果になったのだという議論も起きている。特定の宗派がすでに粛清されてしまった地区を隔離すれば、バグダードの宗派的分裂を深めることになるからである。[49]

しかし全体を見渡すと、二〇〇七年一月から九月までの間の暴力の減少については、ふたつの要因があることが明らかとなっている。地区を限定した形で治安を確保したこと。そして、民兵組織の幹部や暗殺部隊の頭目を標的にした攻撃の精度が高まったことである。サージの実施に伴って治安は改善し、基幹施設が整備され、経済活動が好転した。とはいえ、これはマハッラを管理する米軍部隊を通じて供与される資金によって達成された成果だった。米軍が地区機関を創設したり、あるいはそうした機関に権限を与えたりしても、中央政府との間に実りある関係を構築することはできなかった。中央官庁の側には、米軍が特定の地区につくった特殊な機関などと連携する意思も能力もない。こうした地区を担当する部隊では、佐官級の軍人が車を回してイラク政府当局者をグリーン・ゾーン〔CPAが置かれていた安全地帯で、その後は多国籍軍が駐留〕に呼び出し、イラク政府による金銭的支援を要求したが、たいていは徒労に終わった。[50] 紛争の影響が最も深刻な地区で始まった行政事業を、バグダードの中央官庁が統合することも、促進することもできないのである。サージのもたらした成果の持続可能性については、疑いを挟まざるをえない。

二〇〇七年五月下旬に米軍が行った試算によると、バグダードの四五七地区のうち米軍とイラク軍が住民の保護と「物理的影響力の維持」を達成しているのは一四六地区にとどまった。[51] バグダード多国籍師団の師団長ジョゼフ・フィル少将は、九月末にはその割合が五六%になったと語っている。だがいずれにせよ、〇七年二月以降の暴力の減少を説明しようとするならば、一部のマハッラで限定的に行われた米軍の活動に注意を奪われてはならない。またファントム・サンダー作戦やファントム・ストライク作戦で民兵の活動が妨害され、民兵組織の頭目が殺害されたことに目を向けたとしても、それだけでは他の要素を見落とすことになる。〇七年一月にブッシュが発表し、二月と六月に実施された「サージ」。それによってバグダードの一部地域の治安が回復し、何百人もの「重要な」危険人物が葬り去られたことは間違いない。しかしイラクを内戦状態に陥れた原因を根絶するための取り組みについていえば、この一年間になされたことは無に等しく、かりにあったとしても取るに足りない水準にとどまっていた。

「アンバール覚醒評議会」「イラクの息子たち」「部族反乱」

アメリカの対暴動ドクトリンとイラクでの実績を称揚する説のなかでは、バグダードと後背地を対象とした三つの軍事作戦が、成功を可能にした重要な柱とされる。それに加え、二〇〇六年と翌年にアンバール県でみられた動きと全国に波及した影響もまた、もう一本の柱として重視されている。もっともこれについてはサージ以前に起源があるのだが、それはともかくとして、ペトレイアスの対暴動アプローチには、自分たちの活動地域に人類学的な関心を向けるという点にも斬新さがあった。内部諸勢力の関係を確認するため、対象となる社会の調査を進める。それと並行して、広範な層の服従を勝ち取る活動に踏み出すために、占領当局に協力する可能性をもつ有望な少数派を選ぶ、という手法である。[52] その成功例がイラク西部のアンバール県で、米軍はラディカルな暴動勢力に対抗しうる同盟相手をこの地にみつけたのだった。

すでに述べたように、二〇〇三年以後の政治は「勝者の平和」によって統制されるようになっていた。だが、その中心的な政治手法を見直そうという動きも始まった。いわゆる「アンバール覚醒評議会」は、こうした再構築の動きのなかで生まれたものである。スンナ派という大きな集団を意図的に政治プロセスから排除したことは紛争の大きな要因で、ハリルザード米国大使もそのことを認識していた。そこで本国に対し、問題解決のためにはバアス党に対する批判を抑制してスンナ派の政治家を取り込み、〇五年一二月の選挙に積極的に関わらせるべきだと訴えた。他方アメリカは、暴動側の主要な集団との話し合いに乗り出していた(53)。

アメリカの外交当局とスンナ派の関係が新たに築かれようとしていたころ、米軍撤退を求める勢力の内部では政治をめぐる話し合いが始まっていた。二〇〇五年一月の選挙をボイコットしたために、彼らは権利を奪われたも同然の状況に陥った。権力から遠ざけられていただけでなく、危険も降りかかっていた。勝者の平和の固定化を狙う新しいエリートが、国家警察や民兵を使って報復に出ていたからである。内戦が泥沼化し、バグダードでのスンナ派の殺害・追放が激化するなか、それまで暴力を肯定していたナショナリストのスンナ派集団の間にも、政治姿勢を見直す者が現れていた。

この変化が最初に顕著な形をとったのが、アンバール県だった。地理的・社会学的な意味で、アンバールはイラクのなかで特殊な存在である。この県はサウジアラビアとヨルダン、シリアというスンナ派が多数を占める国と国境を接する。歴史を通じて、この長い境界線はイラクと外の世界を結ぶ人や物の中継地の役割を果たしてきた。だが二〇〇三年を境に、この交易路は反体制暴動を支持する勢力が戦闘員や武器、金《かね》を送り込むルートに変貌した。アンバールはまた、県民の九五%をスンナ派が占め、その点においても特徴的な県である(54)。〇三年以後のアンバール県は反体制暴動の中心地ともい

う べき場所と化したが、それはこうしたふたつの要素が働いていたからだった。陳情活動をしていた市民一七人を米兵が殺害した〇三年四月の事件は暴動の導火線であった。これをきっかけに、事件の舞台ファッルージャから県全体に報復の戦いが広がった[55]。米軍がこれに攻撃をもって応えたことで、ファッルージャに拠点を置いていたジハード主義者が駆逐された可能性がある。しかし米軍の作戦は、ジハード主義者を無力化するどころか、実のところ県内の他の都市に拡散させたにすぎない。反体制暴動の中枢は、ラマーディーに移った。

アンバール県で活動していた集団は、二〇〇三年から〇四年にかけては他の地域の集団と大きな違いはなかった。元国軍将校やバアス党員、ナショナリストからなり、外国のジハード主義者と便宜的な協定を結んで資金や武器、自爆テロリストの提供を受けていた。ところが〇五年になると反体制暴動の核が形成され、よりラディカルな、大規模かつ組織化された少数の集団の周りに暴動勢力が結集するにいたった。イデオロギー面でも集権性が高まり、厳格で宗派性の強い極端なサラフィー主義によって団結が強まった。メソポタミアのアルカーイダが中心的存在となり、活動を活発化させ動員力を高めたのは、統合へと向かうこうした組織的・イデオロギー的な流れがあったからである。

しかしアルカーイダの影響が色濃くなったことで、アンバール県が大きく変化する可能性が高まった。アルカーイダのなかで、イラク人は雑兵の扱いを受けていた。主導権を握っていたのは外国のジハード主義者である。こうした組織のあり方は、社会的・経済的に地位の高い、由緒ある人物に権威を認めてきたアンバール県の伝統と対立する。「伝統に裏打ちされた社会的正統性や宗教的正統性をもたない「アルカーイダの」力の源泉はサラフィー主義であるが、そのなかでも最も非道かつ暴力的な種類の思想を拠り所としていた」[56]。それに加え、メソポタミアのアルカーイダを率いるザルカーウィーが二〇〇六年六月に殺害されたことで、組織は求心力を失った。また、組織幹部に対する米軍の攻撃の精度が高まるにつれ、若く経験の乏しい、より暴力的な分子が上層部を占めるようになった。しかもそれは、アンバールの社会では認知されていないに等しい者たちだった[57]。

かくしてアンバールの人々は、自分たちの社会に居座っていたアルカーイダに反旗を翻した。この動きを、右に述べてきた経緯を踏まえつつ説明したい。第一に、アメリカの対イラク政策は前述のように二〇〇五年に転換点を迎え、スンナ派の政治関与を促進する方向に変化した。同年一月の選挙をボイコットしたことでスンナ派は代償を支払う羽目に陥っていたこともあって、スンナ派の動員が進んで一二月の選挙のときにはかなりの規模に達したのだが、ジハード主義者は政治へのいかなる形の参加をも否定していた。そのためアンバールの人々との間に断絶が生じたのである。第二に、バグダードでの宗教浄化が激化したことから、〇五年になると、アンバール県の町はヨルダンやシリアに脱出するスンナ派の経由地と化した。バグダードでの内戦が深刻の度を増したことで、その地のスンナ派が甚だしい悲境に陥っていることは、アンバールの人々の目にも明らかとなった。このような視点に立つと、米軍は主要な敵というよりも、むしろ有望な同盟者に映る。イラク政府や傘下の民兵からの保護を米軍に期待できるのではないかという見方が生まれた。第三に、アルカーイダの目的自体がアンバール住民の反発を呼んだ、ということがある。組織幹部のイデオロギーが熱を帯びてゆくと、一般の住民に対する厳格なサラフィー主義の押しつけが始まった。するとたちまちのうちに、アルカーイダはホスト地域で宗教的・文化的孤立に陥った。アンバールにおけるイスラームの伝統には多面性がある。住民の多くはスーフィズム的なイスラームを信奉し、先祖の墓も守っている。だがメソポタミアのアルカーイダは戒律の遵守を徹底させようと、喫煙や音楽までをも禁じた。[58]〇六年一〇月になると、アルカーイダはイラク・イスラーム首長国の樹立を宣言。これによってアンバール住民との間にただよっていた緊張が一気に高まった。世界を舞台に聖戦を戦い、硬直的なサラフィー主義を拡大させるという組織の野望が、これではっきりした。アンバール県民の大多数がアルカーイダへの反感を強めた。[59]

アンバール住民とアルカーイダとの亀裂は拡大する一方だったが、これが最初に表面化したのは二〇〇五年一月の選挙と一二月の選挙にはさまれた谷間の時期である。県の北西部、シリアと境を接するアルカーイムの町では、アルカーイダの構成員に対する敵意が深まっていた。「市民に対する［アルカーイダの］仕打ち、外国からの戦闘員の移入、闇市場での主導権の……侵害」が怒りをかき立てたのだ。[60]〇五年半ば、アルカーイムからアルカーイダを追放することを目的とする民兵組織、ハムザ大隊が結成された。[61]「覚醒」を促そうとする試みとしては先駆的なものであったが、結局これは失敗に終わった。アルカーイダに対する「部族の」反乱とそれに対する米軍の支援、イラク政府の態度という三つの要因が、ここには表れている。この地域を担当していたアメリカ海兵隊はハムザ大隊の動きをつかみ、航空支援を提供するにいたったのだが、対照的にイラク政府はこの組織にあからさまな敵意を燃やした。ハムザ大隊は「自警団」にすぎず、イラクにおける存在意義は認めないというのが政府側の立場である。[62]海兵隊の兵力は支援を継続するには充分ではなかった。[63]ハムザ大隊も相手を打ち負かすほどの結束力もなければ能力も欠いていたため、アルカーイダに叩きのめされた。アルカーイダの武装集団は組織力においても攻撃精神においてもハムザ大隊を凌駕し、支援のネットワークもはるかに広かったのである。この年の後半には、ラマーディーでも同様の事態が発生した。米軍の支援が続かず、暴力と威嚇によってアルカーイダへの抵抗が粉砕された。[64]

しかし米軍のアンバール県における政策は、二〇〇六年六月を境に変化している。タルアファルにいた第一装甲師団の第一旅団戦闘団がこのときアンバールに移動してきたのだが、ショーン・マクファーランド大佐はタルアファルで編み出された戦術を使いながらラマーディーの一九カ所に戦闘前哨を設け、町の中心部に入った。[65] ラマーディーの有力者はこれに意を強くし、米軍と歩調を合わせることになった。アルカーイダの反撃は予想されたことであったが、八月に対米協力者のアブー・アリー・ジャースィムが暗殺されるに及んで、ラマーディーの住民側も反抗の度を強めた。こうした流れがアンバール覚醒評議会の誕生につながったのだった。[66] 評議会議長に就任したアブドゥッサッタール・アブー・リーシャは時を移さず、この運動は部族の伝統に根ざす正統なものであることを宣した。これはなかなかにうまいやり方だ。アンバール覚醒評議会を「部族的な」価値および組織と結びつけることで、アンバールの既存の運動や外生的なアルカーイダとの差別化をはかった。アルカーイダの革新的サラフィー主義と対極をなすイラクの保守的気風のなかに、アブドゥッサッタールと米軍との協力関係を位置づけたのである。

ただし、自分の父はドゥライム部族連合のアブー・リーシャ家の長だというアブドゥッサッタールの主張には疑問符がつく。[67] アンバールの部族構造に関する人類学的研究も歴史学的研究も、現在のイラクに相当する地域がオスマン帝国に統治されていたころ、とくに一八〇〇年代後半に、部族構造が弱くなったという点で一致している。委任統治領時代の一九二〇年代にイギリスはドゥライム部族連合の力を利用しようとしたが、失敗に終わった。ドゥライム部族の人々が、「族長」のアリー・スライマーンの権威をほとんど認めていなかったからである。[68] 二〇〇六年という現代においてアブドゥッサッタールを立ち上がらせた要因はほかにもあげることができ、それは部族の紐帯や組織とは次元の異なるところにあった。アルカーイダの構成員がアンマンとバグダードを結ぶ幹線道路にはびこり、彼の仕事――自動車窃盗――を阻んだことである。[69]

だがアンバール覚醒評議会の起源や結束の源泉が何であったにせよ、米軍はラマーディーでわき起こったアルカーイダに対する二回目の反抗を支援した。マクファーランド自身の計算によると、おおまかにみて二〇〇万ドルほどを二〇〇六年と〇七年前半に評議会の構成員に供与した。それは、この地域の治安維持業務に対する見返りとして支払われた。アブドゥッサッタールはマクファーランドに、「自分のところには数千人もの有志がいるが、警察業務が務まるレベルではない。読み書きができなかったり、未成年者だったり、そうでなければ体重超過だ」と不平をもらしたという。そこでマクファーランドは「緊急旅団」を結成する許可を与え、新兵に一週間の訓練を施した。[70]

これが「アンバール・モデル」誕生の経緯である。地域の有力者を名乗り出る者は米軍から金銭を得、反体制暴動の対抗勢力となる。自分たちのもっている情報と引き換えに民兵組織を結成する許可を与えられ、民兵にはCERPから賃金が支払われた。米軍が民兵組織の構成員に直接賃金を支払ったことはほとんどなく、また組織幹部が出してきた構成員数に疑問をさしはさんだことも絶無に近い。[71] 金を出すことによって既存の暴動勢力から忠誠を勝ち取れるようになったのは確かである。また、労せずして儲けるすべをアンバール覚醒評議会の構成員に与える結果になったのも間違いない。金をまき散らせば、協力を買うことができた。当初の米軍の目論見では、アンバール覚醒評議会の指導のもと、イラク人の非正規武装集団がこの地域におけるアルカーイダとの戦闘で中心的役割を果たすはずだった。確かに、覚醒評議会の構成員がアルカーイダの工作員を隠密裏に殺害したことをうかがわせる情報もいくつか存在する。(72) しかし二〇〇五年のアルカーイムの事例にも示されているように、組織と攻撃精神において数段も勝る敵に太刀打ちできるほどの組織力も社会的まとまりも、アンバールにはなかった。米軍にとってのアンバール覚醒評議会の利用価値はどちらかといえば、彼らの提供する情報や地元からの協力という点にあった。米軍による緊密な航空支援と兵力支援がなければ、覚醒評議会にはアルカーイダを相手に互角に戦うことはできなかったのである。

二〇〇七年九月、ペトレイアスが米下院で証言を行った。アンバール覚醒評議会に焦点を合わせつつ、サージ開始九カ月後の進捗状況を詳しく語った。ペトレイアスは言う。「過去八カ月において最も目覚ましい進展をとげているのは」覚醒評議会であるかもしれない。事実、アンバール県における米軍への攻撃は、〇六年一〇月には一三五〇件であったのに対し〇七年八月には二〇〇件をわずかに上回る程度に減少している、と。(73) そのようなことから、ペトレイアスはアンバール覚醒評議会の成功に満足し、イラク中央部および南部に同様の組織をつくろうと考えた。つまりアンバールのケースを「暴動勢力と住民の間の亀裂を利用した模範例」として利用するということである。(74) サージの軍事作戦によって米軍があげた成果を確実なものとし、これを拡大するために、「治安に関する地域的取り引き」、すなわち地域の民兵と米軍との取り決めに力点を置くことになった。

ペトレイアスの顧問らはアンバール覚醒評議会を指す言葉として、「部族反乱」という表現を使っていた。かりにこれが「部族反乱」の一形態であるならば、アンバールでの経験を全国レベルで生かす場合、イラクにおける部族というものの理解が米軍にとって不可欠となる。[75]「部族」の役割は、二〇〇六年の対暴動マニュアルで大きな比重を占めていた。「対暴動活動の結果を左右するほどの重要な役割を果たす」八種類の集団のなかに、部族が含まれている。[76]展開前訓練の一環として、部族について各部隊に充分学習させるべきだとも書かれている。では、マニュアルにおける部族の定義とはどのようなものか。いわく、部族とは「系譜的構造をもつ自律的集団」を指し、部族内では「個人の出自、およびその所属する親族集団が個人の権利を制限する」。[77]現実に照らして考えるならば、多くの問題をはらんだ定義といわざるをえない。

米軍の対暴動マニュアルにおける定義だとはいえ、例えば現代の最良の人類学研究は部族という言葉にかくも固定的な意味をもたせることには難色を示すだろう。「今日の人類学者で『部族』という用語を分析範疇として使おうと考える人はほとんどいまい。便宜的な概念として用いることすら検討しないだろう」[78]。イラクでは一九六八年以来、バアス党政権が部族をあたかも道具のように乱用し、それは二〇〇三年まで続いた。このため部族という言葉は、今では多義性を帯びている。そのようなことから、この用語をしいて規定するならば、絶えず変化する個人のアイデンティティの一部を表すのに人々が用いる流動的かつ主観的な用語、ということになる。[79]これほど複雑な分析上の問題があるというのに、ペトレイアスの顧問の一人はこの大ざっぱな概念を使って臆する色もない。「イラク人の八五％以上が、いずれかの部族への帰属を表明している。部族アイデンティティは私的なものであり、またそれ以外のアイデンティティが存在することも確かだが、部族アイデンティティは強力な影響圏を有している」、というのだ。[80] しかし米軍の使ったこの社会分類がその想定をはるかに上回る流動性をもつことは間違いなく、その意味で前述のごとき大まかな議論は危険を包含するものといえる。非常に流動的な社会分類を使ったことで、米軍はそれまで存在しなかった集団や勢力関係をつくりだした。結果として「治安に関する地域的取り引き」がイラクに根づくことはなく、むしろ暫定的かつ不安定な同盟が形成された。それによって中間業者のような勢力にアメリカの金をつぎ込み厚い庇護《パトロネージ》を与える結果となり、中間業者は地域住民の支援や労働力を金で買うことができるようになったというわけである。

しかし社会の複雑性は、アンバール県でのいわゆる「部族反乱」から生み出された成功例がイラク南部および中部に拡大されてゆく過程で無視された。アンバール・モデルは二〇〇七年六月を境に全国規模で適用されるようになり、「治安に関する地域的取り引き」には三億七〇〇〇万ドルが投じられた。アメリカは計七七九の地域民兵組織と契約を結び、一〇万三〇〇〇人の兵力を擁するにいたった。[81] CERPから拠出された金額の一〇%を、「覚醒」運動に対する支出が占めている。しかし行動の「包括的計画」が立てられたことはなく、「活動の個別的効果や集合的効果を測定するための具体的目標も基準も」設定されてはいなかった。[82] この手法の目的は結局のところ、内戦で「相争う武装利益集団」の間のバランスをとることにあったように思える。アメリカには、内戦の統御が困難になっていた。[83] ペトレイアスの副司令官オディエルノは言う。

地域レベルの事柄に費やす時間を省くことが可能なら、第一歩を踏み出せる。我々にはイラク政府に、成熟に達するまでの時間を与えることが可能となる。つまり安全地区が増えてゆき、それを我々が結びつけてゆけば、時間を稼ぐことができるのだ[84]。

覚醒評議会を利用するという方針は、このように主体性に欠ける場当たり《アドホック》的なものだったが、にもかかわらず米軍とこの新しいタイプの地域民兵との関係を律する取り決めはごく常識的な規則にのっとっていた。民兵組織の首領には、採用した兵士一人あたり毎月三五〇ドル分が賃金として支払われた。新兵はその地域で身元調査を受けることとなっていたが、重要なのは写真を撮影されるだけでなく指紋もとられ、生体認証情報も登録されたという点である。また、米軍にはこの新しい組織に武器弾薬を提供する義務はなく、その業務も特定地域の固定防御と検問などに限られていた[85]。

バグダードの「懸念する地元市民」が結成した初期の集団としては、国軍出身の反政府派サイフ・サアド・アフマド・ウバイディー（アブー・アブド）の率いる「アーミリーヤの騎士団」がある（米軍はこのころ地域の民兵組織をconcerned local citizensつまり「懸念する地元市民」と呼んでいた。略してCLCとも言われる）。アーミリーヤはバグダード西部の地区で空港アクセス道路上にある。この地区はバグダード治安計画に基づき封鎖されており、そのときアブー・アブドが、地域のアルカーイダを撃退する計画を提案し、援助を申し出たのだった。アブー・アブドは瞬時に二二七人を動員すると、アルカーイダとつながりがあるとみなした人物を殺害あるいは拘束、放逐した。こうしてアーミリーヤの騎士団は地区の混乱状態を幾分かは鎮めることに成功を収めたのだが、残虐行為や不正行為の噂

が絶えず、無駄に殺人を重ねているともささやかれた。(86)

「覚醒」モデルを全国に展開したことを評価する意見のなかで強調されるのは、それが「戦力多重増強の機能を果たし、我々［米軍］にはできないような方法で敵の移動の自由を妨げたこと」である。(87)民兵に対する賃金という形で、戦争で荒廃した地域を金銭的に支援することになり、反体制暴動勢力の需要を満たしてきた人的供給源が縮小する結果となった。ハリルザードが「スンナ派救済」(Sunni outreach)ともいうべき政策を二〇〇五年に打ち出すと、アメリカのイラク政策は均衡状態に若干近づいた。新しい支配エリートをあからさまに支持するようなことが少なくなり、それまでの「勝者の平和」固定化路線が修正されたといえる。こうした政策によって、暫定的ではあるものの、一種の安全がバグダードのスンナ派社会に保障されることになった。だがこの政策に批判的な向きは、別種の民兵が生まれる危険を問題視していた。また、中央政府の力がさらに弱まり、内戦が深刻化する恐れがあることも指摘している。(88)だが以下に示すように、実際に民兵の数が増加することはなかった。しかし中央の統制から自由な武装集団が力を増す結果となり、それが殺人や人権侵害、無法状態をもたらしたことは火を見るより明らかである。

これまで述べてきたように、「覚醒」運動に対するアメリカの資金提供はかなりの規模に達し、地域的にも広がっていた。イラク政府はそのことを認識するや、「覚醒」運動を抑え込みにかかった。これは当然といえば当然の成り行きである。政権の幹部は「勝者の平和」を既成事実化するために積極的に行動していただけでなく、内戦とバグダードにおける宗教浄化に(控えめな表現を使うなら)加担していたのだ。米軍は当初、すなわちアンバール県の運動を後押しし、その全国への拡大に着手したころのことだが、反体制暴動に関わっていた者の大規模雇用についてイラク政府に通知しなかった。[89]しかしその規模と地域的広がりが徐々に明らかになっていくと、マーリキー以下イラクの政権中枢メンバーは、この政策への強い反対を表明するにいたった。二〇〇七年一二月時点で米軍に雇われていた七五〇〇〇人のうち、八〇％をスンナ派が占めていた。これが「勝者の平和」とエリートらが打ち立てた排他的（独占的）体制への脅威であることは論をまたない。[90]エリートたちは不安をいだいた。議員のなかでマーリキーに近いサーミー・アスカリーの言葉にも、それは表れている。「アメリカが去った後、我々にはふたつの軍隊が残されることになる。……ひとつは政府に忠誠を尽くす軍、もうひとつは政府に背を向ける軍だ[91]」。

マーリキー政権は主導権を取り戻すべく、この運動に関し可能な限りの情報を収集した。覚醒評議会を金銭的に管理し、解散に追い込み、主要メンバーを逮捕するというのがその意図するところである。「覚醒」運動への政府としての対応を統括するため、マーリキーは手始めに「国民和解実施・継続委員会」（英訳＝Implementation and Follow-Up Committee for National Reconciliation）を設立し、委員会は米軍から覚醒評議会構成員の指紋や生体認証情報を集めた。[92]これでイラク政府は覚醒評議会に関わった人物に関する膨大かつ詳細な個人情報を手にし、覚醒評議会の構成員は政府の統制から逃れることができなくなった。次にマーリキーは、可能な限り早期に覚醒評議会計画の管理権を委譲してほしい旨をアメリカ側に伝えた。[93]これは二〇〇八年一〇月のことだったが、この時点で覚醒評議会に登録していた人員は一〇万三〇〇〇人を超えている。[94]

戦後の政治秩序を脅かしかねない「覚醒」運動。それに対抗するため政府が打ち出した方針がどのようなものであったかを如実に表しているのがディヤーラー県の事例である。バグダードの北西に位置するこの県にはスンナ派とシーア派が混住し、二〇〇七年末時点でも激しい共同体間紛争が続いていた。ここはまた戦略的に重要な地域でもあり、既存の排他的体制の当事者であるクルディスターン民主党およびクルディスターン愛国同盟の根拠地のある北部と、イラク・イスラーム最高評議会(ISCI)の根拠地のある南部とを結ぶ、一種の回廊ともいうべき場所だった。〇七年、米軍はこのディヤーラー県のスンナ派住民を覚醒評議会に組織してアルカーイダの人的供給源を削ぎ、同時に大量の情報を集めた。覚醒評議会に加入した者に対しては、警察に復帰する機会が約束された。ディヤーラー県の警察ではISCI系の長官によってスンナ派が追放され、警察が暴力的な宗教浄化に利用されていたこともあり、復職は評議会加入者に対する約束のなかでもとくに重要なものだった。[95]だが実際には再雇用はなく、覚醒評議会構成員は示威行動に訴えることとなった。評議会脱退をちらつかせ、県警長官の更迭を求めて県庁内のイラク・イスラーム党員に陳情した。するとマーリキーは県庁舎を襲撃させ、覚醒評議会構成員に同調的な職員を逮捕するという挙に出た。[96]

覚醒評議会を解体し、既存の体制を脅かす存在を排除する。そのためにマーリキーのとる手段が最初に明らかとなったのがディヤーラー県だった。「覚醒」運動の管理権がイラク政府へ委譲される日が近づくと、イラク軍が各地指導者の逮捕・拘禁に乗り出した。覚醒評議会の幹部であれば暴力行為や殺人の罪を問われ、他の者は例のごとく暴動に連座した嫌疑をかけられた。容疑はそれぞれに異なったが、覚醒評議会の主だった指導者、とくにバグダードやディヤーラー、アンバールといった地域の評議会幹部は亡命に追い込まれ、あるいは逮捕の憂き目にあった。逮捕された者は幾度も拷問を受けた。なかには不審な死を遂げた者もいる。(97) こうした動きに対して暴動の起きた地域もあるにはあったが、イラク政府は幹部逮捕の方針を変えることはなかった。組織の能力を破壊し、圧力をかけて戦闘員を脱退させた。しかも、目立つほどの暴動の高まりもなかった。ニール・ローゼンは指摘する。

「覚醒」グループにできることは何もない。ゲリラや暴動勢力として彼らが成果を上げられたのは、スンナ派住民にまぎれ地下で隠密に行動していたからだった。しかし、いまやスンナ派住民は四散してしまった。かつて抵抗の闘士であった者たちは俸禄をはむ警備員と化し、その存在は公になった。米軍とイラク軍に名前と居住地を知られ、生体認証情報を握られている。とはいえ、すでに一掃された地下に戻ることはできない。あまつさえ、彼らを変節漢と考える過激なスンナ派から報復を受ける危険にも直面している。(98)

筆者が二〇〇七年四月にペトレイアスの上級顧問にインタビューしたとき、その米軍当局者は「イラクの息子たち」計画を評して「DDRを泥臭くしたもの」と語った〔「イラクの息子たち」は「懸念する地元市民」の別名。またDDRとはDisarmament, Demobilization, Reintegrationの略で、武装解除・動員解除・社会再統合のこと〕。だが金を渡して生体認証情報を集めたことは、反体制暴動側を無防備にする結果となった。アクセス権をもつすべての組織に、情報が筒抜けとなったからである。米軍から情報が提供されるや、イラク政府は自らの支配体制への脅威となりうる覚醒評議会を粉砕しにかかった。覚醒評議会幹部の逮捕が、暴動を再燃させることもなく着々と進められていった。これは覚醒評議会そのものの組織基盤が浅く、住民の間に根をはっていなかったことを示している。つまり米軍が金を提供した相手というのは必死に活路を求めていた雑多な集まりにすぎず、その資金は間に合わせの組織をつくる助けになった、というのが厳然たる事実である。しかしそのおかげでアメリカはメソポタミアのアルカーイダの組織と活動に関する膨大かつ有用な情報を収集できた。だが覚醒運動の組織はあまりに脆弱であり、そのためイラク政府に狙い撃ちされた。それだけではない。このことはまた、スンナ派ムスリムをイラクの政治に復帰させる経路があえなく崩壊したことをも意味していたのだった。

ムクタダー・サドル、「特別な集団」への攻撃、マフディー軍

二〇〇五年から〇七年にわたって内戦を激化させた要因はほかにもある。ムクタダー・サドルの傘下に集まったラディカルな諸集団からなるゆるやかな組織、マフディー軍。六万もの兵力を動員する能力をもち、その主張は宗派色を強めていた。勝者の平和をイラクに根づかせようとする非国家組織のなかで最大の破壊力を有するのが、このマフディー軍だった。サドルには亡き父のイデオロギー的正統性を利用し、バアス党政権時代に父が築いた大衆組織の遺産を活用できるだけの手腕があった。マフディー軍が内戦で強大な軍事勢力となり、バグダードでスンナ派に対する宗教浄化の急先鋒に立ったのはこのためである。しかし内戦の経過とともに、組織は分裂へと向かった。大衆の動員が性急にすぎたこと、〇四年にふたつの地域で起きた米軍との戦闘が長引いたこと、そしてサドル自身の指導者としてのあり方に問題があったことがその原因である。

サージの開始当初のことだったが、米軍はマフディー軍に照準を合わせた際に数々の問題に直面した。サドルが激しやすい質だということは否定できないが、彼は父親と同様、政治家としての技量に優れている。ポピュリズム的なレトリックを駆使し、「祖国の息子たち」(ibn al-Balad) と呼ばれる都市部の恵まれない若年層の間に支持を拡大させていた。[99] 二〇〇四年にマフディー軍とふたつの地域で戦った経験から、暴力ではサドルの幅広い支持層を服従させることも粉砕することもできないことを米軍は悟った。そして忘れてはならないのが、マーリキーの首相就任にはサドルの支持が大きく寄与したということである。サージの始まった〇七年、アメリカはサドルを標的に作戦行動をとろうとしたのだが、マーリキーは具体的な制約を課してきた。まず、マフディー軍の尉官レベルに及ぶ主要人物の「逮捕禁止リスト」をつくった。一部の人物を狙った作戦行動も禁じた。マーリキーが事前に承知し認めていなければ逮捕できないケースもあった。

そのため、米軍はこうした制約を拡大させぬよう注意を払った。サージの第一段階、バグダード治安計画でも、また第二段階のファントム・ストライク作戦およびファントム・サンダー作戦においても、マフディー軍の拠点や後方支援地帯を攻撃し、軍事能力の破壊を狙う場合は、首相の怒りを招いたりマフディー軍による全面反撃を招来したりする危険を回避しようとした。サージの開始から二〇〇七年八月までの間に、米軍はマフディー軍の戦闘員を平均して毎月一〇〇〇人逮捕していた。[100] ただしその際には戦術と宣伝効果を考慮した。統率を欠くマフディー軍の弱点を突いて、米軍が標的にしているのはサドルの権威を認めていない「特別な集団」もしくはならず者のみだと主張したのだ。だが、そのような線引きは厳密には不可能ではなかろうか。米軍が攻撃を加えた地域のなかにはサドルの支持者が多い地方もあり、とくにそうした場所では「特別な集団」を抽出するのは難しいと思われる。しかし、米軍がともかくもマフディー軍の重要拠点を武装解除し暴力を阻止したことで、マーリキーはこの線引きを受け入れたのだった[101]。

サドル自身はブッシュによるサージの発表を受けて作戦開始前にイラクを脱出し、イランに逃れていた。標的にされる危険を避けるためである。マフディー軍はサドルの国外脱出後、米軍との衝突を回避するためバグダードの街頭から部隊を引き揚げた。作戦行動の数も減少し、目を引くような活動も減った。米軍の支配地域から兵力を引き揚げるというマフディー軍の決定が何を意味するかといえば、それは大量殺戮に責任を負うべき勢力の大量武装解除が不可能になった、ということである。マフディー軍は二〇〇四年における米軍との戦闘から学び、米軍との正面衝突を回避するという戦術的決定を下した。周囲の社会にまぎれ込み、武器の大半を温存し、組織としての能力を維持する狙いだった。サドル不在の情報が広まったころにサドル派の幹部サラーフ・ウバイディーが発表したところによると、サドルは「学業の研鑽を積むべし」という父の教えに従ってイランのコムに行ったのだという[102]。いささか遅きに失した感は否めない。

サドルの組織は、サージによって内戦が終わったとはいえないにせよ、少なくとも中断したのだという認識にいたった。そこでこの機を捉え、四年に及ぶ過酷な戦闘の過程で肥大化した組織を建て直すことにしたのだった。マフディー軍はすでにバグダードの大半の地域を掌握しており、中心的支持層である「祖国の息子たち」以外にもその影響力は及んでいた。つまり、バグダードの広範なシーア派住民と接触する機会が増えたのだということができる。二〇〇七年になって首都の治安状況が安定に向かうと、武力の行使を正当化することが難しくなった。また、反体制暴動勢力やジハード主義者による暴力からの保護を口実にシーア派住民から金銭を強請することも困難となった。[103] こうした環境の変化に対処するには、中央が主導して統制の乱れを整え、規律を引き締めねばならない。戦闘員のなかにはサドルに心酔する者だけでなく、無法者や人殺しも混在していた。シーア派ムスリムの間ではマフディー軍に対する批判の声が高まっていたことから、何百人という不良分子を追放した。ナジャフで「黄金旅団」なる部隊をつくってバグダードに送り、中央の統制に従わない者に懲罰を加えた。なかには死刑になった者もいる。

二〇〇七年八月下旬には、組織に最大の転機が訪れた。宗派間の暴力が減少する一方でシーア派社会内での緊張が高まるなか、衝突事件が発生したのだ。一番の原因は、イラク南部のシーア派ムスリムをめぐってマフディー軍とバドル軍団の間に生まれた主導権争いである。だがその背景には、主流シーア派の代表を自任するISCIとサドルの組織との長年にわたる軋轢が存在する。〇七年八月、南部のカーディスィーヤ、ムサンナー両県のISCI系の知事が自動車に仕掛けられた爆弾で殺害された。そのころにはISCIの民兵組織バドル軍団とマフディー軍との衝突がシーア派同士の内戦に発展する危険性が高まっており、対立は同月二七日に頂点に達した。宗教行事に参加するためシーア派信徒が集まっていた聖地カルバラーでバドル軍団とマフディー軍が銃撃戦を繰り広げ、五二人が死亡するという事件が起きたのである。事件はシーア派世論を著しく硬化させた。サドルはこれを受けて六カ月間の休戦を言明。期限後も休戦を継続して、組織の綱紀粛正をはかり、自らの正統性を核心的な支持層に対して再び示すことを目指した。休戦宣言から一年は、政治活動や慈善事業を前面に打ち出すなど、イメージの再構築に努めた。〇八年八月にシーア派居住地域に貼り出したビラのなかで、サドルは次のように述べている。

この軍は文化的、宗教的、社会的な軍隊である。欧米の世俗の波から知と心と魂を解放する文化的および科学的ジハードの務めを担っている。武器の使用は、まかりならない。(104)

アメリカの対暴動作戦はサドルの運動に直接・間接の影響を及ぼした。攻撃の対象が「特別な集団」であったにせよ、兵卒レベルであったにせよ、内戦が最悪の状況に陥ったときと同規模の兵力をマフディー軍が動員、武装、展開できなくなったことは確かである。バグダードに駐留する米軍とイラク軍の規模が拡大し、コンクリートの防護壁が設けられ、宗派間紛争の前線に共同警備所を設置したことで、マフディー軍の作戦範囲が狭められた。しかし治安が徐々に安定に向かったことが、サドルの存在理由そのものに対して間接的影響を与えた、ということもできる。二〇〇五年から〇六年までの間は、サドルは宗派間暴力を口実に使ってバグダード内に自らの権威を打ち立て、伝統的地盤である東部労働者地区以外の場所にも支配を及ぼしていた。この地区に住んでいたスンナ派を放逐するために暴力と威嚇に訴え、スンナ派がいなくなると支配権を維持するため住民を恐喝する作戦を展開した。宗派間紛争が全国で減少すると、バグダードでマフディー軍が演じていた役割を正当化するには、反占領レトリックだけでは不充分となった。そのためサドルは自らの民兵組織内に秩序を築き、正統性を高め、さらに組織を持続可能なものにつくりかえようと、種々の方略を追求することにした。

○七年八月のナジャフでの衝突事件の後は、こうした取り組みをさらに加速させている。

古典的な対暴動理論とその実践

米軍の対暴動作戦が二○○七年以後のイラクで達成したものは何であろうか。また、それはいかになされたのか。軍事活動を強化したことによって得られた最大の成果は、その活動の性格も災いして、非常に目にみえにくい。最も大きな結果を生んだものは、内戦を組織および経済面で支えたスンナ派およびシーア派の民兵組織幹部に対する作戦であり、これはスタンリー・マクリスタル中将の指揮のもと、特殊部隊が実行した。特殊部隊本部がつくられたのは○四年七月のことだったが、後にペトレイアスがイラク駐留米軍司令官に着任すると、ペトレイアスの「アナコンダ戦略」に組み込まれた[105]。そのなかで特殊部隊が担うべき任務は「高価値目標」の殺害だった[106]。占領開始当初、米軍が敵側について知っていたことはごくわずかで、作戦実行に必要な情報は充分とはいえなかった。しかし○四年に携帯電話ネットワークが整備され、大きな変化が訪れた。マクリスタルの部隊は無尽蔵の信号情報《シギント》(signals intelligence＝SIGINT)を利用できるようになったのだ。ネットワークが導入されてから五年後の○九年には、二○○○万人が契約していたという（イラクの人口は当時およそ二七○○万人[107]）。身元の割れた民兵組織幹部の携帯電話を押収すれば、人物相関図を埋めていくことができ、マクリスタルの統合特殊作戦司令部にはリアルタイムで質の高い情報が入る。そのおかげで米軍は、○五年から○六年にかけての内戦激化に責を負うべき、上中位の民兵を特定できた。戦後の米軍の作戦に寄与した要因はさまざまであるが、携帯電話ネットワークの短期間での整備と急速な普及も、おそらく非常に大きな作用をしたと思われる。

小括

武力を戦術的に配備する上で、携帯電話網から得た情報を活用するというのは斬新な手法である。そこからは、二〇〇七年以後の米軍が対暴動ドクトリンをかなり広範囲に適用していたことがうかがえる。ペトレイアスは〇七年二月、アメリカを発つ際に、イラクの紛争は持続性を伴う政治的終結に導くことができるだろうと語っていた（「軍事的終結」ではない）。バグダードでの任期中たびたび聞かれた言葉だが、これはペトレイアスの「教祖」ガルーラによる理論の引き写しだった。ガルーラの理論では、国家の能力と正統性を再建することによってしか、暴動に対する持続的勝利は得られないということが強調されている。〇七年の作戦は、暴力の首謀者を街頭から追放したという点において大きな成果をあげたといえる。バグダードのかなりの範囲で治安を回復し、内戦の誘因となった暴力の連鎖を断ち切ることも不可能ではなくなった。

確かにこれは新しい手法ではあるが、しかし安定を持続させるには、紛争の主要因に対処せねばならない。国家の警察・軍事機関および行政機関の脆弱性。エリートたちが考案し、二〇〇三年以後のイラクの政治を形づくってきた、スンナ派を排除する枠組み。こういった要因にメスを入れなければならない。ハリルザード大使は任期を通じて、スンナ派の声を政府に反映させるため政治家の連携を進めようとした。それがきっかけとなって「アンバール覚醒評議会」が生まれたことは間違いないが、戦後の政治的枠組みの再編成は充分とはいえず、持続的な平和をもたらす水準には達しなかった。それどころか、覚醒評議会という手法がとられたことで、各地のスンナ派社会は情報および戦術の面で守勢に立たされるにいたった。覚醒評議会に対する支配権が〇八年一〇月にイラク政府に委譲されると、政府は覚醒評議会を組織的に破壊した。これによって、評議会はスンナ派の声を代弁する能力を失ったのである。〇七年と〇八年に暴力は確かに減少したが、持続的に抑制できるのだろうか。これまで述べてきたことを踏まえるならば、それは国家の警察・軍事機関および行政機関の能力の再建、さらには体制転換後に形成された政治的枠組みの再編いかんにかかっているといえるだろう。

第4章　行政と軍事的能力の再建

内戦を引き起こした三つの要因のなかでも、二〇〇三年の戦争後に国家の行政および軍事的能力が崩壊したことは大きな重要性をもつ。〇七年以降アメリカが適用した対暴動ドクトリンでは、国家の正統性と将来における安定を占う六つの試金石のうちの重要なひとつとして、「住民に安全を提供できる能力」があげられている。[1] その限りにおいては、脆弱な政府または正統性をもたない政府は反乱の根本的原因となる。政府がそのような状態にあると空隙が生まれ、暴力的な抵抗勢力が組織化し、住民のうち疎外された人々が抵抗勢力を支持するようになるからである。

二〇〇三年から一一年にかけて、アメリカ政府はおよそ六一〇億ドルをイラクの行政および軍事機構の再建のために投入した。イラク復興特別監察官スチュアート・ボーウェンの言によれば、これは「一国に対して行われた救援・復興活動としてはアメリカ史上最大の規模」である。[2] 米軍の撤退した一一年一二月以降は、将来のイラクの安定を保障する役割はイラクの行政および軍事機構が担うことになったが、その集権性と適格性、能力のいかんが今後は問われる。米占領軍と支配エリートがつくりあげた国家は、はたして充分に集権化しているのか。軍隊には人々の忠誠に対する見返りとして秩序を遵守させ、サービスを提供する能力があるのか。

米軍による占領が始まった二〇〇三年五月に解体され、その後白紙状態から再建されたイラクの国軍と情報機関は、この国の行方を目にみえる形で示す存在である。〇九年から一一年にかけて、治安機関は国内での秩序維持活動を拡大した。都市部から米軍が撤退した〇九年六月以降は、イラク政府の許可および監督のもとでのみ米軍は活動することとされた。一〇年八月にはオバマ米大統領が（選挙公約でもあったことから）すべての戦闘部隊を撤退させ、秩序維持は新しい治安機関の任務となった。一一年末には米軍撤退が完了した。

こうして駐留米軍の縮小とイラク軍への任務の委譲は予定どおり正確に進められたのだが、イラクの支配エリートの一部はこの動きに警鐘を鳴らした。例えば、バアス党による政権掌握（一九六八年）以前に外相を務めたアドナーン・パーチャチは、イラクの治安機関に防衛体制を整えることができるとアメリカの政治家が考えているなら、それは「誤解だ」と語る。サッダーム政権下で副首相を務めたターリク・アジーズはもっと直截な表現を使って、米軍の撤退は「イラクを狼の餌食にするようなものだ」と独房の中から警告を発した。さらに不安をかき立てるのが二〇一〇年五月におけるバーバキル・ズィーバーリー参謀長の発言だった。ズィーバーリーはイラク国防省の戦略計画を引き合いに出し、こう語っている。かりに自分が米軍撤退のスケジュールについて相談を受けていたならば（つまり参謀長は意見を求められなかった）、政治上の主人たるアメリカに対して「イラク軍の準備が完全に整う二〇二〇年まで米軍は駐留していなければならない」と答えただろう、と。(3)

現在および過去の支配エリートによるこうした発言は、果たして正しかったのか。イラク国軍を意図的に破壊し、行政機関の能力をも奪ったアメリカは、二〇一一年までに充分な措置をとったのだろうか。イラクが再び内戦に陥らぬよう、しかるべき取り組みはなされたのか。

軍隊の再建

二〇〇三年五月、連合国暫定当局（CPA）の文民行政官ポール・ブレマーと軍事分野におけるブレマーの顧問ウォルター・スローカムは、バグダード到着から日を経ずして、イラクの国軍と治安機関の解体を決め、四〇万人を失職させた。[4] その後スローカムは、自身の計画した新しいイラク軍を三年以内につくることを発表した。計画によれば、新しい軍の兵力はわずか四万人。戦車も火砲もなく、主に国境警備を担うことになるのだという。[5] ところが反体制暴動が激化し米軍の死者が増加すると、治安要員を増やさねばならなくなった。軍の訓練計画が過密日程のなかで進められ、イラク市民防衛団という組織が結成された。[6] しかし〇四年二月にカール・アイケンベリー少将が作成した報告書では、CPAによる兵員の育成はペースが遅く、米軍が肩代わりすべき旨が指摘されている。[7] さらに四月になると、ふたつの抵抗運動が占領当局の上にのしかかった。ファッルージャでの暴動と、南部でサドルの民兵が起こした暴動である。混乱のなかで戦闘を放棄する兵士が出現し、逃亡率は「イラク北東部で三〇%、バグダードで四九%、中南部で三〇%、西部では八二%に達した」という。[8] そこで軍の訓練を担う「イラク多国籍軍治安移譲司令部」（MNSTC－I）が新設された。前述のアイケンベリー報告での指摘に加えて、CPAのあげた実績がかくも貧弱なものであったことからとられた措置である。この組織は米軍が統括し、多額の資金が振り向けられていた。他方、アメリカ政府は五七億ドルの予算を組んで新たな計画に乗り出し、〇六年夏までに兵士や警官などの治安要員二七万人を養成することを目指した。[9] 一〇人からなるアメリカ人顧問団が全国のイラク軍部隊に送り込まれ、一万人にのぼる米兵が練度の低いイラク人兵士に「活を入れた」。〇八年になると、アメリカはイラク軍の兵力を五六万人に増強する目標を設定。[10] 軍の再建のために投じられた金額は、一一年六月時点で二四五億ドルに達していた。[11]

二〇一二年一月時点におけるイラクの治安部門雇用者数は九三万三〇〇〇人で、国防省と内務省のほか、首相の統括する対テロ部隊にまたがっている。[12] 治安機関の規模と実力が急拡大したことによる内戦の再燃が懸念されるが、それ以外にも、軍の力がイラクに芽吹いたばかりの民主主義に対する脅威となりかねないという、ゆゆしき問題が生じている。アメリカはイラクの政治を再建し、新しい国家の力にはっきりとした制限を加えるという野心的計画を推し進めようとしたが、そのなかで〇三年五月の国軍解体がもつ意味は大きい。[13] ポストコロニアル期の中東では、政治蜂起や民主的選挙でなく軍事クーデターによって体制が転換されることが多かった。そうしたクーデターが最初に起きたのがイラクであり、それは独立からわずか四年後の一九三六年のことだった。以来、この国では軍の将校が政治の中心を占めるようになった。一九五八年には暴力によって王政を打倒、それからも数々のクーデターを起こしている。しかし一九六八年以後は、軍部を政治の舞台から排除するためにバアス党がありとあらゆる方法を使うようになった。例えば、政治的に信用できない将校の粛清を頻繁に行う、軍に対抗する新たな軍事組織を次々とつくる、軍部の結束を破り幹部と政府支配エリートとの関係を強化するために血縁や部族のつながりを利用する、といった手段だ。[14]その一方で軍は拡大してゆき、一九八八年には一七〇万の兵力を擁するにいたった。実に世界で四番目の規模である。[15]しかしバアス党に忠実な層から選び出された将校クラスは政治的には無色であり、クーデターの成立が不可能なほどに分裂していた。

そもそもアメリカが二〇〇三年にイラクの治安機関を解体したのは、政治に対する軍部の影響を断ち切るためだった。しかしこのように徹底した手法によって、しかも外部から政治および社会改革を断行したことは、当然ながら反体制暴動激化の誘因となった。暴力の増加に直面したアメリカはのっぴきならぬ状況に陥り、一刻も早くイラク軍を再建せねばならなくなった。しかし暴動のさらなる増加や内戦、軍事クーデターを引き起こしかねない情勢が高まるなかで軍の拡大をあまりにも性急に進めたため、支配エリートに対して軍部が再び脅威となる危険が生まれている。

軍の政治介入に関する研究においては、その理由を軍の内部構造に求める見方と社会のさまざまな要因に求める見方に分かれ、これまで活発な議論がなされてきた。歴史をみると、政権の座についた軍は国民から反対を受ける場合もあり、これが軍の介入に対する防御となってきた。そこで重要になるのは、政治的動員と制度化の水準、さらに社会のなかで国家がどの程度の正統性を示しているか、という尺度である。政府の役割に国民が価値を見いだして日常的に国家の機関を利用し、その正統性を認めている場合には、軍部の介入は共同体で営まれる生活の中枢に対する脅威とみなされ、したがって積極的な反対を招く。しかしこれとは対照的に、国家が社会から乖離しているとの認識がもたれ、重要度の高いサービスを提供しておらず、国民とは無縁な特権階級や腐敗エリートが支配していると受け止められている場合は、軍による権力の掌握は反対を受けず、むしろ歓迎されることすらありうる。[16]

二〇一二年現在、イラクの抱える大規模な軍は絶大な力を有している。しかしこの国が〇五年から〇七年まで内戦を経験してきたことを考えれば、軍の規模が大きいこと自体、とくに不自然ではない。これ以外のふたつの要素が、懸念を生むのである。第一に、国家の正統性の要件ともいえる行政機関が、存在しないに等しいとみなされている。第二に、（これには充分な根拠があるわけだが）支配エリートが腐敗の泥にまみれ、庶民の関心事とエリートたちとのずれが拡大しているという認識が広がっている。これはイラクに限ったことではないが、ポストコロニアル期にある地域ではこれまで、こうした政治的要因が軍部を政治舞台に登場させ、文民政権を退場させてきた。

米軍撤退後の治安機関

国軍再編のためにアメリカが乱暴な手法をとった結果、治安機関は九三万の人員を擁するにいたった。この治安機関は外部からの侵略に対する防衛ではなく、自国民に秩序を遵守させることを主眼としてつくられたものだ。そのことは内務省と国防省の規模の格差にも示されており、前者は後者に倍する人員を抱えている。[17] 二〇〇三年に始まった社会の軍事化は、治安機関に務める人の数にみてとることができる。労働人口の八％、成人男性の実に一二％が治安部門で働いている。[18]

政府の政策において国家の強制力の再建がいかに重視されていたか。その答えは、国防省の予算が二〇〇五年から〇九年にかけて毎年二八％ずつ増大し、内務省にいたっては四五％ずつ増えたという事実が明かしている。[19] 防衛費が国内総生産（GDP）に占める割合では、イラクは世界の頂点に達している。[20] 軍の拡大がかくも大々的かつ性急に進められていることは、この国の未来についてふたつの深い疑問をいだかせる。まず、内戦を経験したばかりのイラクで、外部の行為主体がつくった急ごしらえの軍隊が一一年の米軍撤退後にも集権性を維持できるのかという疑問である。維持できなければ、国内の安定が危ぶまれる。次に、このように巨大な軍が政治の圏外にとどまって、文民機関ひいてはイラクの有権者に仕えることがありうるのか、という疑問。イラクには軍部が体制を転換してきた歴史がある。

二〇〇五年から〇八年まで共同体間紛争が激化したことを考えてもうなずけることだが、人々の心のなかには、再び内戦状態に戻りはせぬかという危惧が渦巻いている。〇七年二月の「サージ」開始後に兵力が急増し、軍事行動が激しさを増したことで、内戦の当事者は明らかに戦闘能力を削がれた。例えばメソポタミアのアルカーイダの周りに結集していたラディカルなイスラーム主義集団は格段に精度の高い情報収集活動によって狙い撃ちにされ、さらには、当初は彼らを受け入れていた周囲の住民の反感を買うようになった。マフディー軍についても同様で、米軍とイラクの治安部隊はこの組織に対する軍事行動を粘りづよく遂行し、その後サドルが休戦を宣言した。他方、メソポタミアのアルカーイダとマフディー軍に対する作戦と並行して、連邦警察（旧称国家警察）などの内務省の組織内でも厳重な取り締まりが断行され、バグダードにおける宗教浄化に警察が直接関与するという事態に歯止めがかかった。

しかし、二〇一二年以後に内戦が再び引き起こされることを懸念する人々が問題にしているのは、かつてイラクを内戦状態に陥れた主要な三つの組織が再結成され、さらに激しい暴力が吹き荒れる危険である。こうした動きにブレーキをかけるのは、主に政府の治安機関ということになる。国軍と連邦警察、情報組織の間で全体として統制がとれていれば、内戦再燃の可能性は低い。内務省と国防省は、現時点で国内最強の警察・軍事機関を掌握している。中央による制御はある程度機能し、暴力を現在の水準に抑えるだけの人的・物的資源もある。かりに政治的な危機が訪れたり共同体間の暴力が激化したりしたとしても、軍や警察の作戦活動が不可能になるほどの衝撃を国家の制度が受ける可能性は低いだろう。二〇〇三年にイラクを内戦状態に引きずり込んだ治安の真空状態が生まれる危険についても同様である。

治安機関の改革が行われたため、二〇〇七年を境に、勝者の平和を根づかせようとする勢力が宗派主義的な目的から治安機関を利用することが難しくなった。しかし、それより重大な脅威は、独裁を打ち立て、これを防衛するために軍隊が使われる危険である。治安機関に対する管理強化のためにマーリキー首相がとる戦略が、実質の伴う民主主義存続に対する直接の脅威となっている。最高司令室と各県の作戦センターを設置した際には、議会による監視だけでなく、国防相および内務相から全国の兵卒や警官にいたる指揮命令系統をも首相は顧みることはなかった。マーリキーが武力の統制に用いている手段は、憲法をないがしろにした非民主的なものといわざるをえない。それが最も顕著に表れているのが、イラク特殊作戦部隊の例である。マーリキーはこの部隊を管理する機関として対テロ局を設け、閣僚と議会から監視の権限を奪った。そのうえでこの精鋭部隊を使い、自分にとって不都合な政治家を逮捕し、政敵に圧力をかけている。

国の安定を確保する能力が軍にあるかどうか。このことを考えるうえで第一に問われるのは、軍の内部統制、管理、力量である。兵員の採用が性急に進められたために、非常に雑多な兵卒からなる軍ができあがった。二〇〇九年の公式調査では、軍が独自に設けた水準に達していない者が下士官の二五%を占め、非識字率はおよそ一五%に達していた。[21] 薬物やアルコールの乱用が増加しているとの報告も、一向に減らない。[22]

幹部レベルの問題もある。バグダードの国防省は業務処理能力が乏しく組織も複雑で、現場の要求に対応できていないとの不評を買っている。それももっともな指摘で、省の予算管理はとても行き届いているとはいえず、兵站や戦略計画にも欠点が目立つ。軍上層部の態度が硬直的で権限の移管に消極的なため、現場で独創性を発揮したり単独で意思決定を下したりすることが難しい。指揮命令系統は、紙の上ではきれいに整理されている。国内各地の部隊を統括するのはイラク地上軍司令部で、統合本部／統合戦力軍司令部の管理下にあり、統合本部／統合戦力軍司令部はイラク国家指揮センターの下部組織である。[23] しかし実態はどうか。「イラク国軍と国家警察の制度的組織および体制は実戦に使用しうるとはほとんどいえない」とは、二〇〇九年にバグダード作戦司令部にいた米軍の顧問団長が書きとめ、その後漏洩したメモに残っていた言葉である。[24] このような状態になったのは、ひとつには体制転換以前の気風が軍の指揮系統内にいまだに残っているためなのかもしれない。[25] しかしこれは首相府が政治的干渉を続けてきたことの直接的な帰結であり、こちらのほうが重要である。治安機関内での「垂直的統合と水平的協力」が阻まれ、軍は「携帯電話で統制」されるようになった。つまり、首相府が指揮命令系統を無視して中級クラスの士官に携帯電話で連絡し、命令を下すということが日常的に行われているのだ[26]。

指揮統制の機能不全によって軍のあらゆるレベルで腐敗が横行し、それがまた指揮統制の不全に拍車をかけている。二〇〇八年には、腐敗を監視する政府の清廉委員会が、内務省がらみの汚職事件七三六件の調査を開始した。いずれの事件にも国家警察や地方警察が関係している[27]。他方、下級士官の間からは、国防省の役人が士官訓練学校内のポストと引き換えに三〇〇〇ドル相当の賄賂を要求するという不満の声があがった。将官になるには三万ドルが必要だという。金《かね》がなければ昇官できない。このことによって、「幽霊隊員名簿」などというものが存在する理由の一端が説明できるかもしれない。実在しない隊員の名からなるこうした名簿によって詐取された金額は、国防省の年間人件費予算の二五％にのぼる[28]。賄賂にはまた、軍の治安維持能力を損なうという問題もある。トラックに仕掛けた爆弾による爆破事件が〇九年にバグダード中心部で続いたことがあったのだが、その後指摘されたのは、軍当局者は賄賂を受け取れば車両の通行を許可する、ということだった。政府機関の集中する地区の周囲に張り巡らされた警戒線を、爆発物を積んだトラックがすり抜けていたのである。

宗派のポリティクスと治安機関

一般の兵卒の質が低く、軍が指揮統制力の弱さという問題を抱えている状態にあっては、米軍縮小後もイラク軍がしかるべく機能しうるのかが懸念される。しかも、治安機関の規模と役割は小さいとはいえない。文民による民主的統治の実現に、治安機関がどれだけ真剣に取り組むのかに関しては、危惧を覚える。何より深刻なのは、二〇〇三年を境に士官レベルが政治色を帯びるようになったことだ。勝者の平和を打ち立てようとする勢力は、内務省ではほぼ目的を遂げることができたが、国防省では上首尾とはいかなかった。軍の再建を急がねばならなかったことから、サッダーム政権時代の士官を再雇用する必要に迫られたからである。バアス党政権時代に軍職にあった者が、今日では士官の七〇%を占めている。そこで「勝者の平和」勢力は、こうした士官の影響を削ぐために、軍の幹部レベルに特定の士官を配置した（これは「吸収された士官」と呼ばれている）[29]。通常ならば必須とされる軍務経験をもたない者や政党の民兵を、政治的な理由から投入したのである。こうして指揮系統ライン上に配置された士官は、政府と議会を無視する形で自分たちを登用した宗派主義的な政党に忠誠を誓う。その結果、旧政権時代に軍務経験を積んだ者と政治的理由から幹部として投入された者の間に競合が生じて軍は分裂し、階級間に混乱と対立を生んだ。

推定値ではあるが、兵士のおよそ七五～八〇%がシーア派とされる。この比率はサッダーム政権時代の軍とほぼ同じである。これに対し幹部層は民族的・宗教的に多様で、例えば師団長は三つの主要な民族・宗派集団の出身者から選ばれている[30]。師団の民族的多様性、および師団に対する政党の影響のいかんは、地方編成の師団と全国編成の師団とで異なる。第二、第三、第四、第一五、第一六師団にはクルド人兵士が多く、クルディスターン民主党やクルディスターン愛国同盟の影響が大きい[31]。

とはいえ、軍は組織への宗派主義の浸透や宗派主義的な行動が最悪の水準に達する事態をなんとか食い止めたようである。内戦が激化した際、バグダード内においても外においても軍が宗教浄化に使われることはなく、この点は連邦警察と違った。旧政権の元上級士官と元クルド人民兵（ペシュメルガ）指導者、さらにシーア派イスラーム主義政党が政治的理由から指名した士官が混在していたことで指揮の統一がとれなかったのは確かだが、逆に軍が宗派間紛争の道具として使われることもなかった。

治安機関の抱える最大の問題は何かといえば、それは内務省の連邦警察の宗派主義的・政治的偏向である。この機関は二〇〇六年と〇七年に暗殺集団の機能を果たした。警察にはバドル軍団の元メンバーが多数統合されていたが、これを監督したのはバドル軍団の元幹部バヤーン・ジャブルであり、ジャブルは〇六年まで内務相の地位にあった。しかし後任のジャワード・ボラーニー内相（〇六～一〇年）が、連邦警察内での行きすぎた宗派主義を取り締まり、そのような行動をとった者を排除していった。その結果六万人が解雇され、旅団長九人のうち七人が解任されたほか、二七個大隊のうち一七個が廃止となった(32)。

だがここまで大々的な取り締まりを行い、警察の再建と規模の拡大に努めたにもかかわらず、腐敗は跡を絶たず宗派主義の痕跡も消えない。二〇〇九年末には大規模な改革を終えていたが、その時点でも警察職員のうち一五〇〇人は政党の指名により採用された者であったという。ことは新規採用や昇進のみにとどまらず、政策形成にも影響を及ぼす恐れがある(33)。米軍撤退後の現在、イラク政府は治安機関の改革をさらに推し進めている。ゆくゆくは連邦警察に国内の治安維持を担当させ、軍については国境警備という本来の任務に軸足を移させる予定である。改革は二〇年に完了するものとされている。しかしその時点で、宗派主義的な行動をとる者や政党の直接的影響を、連邦警察の新規採用や政策形成の場からぬぐい去ることはできているだろうか。かりに達成できていなかったとすれば、イラクの政治安定化への道筋には禍根が残されることになる。

マーリキーの勢力拡大

激しい内戦が続くなかで再建された治安機関が、内戦の当事者であった政党の影響下にあるとしても何ら驚くにあたらない。しかし再建は短期間のうちになされ、組織の規模は膨れ上がり、社会に対する支配力も増大した。そのことで、治安機関はさらに強大な政治権力の影響を非常に受けやすくなってしまった。マーリキーは二〇〇六年の首相就任以来、正式な指揮命令系統を無視しつづけ、その一方で軍の上級指揮官や民兵組織との間に個人的な紐帯を結んでいる。マーリキーはいわば妥協の結果として〇六年に首相候補になったのだが、これは政治権力をめぐってそのころ争っていた政党のいずれにとってもマーリキーが脅威にはならないと考えられていたからでもある。首相に就任してからも〇八年にいたるまで、アメリカ政府とイラクの主要政党から酷評されつづけたが、それも首相指名の際と同じ理由による。覇気がなく、能力が乏しく、政敵陣営の支持に過度に依存している、というのである。(34) 初めの二年間は、政界の主要メンバーの誰もが首相追い落としを狙って思案をめぐらせていた。

首相に指名されたとき、マーリキーはシーア派政党イスラーム・ダアワ党の副代表格だった。この政党はバアス党政権に反対する勢力がつくった組織で、長い歴史を誇る。マーリキーの首相就任前年の五月には、同じダアワ党のジャアファリー（体制転換後最初の党首）が移行政府の首相に選ばれたが、これは主として、ダアワ党には民兵組織がなく、ゆえに軍事的脅威にならないと政治的敵対勢力からみなされていたことによる。ジャアファリーの後任としてマーリキーが据えられた背景にも、同じ政治的論拠が存在する。しかしマーリキーがどのような時期に首相に就任したかというと、それはまさに治安組織が集権性を高め、権力を強化し、勢力範囲を拡大しているときだった。新しい国軍の建設は前述のようにあまりに性急になされたため、軍の政治的監督のしくみは充分な効果を発揮できていない。自らの政治的立場の弱さを認識していたマーリキーは、この点に目をつけた。軍と特殊作戦部隊、情報機関を完全に掌握するため首相府の権限を利用したのだ。もう一方のシーア派与党、サドル潮流とイラク・イスラーム最高評議会（ＩＳＣＩ）は軍には関心を向けず、内務省内で民兵組織を活用して自らの影響力を振るうことで勝者の平和を打ち立て、バグダードからスンナ派を追放することを目指していた。これとは対照的に、マーリキーは内戦が激化していくと、宗派主義的暴力行為とは無縁の三つの治安組織を掌握する方向へと密かに舵を切った。

マーリキーはまず超憲法的なふたつの組織をつくり、治安機関に対する統制を強化した。ひとつは最高司令室である。これはもともと米軍の顧問が考案したもので、当初は調整のための会議とされ、首相は議長という位置づけだった。ところが、マーリキーは短期間のうちにこの組織を格上げし、職員を増やして権限を強め、勢力範囲を拡大した。具体的には組織を首相府内に組み込んで、運営と職員の採用には自身に近しいファアルーク・アアラジーという人物に当たらせている。職員には信頼のおける者を採用した。[35] 以来、最高司令室から大隊長レベルに直接命令が下されるようになり、事実上無視される形となった軍の指揮命令系統は、なし崩し的に崩壊したのだった。[36] さらに、高級参謀の任用や昇進にも最高司令室が直接関与した。

配下にある職員と上級士官を重要なポストに据えるべく、マーリキー首相は全力を傾注した。［議会による］承認手続きを省略して暫定的な指名を行い、その後は無期限に留任させる、という手法をとることが多い。さらに、クルド人やスンナ派の士官、さらに自身への忠誠心が比較的強くないシーア派の士官は、冷遇または排除した。[37]

治安機関掌握のためにマーリキーが用いた新手の超憲法的手段として二番目にあげられるのは、県司令センターの乱設である。二〇〇七年二月にバグダード治安計画が始動したのに伴い、警察や軍などこの地域のあらゆる治安機関を統轄するバグダード作戦司令部が設置された。[38] イラク南部や中部の不安定な地域にその後設けられたのが、この県司令センターである。県ごとの警察および軍を一人の将官の指揮統制下に置く。将官はマーリキーの統制するバグダードの本部が選定し、指示を下す。こうして軍に対する国防省の指揮統制権は骨抜きにされ、戦略的に最も難しい地域の最も重要な将官を選び指導する権利はマーリキーが手にすることになる。当然ながら、県司令センターの責任者に選ばれるのは、首相と政治的または個人的なつながりを有する者である。

最高司令室と県司令センターを通じて軍への統制力を確保すると、マーリキーはイラクにおける最精鋭の軍事組織、イラク特殊作戦部隊の直接管理に乗り出した。この部隊は米軍が創設したもので兵力は四二〇〇人、中東で最高水準の特殊部隊といわれている。[39] 二〇〇七年四月に部隊の管理責任が米軍の特殊作戦部隊からイラク政府に委譲されると、首相府の機関として対テロ局が設置され、イラク特殊作戦部隊の管理に当たることとなった。[40] つまり、この部隊は議会に監視されることも、また内務省や国防省の統制を受けることもない。以後、部隊は規模と権限、影響範囲を急激に拡大させていった。事実上は首相個人の軍隊、いわば近衛兵である。イラクではサッダームの民兵フェダイーン・サッダーム（サッダームの戦士）になぞらえてフェダイーン・マーリキーと呼ばれるようになった。首相の政敵を倒すため隠密裏に活動する部隊という意味も込められている。[41]

首相の関心は情報機関にも向けられた。情報機関統制のためにマーリキーが行動を開始した当初、その影響はムハンマド・アブドゥッラー・シャワーニー国家情報局長官とシルワーン・ワーイリー国防治安担当国務相（二〇〇六年にマーリキーが指名）との対立という形で表面化した。[42] 国家情報局はアメリカの中央情報局（CIA）が設立し、アブドゥッラー・シャワーニーはアメリカ政府と長年の協力関係にある。[43] これに対しワーイリーは、マーリキーの懐刀というだけでなくイラン政府とも長きにわたり手を結んできた。二人の対立が急展開をみせたのは〇九年八月のことである。バグダード中心部で連続爆発事件が起き、事件とイランを結びつける法医学的な証拠を得たというアブドゥッラー・シャワーニー長官の発言がメディアで取り上げられた。その後長官は辞任に追い込まれ、結果的に情報機関はマーリキー首相派が完全に掌握するところとなった。[44] このように情報収集組織をめぐって権力闘争が繰り広げられるうちに、複数の政府機関にまたがる形で六つの組織が誕生する結果となった。それぞれが政府内の異なる勢力を代表し、互いに競合している。[45] そのために政府は情報を収集して選りわけ、それに基づいて行動するということがほとんどできなくなっている。加えて、マーリキーの党に入党していない現役の情報将校が粛清された形跡もある。(46)

行政機関の能力

政治家や軍人がいだく独裁支配の野望に歯止めをかけるには何が最も効果的なのか。ポストコロニアル期諸国における民主主義の比較研究では、国家の行政機関が国民の日常生活においてどれだけの存在意義を有しどの程度尊重されているのかが重要だということが示されている。国家の提供する行政サービスが国民の生活の質を維持するうえで大きな役割を果たしている場合、行政機関は正統性を獲得する。言い換えれば、これは国民が国家を重んじているということであり、かりに権威主義的な支配エリートが国家を奪取する事態が生じた場合に、これに対抗して自らを積極的に動員する用意があることを意味している。つまりイラクの未来は、国民が必要とするサービスを行政機関が提供できるか否かに左右される。国家が社会に対して秩序を遵守させ、集合的暴力の全国規模での独占・統制を達成する段階にいたったならば、その国家が正統性を獲得できるかどうかは国民にサービスを提供する能力の有無、すなわち国民の日常的な「生存戦略」において中心的存在となれるかどうかにかかってくる。(47) このように、行政機関は民主的政府の存続に対する支持を集めるうえで重要な役割を担っているのだが、それだけでなく、統一的国民としてのアイデンティティの形成という点においても中心的な位置を占めている。国民の必要とするサービスを提供することによって、国家は統一的国民アイデンティティを形成する主要な推進力となり、焦点となる。ナショナリズムは、国家の形成の後に生まれるものである。[48]

国家としてのイラクは二〇〇三年に占領当局から引き継がれたが、それに先立つ三〇年の間に、二回の大きな変革をすでに経験していた。初めは一九七〇年代半ばに石油価格高騰によってもたらされた政治経済の変革である。バアス党は偶然手にした富を利用して強力な警察・軍事機関と行政機関とを社会に導入し、このふたつの機関がイラクを形づくり、バアス党支配に対する組織的抵抗を挫き、国民を相互に分離させるにいたった。九〇年には労働人口の二一％、全世帯の四〇％が直接的に国庫に依存するまでになった。[49] バアス党は土地改革も断行したため、国家は最大の地主ともなった。[50] 政府は新たに獲得した資源の一部を投入して強力な行政機関をつくるとともに社会保障制度を整備し、公営住宅を建設し、保健および教育分野にも予算を投じている。七〇年代を通じて、政府機関は豊富な石油収入のなかから国民に気前よく施しを与え、国民の側も自覚的にその分け前にあずかり、依存度を増していった。バアス党は前例のない規模で強制力を行使するとともにインフラストラクチャー的権力を配置し、また庇護《パトロネージ》を浸透させていった。それにより、党に対する脅威となりえたかもしれない社会内のあらゆる勢力を壊したのだった。

第二の、さらに大きな変革を国家にもたらしたのが一九九〇年のクウェート侵攻である。国連はイラクに制裁を課したが、これは近代外交史上例をみないほど厳しく内政干渉的な内容だった。一三年間つづいた制裁はイラクの人々を苦境に陥れ、広範囲にわたり深刻な影響を及ぼした。国連が対イラク禁輸措置を開始した直後に輸入は大幅に減少。八八年に一〇三億ドルだった輸入額が九一年にはわずか四億に減っている。賃金価値は労働市場全体で下がり、九〇年から九一年の間に九〇%、九一年から九六年の間に四〇%低下している。[51] また九七年に国連児童基金（UNICEF）が行った試算によれば、制裁による「マクロ経済への重大な打撃」の直接的結果として、栄養不良状態のこどもは七三%増加し、一ヵ月に五〇〇〇から六〇〇〇人のこどもが死亡するという状況に陥ったという。[52] しかし制裁による影響のなかで何よりも目を引くのは、社会から行政機関が撤退したということである。政府は配給制度を導入し、それ以外はほとんど何もしなくなった。とくに福祉や保健、教育の分野においては「独立採算制」での運営が声高に叫ばれるようになった。病院や学校といった政府機関は職員を失い資金難に見舞われただけでなく、人材や物資を独自に調達することを求められた。[53]

二〇〇三年四月の第一週に米軍がバグダードにやってきたことで、政府機関は完全に崩壊した。バアス党政権の追放後にすさまじい勢いで略奪が広がったが、占領当局にはそれを食い止めるだけの人員も意志もなかった。無政府状態のなかで、バグダードにあった二三の官公庁施設のうち一七が廃墟と化している。[54] 全体的な損失は、米ドルに換算して一二億ドルになるとみられている。これはイラクの年間国内総生産（GDP）の三分の一に相当する。[55] 〇三年五月にはCPAが脱バアス党政策を断行、これにより行政機関は徹底的に破壊された。一般命令第一号によるバアス党の解体に伴って前政権の上位四階級に属する職員が追放され、旧党員は政府機関の上位三階級に属する職に就くことができなくなった。公務員の上層を占めていた人々も追放の対象となり、二万から一二万人が職を失った。[56] 例えば一般命令第一号が出された後、厚生省では職員の三分の一が出勤を停止した。[57] 雇用における政府部門の比重が高いイラクのような国でかくも膨大な数の人を排除するということは、貧困の押しつけを合法化することにほかならない。一〇年を超える経済制裁と二〇年の間に戦われた三つの戦争、さらには三週間にわたり吹き荒れた略奪の嵐により、行政機関は疲弊していた。そのようなときに脱バアス党政策が推進されたために、行政機関の蓄積してきた知識と貴重な人材という、国家に残されていたわずかな資源さえもが失われたのである。

戦争と略奪、脱バアス党政策によって破壊された国家の再建にはどれだけの費用がかかるのか。推計値には大きな幅がある。建設会社ベクテルが二〇〇三年に行った試算では一六億ドル、他方国連が同じ年に発表した数字は三六億ドルとなっている。[58] しかしいずれの数字も楽観的にすぎることが後に判明した。一二年三月までの時点で米軍とイラク政府が国家再建のために投じた金額は二〇〇〇億ドルにのぼる。[59]

二〇〇三年に始まった国家の再建

二〇〇〇億ドルは、さまざまな機関を通じて投下された。二〇〇三年から〇四年の間、行政機関の再建に携わったのはＣＰＡである。〇四年四月にイラクへの行政権委譲を開始すると、アメリカ政府はイラク復興管理室（ＩＲＭＯ）とプロジェクト・契約室を開設、復興資金の流れを監督した。イラク復興管理室が〇七年五月に解散すると、新たにイラク移行期支援室がつくられ、この機関が復興資金の残余分三〇億ドルの管理を担った。

復興に向けたアメリカの活動は三つの大きな障害に直面した。第一に、計画がまとまりを欠いていたことがあげられる。ブッシュ大統領からイラク再建の任務を与えられていたのは国防総省や国務省、米国国際開発庁（ＵＳＡＩＤ）にとどまらない。アメリカのあらゆる政府機関が何らかの任務を帯びていた。サッダーム時代の旧共和国宮殿内につくられた大使館と数多くの関連施設で活動するアメリカ政府機関の業務を調整するというのは至難のわざである。二〇〇四年から一二年までの間にアメリカ大使は幾度か交替したが、この任務はいずれの大使の能力も超えていた。アメリカは復興計画の調整に失敗しただけではない。復興はとほうもない規模の任務だというのに、一貫性のある基本計画がつくられたことは一度としてなかった。そのため計画の目標や基本精神、重点項目などを何度も設定し直す必要に迫られた。〇八年四月、軍事部門での「サージ」の進展と並行して、その成果を行政能力の開発に利用する最良の方法を判断するため、バグダードにアメリカ政府の評価チームが派遣された。チームは次のような結論を下している。

アメリカ政府のイラクにおける指導助言活動は、まとまりと一貫性を欠いているというほかない。……優先事項を示し、具体的な機関に任務を付与する一貫した戦略が必要であるにもかかわらず、それがないために連合国の活動に累が及んだ。二〇〇七年に治安部門での活動が強化された後に行政部門でもサージが行われ、バグダードに派遣される顧問の数は増加した。しかしその活動には焦点が欠如している。

さらにこの報告書では、イラク復興のための活動が失敗した理由として、民政部門と軍事部門の活動が整合を欠いていたこと、アラビア語を解する者が非常に少ないこと、さらに治安規則が厳格にすぎることをあげている。[60]

復興活動が直面した第二の障害は、治安状況の悪化である。政治的動機による暴力が二〇〇三年から〇七年の間に増加し、経済再建に力を注ぐことが難しくなった。CPA解散後初のイラク大使となったジョン・ネグロポンテは復興のための予算を減らし、治安維持や〇五年の選挙の支援に重点を置く方針に転換した。そのため水道や電気の復旧事業に振り向けられる予算の四分の一から半分が削減されている。[61]〇六年八月には米国国際開発庁がタトウィール〔アラビア語で「開発」の謂〕という事業を開始。これは計画省、財務省、石油省、電力省、水資源省の職員研修のための一億六五〇〇万ドル規模の計画である。復興活動のなかでも画期的な事業だったが、それはちょうど、内戦が最も激しい段階に突入した時期に開始された。イラク人公務員は暗殺の標的となり、無理からぬことだが、訓練も効果をあげることはなかった。

第三の障害は、政治制度そのものである。二〇〇三年に設けられたイラク統治評議会においてエリートたちが排他的（独占的）な取り決めを結び、〇五年の二回にわたる選挙でそれが制度として既成事実化したことが、復興を妨げる直接的な障害となった。〇六年と一〇年には「挙国一致」政府が誕生し、選挙で勝利を収めた全主要勢力を政権に参加させるためにそれなりの努力が払われた。しかしその「一致」とは、担当省を自由に利用する権限を各大臣の出身政党に与えることによって達成されたものである。大臣の出身政党に与しない職員は追放され、党に忠実な者を雇用するために人件費が使われた。脱バアス党政策が実行された後も生き残り、豊富な行政知識を有する者とても例外ではなく、解雇されたり、圧力を受けて退職に追い込まれたりした。その後任に就いたのは、省とのつながりの強い勢力や政党を支持する者である。つまり〇五年を境に、支持政党のいかんが省への採不採を左右するようになった。それに伴い新たに任用された公務員の水準が急激に低下し、政府の業務処理能力も削がれた。政党が支持者に庇護を与えるという行為が広がるにつれ、公務員の人件費も増大している。〇八年八月の『ニューヨーク・タイムズ』によると、〇五年に一二〇万人だった公務員の数は増加の一途をたどり、二三〇万人に膨れ上がったという。計画省傘下の統計庁が行った〇六年の試算では、労働人口の三一％が政府で公務に従事し、〇八年には三五％に達する見通しとされていた。なお、CIAがサッダーム追放前の〇三年に導き出した推計値はこの数字を五ポイント上回るにすぎない。[62]今日のイラクを支配する政党にとって国家の行政組織とは第一に、職と物財、政治的庇護を党員に与えるものなのである。政府をこのように利用すれば、国民にサービスを提供する能力が大きく損なわれ、負の影響が及ぶ。しかし支配エリートにとっては、政治的に認可された腐敗を通じて得られる役得に比べれば、そんなことには二次的な重要性しかない。

行政機関の現状

国家再建へのアメリカの経済支援は二〇一一年末の米軍撤退とともに縮小したが、イラクは行政機関再建の継続を可能にするほどの収入には事欠かなかった。〇五年に二四四億ドルだった政府の予算は、一二年には一〇〇四億ドルになっている。この年の予算の三二％は復興関連である。[63]しかし政府支出の九〇％は石油の輸出によって賄われている。これは予算が石油の国際市場価格の影響を大きく受けることを意味し、産出量は少なくとも現状を維持できていなければならない。〇九年五月には石油価格が一バレルあたり五〇ドルを下回り、開発予算の執行を抑制する措置が直ちにとられた。予算の不安定さを露呈した形である[64]。

過酷な制裁と三つの戦争、略奪の横行、それに続く内戦。こうした要素が蓄積して、基幹施設の整備は放置され、国民に基本的なサービスですら提供できない状態となった。状況は依然として改善されていない。例えば水道の場合、二〇〇三年以前に建てられた水処理工場は最新の設備でも一九八〇年代に設置されたものである。バグダードで使われている処理工場の一部は三〇年代につくられた。二〇一一年の国連の推計では、公共下水道を利用できるのは国民のわずか二六％だという。その結果イラクでは下水の八三％が未処理のままにされている。全世帯の三分の二は公共水道を飲用に使っているが、一二年の調査からは、そのうち二五％が一日わずか二時間しか水を利用できないことがうかがえる。国連のデータが示すところによれば、安全な飲用水を使うことのできる人は人口の二五％、わずか七六〇万人にすぎない[65]。

国民の間では一九九〇年ごろから、電気を供給できるか否かが政府の能力を測る基準となってきた。例えば九〇年三月にイラク全土で起きた蜂起は、停電とテレビ放送の終了が引き金となって発生したものだとイラクの人々は考えている。電気を送ることができなければ、政府は能力を失ったとみなされる。これに対し九一年に南部での反乱が鎮圧された際には、イラク中部および南部における電力供給の復旧が政治宣伝に利用された。サッダームの支配はゆるがず、住民のニーズにも応えているということを、それによって示したのである。しかし実態はどうであったかといえば、電力の配分はバアス党政権が最大の政治的利得をあげられるように考えられていたのであり、バグダードと政権の地盤地域が優先されていた。公式な数字によると、イラクの年間発電量は九〇年代まで九〇〇〇メガワットだったが、全国送電網が復旧した九一年には二三二五メガワット程度にまで落ち込んでいた。国連の「石油と食糧の交換計画」に基づき送電網整備のための資材が届けられると出力は増加、二〇〇二年には四〇〇〇メガワットになった[66]。

イラク戦争後、CPAは国民の意識のなかで電力供給が重要な位置を占めていることを重視し、全国送電網の復旧を優先課題にした。そのために五七億ドルを振り向け、電気出力を六〇〇〇メガワットに拡大する目標を掲げた[67]。短期間で発電量を増やすため、ガスタービン発電所を次々と建設していった。ところが炭化水素系燃料の生産能力が不足していたために、発電所を稼働しつづけることができなかった。新設の発電所で働くことのできる専門知識を備えた人材もイラクにはいない。CPA解散時の電力生産量は、戦争前を二〇〇メガワット上回るにとどまった[68]。二〇一二年時点でも、イラクにおける発電燃料の主体はガスであり、やはり電力不足が続いている[69]。石油省と電力省の業務を調整することは難しく、それは一〇年の選挙のときになっても解消されなかった。政治的緊張が高まり、省庁間の対立が激化したためである。

二〇一二年四月には、電力生産量は七九一八メガワットに達した。とはいうものの、この数字はイランとトルコから電力を輸入したことによって達成されたのであり、この生産量でも消費者の需要には対応できていない。というのも〇三年に制裁が解除されて冷蔵庫やエアコンといった消費財がイラク国内に入ってきたことで、需要が毎年一〇%伸びていると考えられるからである[70]。電力省の推計によると、供給電力量は需要の六〇％にとどまっているという。一一年に全国を対象に行われた「イラク認識ネットワーク」調査〔計画省の開発した調査。名称の英訳は Iraqi Knowledge Network survey〕からは、一世帯に対する電力供給は一日あたり平均して七・六時間だということが判明した。電力サービスについて「悪い」または「非常に悪い」と答えた人は、回答者の七九％にのぼる。(71)

国家が脆弱なのは支配エリートによる汚職の蔓延によるところが大きいとの認識が広がっており、これには充分な根拠がある。行政機関がいつまでも機能せず、必要なサービスを提供できずにいることへの国民の怒りは、そのためにいっそう増幅されている。気温が摂氏五〇度に達した二〇一一年八月、ラアド・シャラール・アーニー電力相が辞任に追い込まれた。電力産業の開発に関連してカナダおよびドイツの不審な企業と一七億ドル規模の不明瞭な契約を結んでいた疑いが浮上したためである。汚職の蔓延が、行政機関を脆弱にしているといってよい。国際ＮＧＯ「トランスペアレンシー・インターナショナル」が発行した一〇年と一一年の『世界腐敗認識指数』では、イラクは一八二カ国中一七五位に位置している。(72) 世界銀行の考案した「世界ガバナンス指標」は対象国における汚職対策機関の姿勢の厳格性をパーセンテージで表示したものだが、これによるとイラクは五％だという。(73) 〇八年から一一年まで政府で汚職追及の最高責任者を務めたラヒーム・ウガイリー判事は、政府の契約手順こそ「イラクにおけるあらゆる腐敗の父」にほかならないと断じている。(74) 政府は政界の有力者と関係の深い企業や政治家本人が経営する企業と契約することが多く、企業は高額の前払金を獲得する。受託業者の作業がずさんであるとか、架空の作業が発注されているといった申立ては、当然ながら無視される。企業は、契約自体に関わった政治家を後ろ盾にしているからである。

イラクにはふたつの汚職対策機関がある。一九二七年につくられ、長い歴史をもつ最高会計検査院と、米軍占領期に設けられた清廉委員会。前者は各省の会計を検査する任務を帯び、後者は汚職事件を調査し起訴の補佐的役割を果たすものとされている。清廉委員会は一部の事件を起訴に持ち込むことに成功している。二〇一二年二月に委員会が発表したところによると、一一年には一六六一人が腐敗行為の罪で有罪判決を受けており、これは前年に比べ二一％多いという。ただ、裁判に持ち込まれた事件を仔細に検討すると、大半が比較的軽微な文書偽造に関するものであることがうかがわれる。[75]清廉委員会が強い政治的圧力のもとで活動していることを考えれば、大規模汚職事件を摘発できずにいることも説明可能である。〇七年以来、任務に携わってきた四人の委員のうち二人が辞任したが、いずれも政治介入があったことを匂わせる発言を残している。ラーディー・ハムザ・ラーディー判事は自宅を襲撃され、殺害リストに名前が載っていることを告げられた。〇七年に辞任し、その後アメリカに亡命している。ラヒーム・ウガイリー判事は辞表を提出した際、首相が公の場で辞任を求めたことを理由のひとつにあげた。別の場所では、政府内の高位政治家には刑事免責が付与されているも同然だと発言した。政治家はほとんど監視を受けることなく公金を使い、極秘で動いているという。[76]〇七年にアメリカ大使館が作成した報告書が漏洩したのだが、結論部分ではイラクについて「汚職禁止法規の最低限の執行能力も欠く」との評価を下している。それ以降、いかなる有意義な変化も起きていないだろう。改善の兆しを示す根拠はみつかっていない。

小括

すでに述べたように、アメリカの対暴動ドクトリンにおいては、脆弱な政府または正統性をもたない政府が反乱の根本的原因になることが指摘されている。政治的動機から暴力の行使を考える者は国家の崩壊が生みだした空隙のなかで活動し、疎外された人々は反乱を支持するようになる。イラクの警察・軍事機関と情報機関は二〇〇三年に一度米軍によって解体され、再建は短期間でなされた。米軍がほぼ完全に撤退した現段階でいえるのは、イラクの治安機関はおそらく、応急処置的な秩序を自国民の大多数に押しつけることができるほどの力があり、その程度の統制は保たれているということである。しかし国家が武力を大規模に行使する力を独占しつづけるためには、行政機関が社会のなかで役割を果たさねばならない。国民がその正統性を認識できるよう、必要なサービスを提供すべきである。行政機関は脆弱なうえ、さらに腐敗によって信頼を失っている。社会のなかで存在しつづけ、正統性を得られるほどの統制が欠如している。イラクの支配エリートにとってこのことが何を意味するかといえば、それは国家が正統性を欠いたままだということだ。控えめな表現を使うとしても、治安維持のみを行う「必要悪」として存在するにすぎない。かくも脆弱で腐敗した国家は、最悪の場合、政治的暴力を再燃させかねない。最大の危険は、政府機関が守るに値しないものとみなされ、民主主義がイラクから消え失せる、そうした事態である。

第5章　エリート間の排他的な取り引きと新しい権威主義の高まり

内戦を発生させた要因はいくつか存在するが、その究極的原因は政治的性質を帯びていた。それはエリート間での取り引き《バーゲン》であり、二〇〇五年を境に統治制度の中心を占めた排他的（独占的）な取り決めのことである。そうした取り引きは、アメリカと連携することでイラク侵攻に向けて働きかけた亡命政党間で結ばれた。〇四年に主権を委譲されたのは、そうした政党を代表する者たちだ。新憲法の草案をつくったのは、主要四政党の幹部クラスからなる「指導者協議会」ともいうべきグループだった。エリートらは脱バアス党政策を利用し、社会の主要集団を意図的に排除していった。排除したのは旧支配エリートだけではない。社会の一勢力をなしていたスンナ派をも排斥し、また政治的動員に宗教・民族の要素も利用したことから世俗的な人やナショナリストのイラク人も脇に追いやる結果となった。政治的に排除された人々の間で疎外感が広がり、この新しい取り決めを覆そうと一部は暴力を行使するようになった。イラクの政治制度を安定させ、長期的に維持可能なものとするには、この排他的な取り決めを新たにつくり直さねばならない。また、スンナ派のみならず宗教的・民族的な動員から取りこぼされた人々をも国政に再び組み入れ、新しい政治制度のなかで一定の役割を果たせるようにする必要がある。

エリート間の取り引きを打破する試み

暴力の循環を激化させ、共同体間の紛争をイラク全土に拡大させたのは、排除のポリティクスである。二〇〇六年ごろまでは、分断を誘発するような攻撃的な言葉で紛争が正当化されていた。戦後秩序を打ち立てようとする側とそれを覆そうとする側の双方が、自らを弁護するために宗派主義を利用したのである。しかし〇七年二月に米軍の対暴動ドクトリンが適用されると、暴力は激減した。アメリカの特殊部隊は内戦の中堅以上の指導者に照準を絞り、戦場からの排除に成功した。こうして暴力が徐々に減少していく一方で、〇八年ごろには治安機関再建のためのアメリカの活動も実を結びはじめている。イラク軍が拡大するにつれ、反体制勢力の活動地域は縮小していった。

二〇〇八年から〇九年ごろになると、治安の着実な改善が世論にも影響を及ぼすにいたった。イラクの政治を形づくっていたレトリックと投票行動とが変化した。国際NGO「国際危機グループ」の〇九年報告書には次のように書かれている。

かつての宗派ブロックはほころびをみせつつある。ナショナリズム的な感情が高まり、また国民の間に広まる空気をつかみ取ろうと、より良い統治を約束する政治家が登場し、これが宗派主義に対抗する形となっている。共同体同士の競争に加えて共同体内部での競争も生まれた。(1)

宗派主義的な政治動員が縮小したのは、ひとつには投票方式が変更されたからでもある。二〇〇五年一月に行われた戦後初の選挙では、全国一区で投票する形がとられた。混乱と暴力の危険を最小限にとどめるための方策として、国連がこの方法を推奨したのだった。[2] しかしこの方式は、宗派主義的な言辞を弄して得票を最大化しようとする政党に有利に働いた。選挙期間中は、各地方の問題や候補者自身の評価はほとんど考慮されず、政党や政治家は大連合に走った。[3] また俗耳に入りやすい民族主義的・宗派主義的なレトリックを操って票田に境界線を引き、有権者を動員している。同年一二月の選挙は「拘束名簿方式」だった。有権者は候補者個人にではなく、大連合に参加している政党のいずれかに投票せねばならない〔一二月の選挙も拘束名簿方式で、やはり政党に投票する形だった〕。こうした政党は民族・宗教の境界線に沿って選挙運動を展開した。その結果、〇五年の選挙では、いずれの選挙でも民族的・宗教的分裂を招く方法で有権者を動員した政党が勝利を収める結果となった。投票したスンナ派のほとんどは、スンナ派イスラームを前面に打ち出したイラク合意戦線（タワーフク）を支持。アッラーウィーのイラク国民リストは宗派主義的な潮流に対抗して、都市に住む世俗主義・ナショナリストの中間層に支持を訴えた。しかし、イラクは国家として崩壊していた。中産階級は国外に脱出し、内戦が始まり、不確定要素はあまりにも多かった。イラク国民リストが一二月の選挙で獲得した票は、わずか九%である。[4]

しかし、二〇〇九年一月の地方県議会選挙のときに投票方式が変更となり、「非拘束名簿方式」が採用された。これにより、政党だけでなく個人にも投票できるようになったという点が重要である。[5]

瞠目すべき効果が現れた。選挙戦では、政府機能の有効性や〇五年に選出された県議会の機能、また最善の国家運営方法とはどのようなものか、といった問題に議論が集中した。だが〇五年に宗教的アプローチによって勝利を収めたイラク・イスラーム最高評議会（ＩＳＣＩ）は、今回も同様の手法を採用することから始めた。新たに結成した連合は、六六一年に暗殺されたアリー（預言者の従弟・女婿でシーア派の初代イマーム）とイランからの帰国直後の二〇〇三年に暗殺されたムハンマド・バーキル・ハキーム（ＩＳＣＩ元議長）にちなんで「説法台の殉教者および独立派リスト」と命名されている。しかしＩＳＣＩは得票率を大幅に減らした。この結果が示していることは何か。それは宗派主義を前面に出すアプローチが、イラク国民の間に広まる気分を完全に摑みそこねていたということである。内戦を正当化してきたのは攻撃的な宗派主義イデオロギーであったといっていいだろう。イラクは内戦の最悪の時期を脱したばかりであり、〇九年の選挙のころには、人々は分断と争いで消耗していた。有権者は治安と政府機能の有効性の問題を争点にした政党に票を投じた。[6]

ＩＳＣＩは県議会選挙の結果を受け、選挙で宗教的・民族的アイデンティティを強調していた他の政党と共同歩調をとった。クルディスターン民主党およびクルディスターン愛国同盟とともに、「非拘束名簿方式」を延長する法の制定を阻止しようとした。これが制定されれば二〇一〇年の国民議会選挙も同様の方式が採用される恐れがあった。[7] ところが興味深いことに、イラク・シーア派宗教界の最高権威であるアリー・シスターニー師が一〇年の選挙での「非拘束名簿方式」の採用を支持、これが大きな影響力をもった。[8] 当時報じられたところによると、既存の政治制度から派生した腐敗や宗派主義、さらにまとまりを欠く政府に、シスターニーは失望を募らせていたという。〇三年以来イラクの政治において中心的な位置を占め、内戦を引き起こした原因ともいえるエリート間の排他的な取り決め。それに選挙を通じて異議を唱えるための舞台は、こうして初めて確保されたのだった。

二〇一〇年の国民議会選挙では、アッラーウィーは宗派主義政治の縮小傾向を利用する方向へと向かった。そしてコミュナリズムに対する国民の支持の低下から、良い結果を引き出すこととなった。〇三年以来、イラク・イスラーム党は排他的な体制に関わってきた。この党は、スンナ派を動員して投票所に向かわせ、既定路線にスンナ派を名目的に引き入れるための道具と考えられていた。その目的を果たすためにイラク・イスラーム党の結成した政党連合がタワーフクである。(9) しかし暴力が減少し、攻撃的な宗派主義政治が後退していくにつれ、タワーフクに参加する政党の間で緊張が高まった。スンナ派アイデンティティの宗派主義的主張を撤回すべきだと考える者が主要メンバーのなかに現れたのだ。このような対立は、〇八年に中心的な人物が多数離脱したことで顕在化した。(10) その結果、アッラーウィーは一〇年の選挙に向け、より広範な基盤をもつ組織を結成できるようになり、一八の政党を糾合した。連合には自ら率いる政党に加え、タワーフクを離脱したターリク・ハーシミー副大統領と「改新リスト」、ラーフィウ・イーサーウィー（「未来の集い」代表）が参加。サーリフ・ムトラクも自身のイラク国民対話戦線を率いて合流した。モスルを地盤とする有力政治家、ウサーマとアスィールのヌジャイフィー兄弟もこれに続いた。(11) それによって全国的な知名度の高い政治家と地域・地方レベルの政治家および政党とがひとつになり、各々の共同体の票を集めることが可能となった。

二〇〇五年一二月の選挙が惨憺たる結果に終わった後、アッラーウィーは外国にいることが多くなり、目立った活動を控えた。アッラーウィーの党をはじめとする政党連合も、議会内での力を徐々に失った。しかし〇九年ごろにはそのことがかえってプラスになっていた。人々の意識のなかで、内戦や腐敗、政府の混乱という負の印象とほとんど無縁の存在となったからである。アッラーウィーは自身の率いる連合、イラク国民運動（イラーキーヤ）に可能な限り広範な勢力を取り込み、一方で統制を維持しようとした。参加した政党はいずれも世俗的ナショナリズムをうたう選挙綱領への支持を明確にした。さらにアッラーウィーは、法と秩序を守る人物という強いイメージを打ち出すとともにイランに批判的なメッセージを発信、イラクをアラブ世界の一員として再び組み込むことを約束した。[12]

選挙戦線の構築、イラクの政治を動かすパラメーターの変化、さらに地方レベルの盤石な組織化といった要素が相乗効果を生んで、イラーキーヤが革命的な選挙結果を得られる可能性が芽吹いた。蓋を開けてみると、イラーキーヤの獲得議席数は九一で、マーリキー首相の法治国家同盟は八九議席、イラク国民同盟は七〇議席だった。あからさまな宗派主義を掲げた政綱が関心を引かなくなったことは、タワーフクがわずか六議席しか獲得できなかったことに表れている（得票率は一・八％）。イラーキーヤはスンナ派有権者の八〇％の票を獲得したが、シーア派多数地域でも一二議席を確保。政党連合のなかでスンナ派地域とシーア派地域の両方で議席を得たものはイラーキーヤのみである。[13] 二〇一〇年三月、有権者は世俗主義に対する明確な支持を表明した。それにより、排他的な体制が反故にされ、包括的な政治構造が新たにつくられる可能性がみえてきたのだった。

二〇一〇年、再び排他的な取り決めが結ばれる

二〇一〇年にイラーキーヤが展開した選挙運動は、前述のように革命的な選挙結果をもたらすことが考えられた。これを阻止すべく、既存の政治制度から最大の利益を得ていた勢力は積極的な攻勢を開始した。過去五年続いてきた宗派主義政治に引き戻そうと、露骨な試みを実行したのだ。それにより宗教と民族の境界線に沿って投票者集団を固定し、望ましい選挙結果を得ることを狙った。そのための措置が最初にとられたのは、選挙の二カ月前のことである。一〇年一月上旬、脱バアス党政策の実施機関、問責・公正委員会が候補者五一一人の立候補を禁止し、一四の政党名簿を認めない旨の布告を発表した[14]。委員長のアフマド・チャラビーと執行局長のアリー・ファイサル・ラーミーはいずれもイラク国民同盟の候補である[15]。この甚だしい利益相反行為は、イラクの政治における排除の性質がどのようなものなのかを示している。そして、政治制度そのものの脆弱さ、政府機関が政党に支配され、個人の封土として使われているという事実も映し出した。選挙における自由と公正を図る組織であるはずの独立高等選挙管理委員会は、この脱バアス党政策の実施措置に承認印を押している[16]。

候補者五一一人の立候補禁止措置には法的根拠がなく、このことはまたイラクにおいて法の支配がいかに脆弱であるかを示している。イラク議会が制定した法のうち脱バアス党政策のために考案されたものは二本しかない。ひとつは憲法第七条であり、これは「サッダームのバアス党主義」を賛美または推進することなどを禁じる単純な規定である。ふたつめは二〇〇八年に議会を通過した「問責および公正のための国民高等機関法」で、ここでは脱バアス党政策の適用対象となる同党幹部について

規定している。[17] 立候補を禁じられた政治家のなかで最有力者はサーリフ・ムトラクである。ムトラクの率いるイラク国民対話戦線も排除された。ラーミーは立候補禁止発表に伴う声明のなかで、ムトラクと対話戦線は問責・公正法の適用外にならないと言明した。実はバアス党の幹部どころか、ムトラクはそもそも一九七七年にバアス党を追放されているのだ。二〇〇五年に設けられた憲法起草委員会の委員就任を阻まれることもなく、自身の率いる政党は同年一二月の選挙で一一の議席を獲得している。[18]

脱バアス党政策の命令は、いったい何を目的に下されたのか。ISCIを軸とするイラク国民同盟とマーリキーの法治国家同盟への影響を考えれば、それは明々白々である。いずれの政党連合も禁止措置によって傷を負うことはなく、クルド人票の獲得を狙う勢力についても同じことがいえる。宗派主義を打ち出すスンナ派勢力タワーフクと覚醒評議会に関与したアンバール県のスンナ派部族も、元バアス党員を抱えていることは明らかだというのに、ほとんど禁止措置の対象とはならなかった。[19] どの勢力よりも多くの候補者を排除されたのは、宗派を超えて支持を広げようとしていた政党連合であり、とくにアッラーウィーのイラーキーヤは大きな打撃を被った。宗派対立をあおる選挙戦略、また宗派主義とは無縁な包括的政治の発展の阻止という目的のために、国家機関が利用されたのだ。しかしそれよりも憂慮すべきは、宗派主義に立たない世俗主義的・ナショナリズム的な主張を掲げた選挙連合を分裂させるために国家機関が使われたという点である。他方スンナ派の票を集めることに力を傾注している政党や選挙連合はマーリキー首相やシーア派政党連合、イラク国民同盟にとって何らの脅威でもなく、したがって放任されていた。

はたしてマーリキーが出馬禁止措置に初めから関わっていたのか否かは不明だが、首相は後にこの措置への支持を表明している。シーア派のうち腐敗と政府の機能不全によって疎外されていた人々を動員する効果があるかもしれないと考えたのだろう。しかし、これほどおびただしい数の候補者を排除すれば少なくとも宗派間の緊張が高まり政治的暴力の危険が増大するということを、マーリキーたちは認識すべきである。にもかかわらず、禁止措置がとられた後にマーリキーが選挙戦で強調したのは「バアス党主義者の脅威」だった。雇用の機会に恵まれず、いつまでもサービスを受けることができなかった有権者は政府を冷めた目でみるようになっていた。この現実を前に、マーリキーはバアス党主義という幻想を呼び戻し、票固めのために宗派主義の感情をあおった。

分断を狙う勢力が介入し、憲法にのっとって戦われたとはいいがたいこの選挙では、諸勢力が拮抗する結果が出た。しかしこの投票結果は非常に大きな波及効果をもたらす可能性がある。こうしたことを考え合わせれば、不信が渦巻くなかで行われた組閣作業が難航し、時間がかかったのも驚くにあたらない。組閣に要した日数は二四九日だった（ちなみに二〇〇五年の選挙から内閣成立までの日数は一五六日）。

交渉が行き詰まったのは、ふたつの恐怖ゆえである。ひとつには、選挙でのイラーキーヤの勝利がさらなる変化をもたらし、それが政治制度全体にまで及ぶのではないかという深い動揺を、多くの支配エリートが覚えたということがある。世俗主義を前面に打ち出した政党連合が多くの票を獲得した。こうした勢力の躍進は、既存の排他的な体制を圧迫するだけでなく、それを支える論理への直接的脅威でもあった。二〇〇三年以後の内閣は挙国一致とみなすことができるが、とくに〇五年の選挙後に成立した政権ではそうした色彩が濃い。それは、社会の調和のためにあらゆる宗派および宗教共同体に閣僚ポストを配分するという原則（アラビア語でムハーササという）の適用によって実現されていた。[20]非宗派主義を支持する多くの票が投じられたことは、こうした政権の妥当性に疑問を投げかける形となった。民族や宗教の枠内でのみ政党を認識している制度内に、イラーキーヤをどのように取り込めばいいというのか。

組閣を難航させたふたつめの要因は、マーリキーに対する懸念である。首相一期目にマーリキーの野心が焦点を結んでいく様子を目にしていた支配エリートは、マーリキーを再び首相に据えると独裁を招来するのではないかという深い危惧をいだいていた。しかし最終的には、アメリカの働きかけもあり、同国が守ってきた現状と既得権の維持がマーリキー独裁への恐怖に打ち勝ったのだった。

事態が打開されたのは二〇一〇年一一月である。マーリキーはイラーキーヤに投じられた大量の票が及ぼすであろう影響とアッラーウィーの脅威とを持ち出し、クルド人政党とシーア派政党に結束を強要した（アッラーウィーが首相に就任すれば、いずれの党も多くを失う）。クルディスターン民主党党首のバルザーニー・クルディスターン地域政府大統領はアルビルで会合を開き、アッラーウィーとイラーキーヤを挙国一致内閣に引き入れる交渉を三日間にわたり行った。それと並行して、サーリフ・ムトラクとウサーマ・ヌジャイフィー、すなわちアッラーウィーの連合で鍵を握る人物が、マーリキーと会談していた。話し合いの結果二人はそれぞれ副首相と国民議会議長のポストを確保し、アッラーウィーの説得にかかった。条件を正式に受け入れなければイラーキーヤを分裂させると圧力をかけている。[21]

各宗派に閣僚ポストを割り当てるという原則が、再び影響を及ぼした。宗教的・民族的アイデンティティを強調し、エリートの利害を守り、腐敗を蔓延させ、政府の統制を乱す行為が継続された。閣僚の座とそこから得られる利得や特権が選挙における勝者の間で配分され、「宗派に基づく割り当て」として正当化されたのだった。二五〇日にわたり交渉を難航させたもうひとつの要因、すなわちマーリキーの続投が独裁をもたらすかもしれないという懸念については、後に「アルビル合意」と呼ばれることになる取り決めによってひとまず払拭された。任期中に行使できる権限に有効な制限を加えるために作成された一五項目からなる要求書に、マーリキーが署名したのである。具体的には、対テロ特殊部隊を国防省に移管する、軍と警察の指揮命令系統を強化するといった内容である。しかし要求書のなかで最も重要な点は、戦略政策国家評議会を設けたことだった。議長にはアッラーウィーが就任し、重要な政策はすべて評議会での審議にかけ、その後に議会で立法化することとされた。

二〇一〇年一一月にアルビルで成立した合意には、ふたつの目的があった。宗派に基づいてイラーキーヤにポストを配分し、新しい挙国一致内閣に引き入れることで、イラーキーヤが政治制度に及ぼすであろう影響を軽減したいと他の支配エリートは考えていた。いまやイラーキーヤは新たに政権に参加した宗派主義政党として扱うことができる。タワーフクに代わりスンナ派を代弁する政党である。これで政治制度に対するイラーキーヤの脅威は無害なものとなり、排他的エリート集団の新規メンバーとしてイラーキーヤを迎えることができる。脱バアス党政策を再び推し進めるかもしれないということをほのめかせば、イラーキーヤは自らに割り振られた役を果たすだろう。宗派主義を否定する大量の票を獲得したことを利用して、制度全体をつくりかえようなどとはしまい――エリートたちはこう考えた。では、アルビル合意が果たすふたつ目の機能とは何か。それはマーリキーを抑え込むことである。軍事組織にマーリキーの支配が及ばぬようにすること、排他的な体制とその内側にいるエリートが首相の権力によって脅かされる事態が生じないようにすることが意図されていたのだ。ひとつ目の目的、すなわちイラーキーヤを取り込み、弱体化させる役割をアルビル合意が果たしたことは間違いない。しかし二番目の目的が果たされなかったことも、また確かなのである。

抑制不能なマーリキーの権力

なんとも皮肉なことだが、二〇一〇年の選挙では、最多票を得ることのなかったマーリキーが勝利を収めた。与党連合の得票数が二番目であったにもかかわらず、マーリキーは首相の座を維持。内閣の重要ポストに手駒を据え、自身の権力に箍《たが》をはめられる危険をすべて未然に回避した。政府に対する統制力強化と権力集中の度合いがどれほどのものか、それはマーリキーが初めて首相に就任した〇六年の状況と一〇年の状況とを比較することでみえてくる。首相に任命された〇六年四月ごろ、バグダードではマーリキー退陣を狙う謀略の噂が絶えなかった。〇七年までは、マーリキーの意のままに動かせる組織もほとんどなかった。イラク政府内における総理大臣の地位は、敢えて弱く設定されていた。〇五年の選挙で勝利を収めた諸政党が、いわばその戦利品として閣僚の座と人的・物的資源を分け合った。このためマーリキーは内閣に統制力を及ぼすどころか、指示を下すことすらしなかった。むしろ閣僚や各党幹部、アメリカ大使館、米軍の間に一定のコンセンサスを形成する調整役であった。

しかしマーリキーは当初から、首相の立場の弱さを克服することにひたすらいそしんでいた。内閣が分裂し、国家の集権性が弱いという点を利用しつつ、ひそかに権力基盤を着々と固めていった。

マーリキーが権力の階段に足をかけたのは、二〇〇五年の選挙後、同じダアワ党の党首だったジャアファリーが首相に選ばれたときである。ダアワ党に民兵組織がないことから、ジャアファリーとマーリキーは軍事的脅威にならないと他の政党からみなされた（各党は、首相人事には妥協が必要と考えていた）。結局ジャアファリーは移行政府の首相を一一カ月務め、四年任期の正式な国会議員を選ぶ選挙が行われた〇五年一二月ごろには、多くの有力政治家や米英両政府を遠ざけることに成功していた。選挙後の交渉は紛糾をきわめ、一五六日後にようやく、ジャアファリーを排除する方向で意見がまとまった。その代わりに首相の座に据えられたのが、当時ダアワ党副党首格だったマーリキーである。ダアワ党役員のなかでもかなり地味なこの人物が自分たちを脅かすことはないと、他党のいずれの党首も考えていた。

二〇〇六年四月の就任直後にマーリキーが直面したのは、自分を首相の座に押し上げた当の要因がもたらす問題だった。統治に必要な政治力がないという問題である。そのために使うことのできる、統制のとれた政府機関がほとんどなかった。そこで自分の出身母体すなわちダアワ党のなかで、まずは権力基盤を固めた。権力掌握にいたるこの第一段階が達成されたのは〇七年四月、ジャアファリーを抑えてダアワ党の党首に選出されたときである。首相はまた、側近を集めて小集団をつくり、このグループを国家権力掌握の道具として使った。[22] マーリキーユーンと呼ばれるこの集団はふたつに分類できる。第一のグループは親族で、息子や甥、女婿からなり、首相府のなかでも機密性の高い情報を取り扱う部署に就いている。[23] ほかはダアワ党員で、マーリキーが党首となったころに手を組んだ者からなる。政治エリートたちが分裂して内部対立を続け、私腹を肥やしている現実を前にした首相は、マーリキーユーンを核に政治的影響力と庇護《パトロネージ》のネットワークを構築した。それにより内閣を迂回して、その下のレベルの将官や上級公務員に直接働きかけた。こうして〇六年以後、現実に存在する政治家たちを出し抜いて影の国家を建設していったのである。はじめに首相府を国家権力の中心に据え、政策の立案と実施における内閣の影響を縮小した。首相府の影響力が国家の正式な機関に届くようになると、次は親族やダアワ党内の腹心を投入した。息子のアフマド・マーリキーを参謀副長に任命、全国の治安機関の監督を任せ、自身の身辺警護にも当たらせている。[24]

自分の身体的・政治的防護に治安機関を用いるという手法は、二〇〇八年三月、首相退陣を狙った陰謀計画に関する情報がマーリキーのもとに届いたときに、さらに露骨になった。その情報によれば、南部の港湾都市バスラで民兵の活動が激化していることを口実に議会で内閣不信任案を決議し、首相を辞任に追い込むという筋書きが仕組まれていたのだという。[25] 機先を制するために、マーリキーは「騎士の襲撃」作戦を始動させた。陸軍の四個師団を送り込み、自身の地位を脅かす恐れのある民兵からバスラを奪還することを狙った。しかし結果は惨憺たるものに終わり、米軍の地上および航空部隊の投入があったためになんとか敗北を回避できたという有様だった。[26] にもかかわらず、結果として中央政府による統治がバスラに復活することとなったために、住民は好印象をいだいた。宗派主義に基づく暴力や犯罪の多発に、人々は疲れ果てていたからだ。これに味をしめたマーリキーはさらに、バグダードのサドル・シティーでも支配権を確立した。同年五月のことである。このスラム街は長らくマフディー軍の勢力下にあったが、これを国家の統治下に置いたことで首相の人気はさらに高まった。マーリキーはこの地区での勝利を利用して政府および軍のなかに自らの権威を打ち立て、イラク・ナショナリズムを信奉する救国者という政治的イメージを新たにつくり上げたのだった。

首相のナショナリストというイメージがはっきりと表れたのは二〇〇九年一月、地方県議会選挙に向けた選挙運動が行われていたときである。マーリキーは自身の政党連合を法治国家同盟と命名。イラクに法と秩序をもたらしたのは自分の政策と行動だということを国民に理解させるのが目的だった。選挙戦ではバスラでの軍事作戦の成功とサドル・シティーに軍隊を送り込む決断を下したことをアピール。クルディスターン地域政府の境界地域で見受けられる同地域政府の膨張主義的政策に対する取り組みも強調した。また、同じシーア派票を狙うISCI、ならびに連立相手のクルディスターン民主党およびクルディスターン愛国同盟が連邦制強化を打ち出していることを、演説のなかで強く批判した。[27]さらに、地位協定（SOFA）をめぐるアメリカとの交渉で厳しい姿勢を貫いてナショナリストのイメージをさらに強く印象づけ、自身への支持を固めた。こうした手法は、泥沼の内戦と米軍による占領を耐え忍んできた国民の心に強く訴えかける機能を果たす。その選挙戦の収穫は、具体的な形となって表れた。マーリキーの率いる選挙連合は一四の県のうち九県で最多票を獲得したのである。[28]

二〇一〇年三月の国民議会選挙でも、マーリキーはこの集票方式を使おうとした。イラク南部および中部における人気の高さを利用するだけでなく、〇七年以降宗派間暴力が減少傾向にあることを自身の業績として打ち出そうと考えた。ただ、〇五年の選挙のときと違うのは、シーア派連合に加わらなかったことである。シーア派票の取り込みを目指すイラク国民同盟とは距離を置き、法治国家同盟を率いて選挙戦を戦うことを選択した。こうした動きに加えて、ナショナリズムが高まりつつあったことから、選挙はイラーキーヤの辛勝という結果に終わった（前述のように獲得議席数は九一。法治国家同盟が八九議席）。最終結果が発表される前のことだが、法治国家同盟の敗色が濃くなったとき、マーリキーは権威主義的な態度を鮮明にし、結果は到底受け入れられないと述べるとともに、暴力の再来を阻止するには票の再集計が必要と主張した。[29] ゆゆしきことに、これはマーリキーが軍の最高司令官として発した言葉だった。しかし、ともかくも選挙管理委員会は五月中旬に再集計を終え、投票に不正はなく票数にも議席数にも変更は生じないと発表した。公正な選挙だったことは国連も認めている。[30]

にもかかわらず、マーリキーは支配エリートを分裂させ、政治家の行動規範がないという事実を利用し、政府機関内に非公式のネットワークを築くという保証ずみの手法で、アルビル合意による束縛を逃れた。例えばアルビル合意成立後の七カ月間というもの、イラーキーヤが国防相および内務相に推した候補をすべて拒否した。そして二〇一一年六月に、側近のファーレフ・ファイヤードを国防治安担当国務相代行に指名。八月にはサアドゥーン・ドゥライミー文化相を国防相代行に据えて、自らは内務相を兼任することとした。[31]

非力な政治家やマーリキーユーンのメンバーに大臣職を代行させ、マーリキーは軍と警察、情報機関を支配下に置きつづけた。アルビル合意を黙殺しただけでなく、議会による閣僚の承認は憲法で規定されているというのに、これをも無視した。アルビル合意に憲法や法の基盤がない以上、合意に違反したことに対する制裁としては議会での不信任投票しか選択肢は残されていない。だがベテラン議員の一人は、その可能性を訊かれて冷ややかに答えている。

不信任投票を行うとして、彼〔マーリキー〕が会議場に議員を入室させるとでも思うのか。かりに不信任案を可決したとしても、彼がそれを顧みるなどとあなたは本気で考えるのか。(32)

国家権力の行使に関してマーリキーが公の場で口にした内容も、彼の構想に対する懸念を増幅させた。米軍撤退の翌週に行われた記者会見ではアルビル合意を拒絶し、連立ではなくシーア派政党を中心にした多数派統治に舵をきる可能性に言及している。(33) アルビル合意の柱ともいえる戦略政策国家評議会も結局は実現をみず、監視任務を果たすこともなかった。

それだけではない。マーリキーは意のままに操ることのできる裁判官を増やしてゆき、監視体制を弱体化させた。二〇一一年一月にはミドハト・マフムード連邦裁長官が米軍占領期に設けられた一部機関を内閣の監督下に置く判決を下した。対象となったのは清廉委員会と独立高等選挙管理委員会、イラク中央銀行、人権高等委員会である。内閣が分裂し、政策決定機関として統制のとれた行動がとれない状態だということを考えるならば、この判決は首相府の影響力を増大させるものというほかない。(34)

判決を受けて、ヌジャイフィー国民議会議長が中央銀行の独立を求める文書を内閣に送った。するとスィナーン・シャビービー中央銀行総裁とムズハル・サーリフ副総裁が汚職の罪で起訴された。シャビービーは総裁として広く尊敬を集めていたが、すぐさま更迭された。後任はアブドゥルバースィト・トゥルキー。マーリキーが最高会計検査院長に指名していた人物である。[35] 議会もまた、裁判所の判決によって力を削がれている。二〇一〇年、法律案を提出する権利は議会ではなく内閣のみが有すると高等司法審議会が判示した。つまり立法府の活動を統制する権限を、内閣で最大の発言権をもつ首相に与えたということである。[36]

さらに懸念すべきことに、独立高等選挙管理委員会のファラジュ・ハイダリー委員長が汚職容疑で逮捕され、その後禁固一年の刑を言い渡された。二〇一二年四月のことである。選挙管理委員会は国政選挙と地方選挙のみならずあらゆる住民投票を管理する機関で、一〇年の選挙の際には自由で公正な選挙の実施に寄与したという評価を国連から受けている。しかしマーリキーは、法治国家同盟が過半数を獲得できなかったときに選挙管理委員会を批判した。委員会の別の幹部もやはり小規模な汚職の容疑で逮捕・起訴されている。これは明らかに委員会に対する脅しであり、今後行われる選挙の透明性と公正さに影を投げかける。[37]

マーリキーへの抵抗──首の挿げ替えを企てる

アルビル合意ではマーリキーの権力を制限できないということが明らかになると、イラクの支配エリートたちは、憲法に望みを託した。イラクの新憲法はいわば急ごしらえの文書で、問題が多い。起草された二〇〇五年時点では、一月の選挙においてクルド三県で勝利を収めた二大クルド人政党、クルディスターン愛国同盟とクルディスターン民主党の主張を反映した文書であると考えられていた。

両党は一九九一年の湾岸戦争終結時から高めてきた自治権の保持を目指し、イラクに住むクルド人が再び弾圧されることのないよう中央政府の力を抑制しようとしていた。そのようなこともあり、憲法では行政・立法・司法の三権と、石油収入の公平な分配を求める権利を各地域〔英訳＝region〕に与えている。またクルディスターン地域政府以外の場所に関しても、「地域」に昇格する権利を各行政区〔governorate〕に付与している。行政区議会で承認されれば、「地域」への昇格の是否を問う住民投票を実施することができた[38]。

二〇一一年にヌジャイフィー国民議会議長やターリク・ハーシミー副大統領などのイラーキーヤ主要メンバーが導き出した結論とは、マーリキーのイラク支配に制限を加えるには「地域」の創設を通じた地方分権を実現するしかないというものである[39]。これは憲法に根拠を置く対抗措置だが、それに対するマーリキーの反応には、敵を叩くためなら国家の強制力に訴えることも厭わないという意志が表れている。首相はスンナ派が多数を占めるバグダード以北の三県、アンバールとサラーフッディーン、ディヤーラーで大量逮捕を断行した[40]。一〇年の選挙でイラーキーヤの獲得した票の大半はこの三県の有権者が投じた票である。

しかし徹底した取り締まりにもかかわらず、サラーフッディーン県議会は二〇一一年一〇月二七日に住民投票の実施を議決した。ディヤーラー県も同じ決定を一二月中旬に下し、その一週間後にはアンバール県でも住民投票を実施する可能性が強まった。マーリキーにとってさらに厄介なことに、シーア派が多数を占める石油埋蔵地帯、ワースィト県とバスラ県も、一〇年から翌年にかけて同様の動きをみせていた。県に対する中央政府の支配を弱めようとするこうした対抗措置は、繰り返しになるが憲法で保障されており正統性を有する。しかしマーリキーはさらに強圧を加え、住民投票の実施を阻止するため選挙管理委員会を利用した。サラーフッディーン県でみられる動きをバアス党主義者によるものと断じ、自治拡大を目指す県に対する弾圧をバアス党主義者の取り締まりという口実で正当化した。「権力の分有は、わが国が抱える問題を解決するための土台とはなりえない」とマーリキーは言う[41]。

政敵への攻撃が苛烈を極めたのは、あるいは連邦制強化の動きに対しマーリキーがとっていた断固たる行動の一環であったのかもしれない。二〇一一年一二月一五日、米軍撤退の式典が行われたのと同じ日に、マーリキーはイラーキーヤ所属の大物政治家に襲いかかった。息子のアフマドの指揮する部隊と戦車がハーシミー副大統領とイーサーウィー財務相、ムトラク副首相の家を包囲[42]、三人は一時的な自宅軟禁状態に置かれた。ハーシミーはその後クルディスターン地域政府の首都アルビルに逃れることができたが、三人の護衛が逮捕された。この三人は四日後テレビの画面に姿を現し、副大統領から金と引き換えに暗殺と爆弾攻撃を指示されたとの衝撃的な告白を行った[43]。ハーシミーの逮捕令状が出されると、今度はバグダードの西、ファッルージャの警察官による証言が明らかとなった[44]。〇六年に副大統領とイーサーウィー財務相、イラク・イスラーム党の地域幹部が「イラクのハマース」という名の暗殺集団をつくり、以後もこの集団を利用していたと三人の警官は語っている。

しかしこうした供述が巷間に広まるや、それが引き出された政治的動機に疑問をいだかせるような情報も浮上してきた。「事実」が明るみに出たころ、護衛たちに拷問を加えた取調官が長時間にわたるインタビューを受け、供述を得るために自分たちが行った苛烈な拷問について微に入り細をうがちつつ説明した。取調官自身、供述内容が「愚にもつかない」ものであることを認めている。[45] ウィキリークスの公開した米国務省の外交公電からは、イラク政府がすでに二〇〇六年の時点で、ハーシミーを犯罪者に仕立て上げる手段として収監者に対する拷問を行っていたことが分かる。[46] 三月一五日には収監中だった護衛の一人アミール・サルブート・ザイダン・バタウィが死亡し、拷問の疑いを高める形となった。この護衛はもともと腎機能に障害があったのだと政府当局者は主張しているが、遺体の写真には激しい暴力のはっきりした痕跡が認められる。[47]

この時期にハーシミーへと矛先が向けられたのは、マーリキーの権力を制限する方策として副大統領が地方分権を声高に唱えはじめたからなのだろう。ハーシミーは二〇一一年一二月中旬、南部および北西部で連邦制強化に向けた動きがみられることについて、これを支持する旨の発言をしている。声を上げた人々には「中央政府による不正と腐敗、不始末をもはや甘受するつもりはない」のだと語った。[48] ハーシミーの家がイラク軍に包囲されたのはその二日後である。護衛は逮捕され、本人も亡命を余儀なくされた。自身の政権で副大統領を務める人物を攻撃し、イラーキーヤに圧力を加える。ここには、権力集中のための活動に対する重大な脅威を、暴力的な手段をもって非常に露骨な形で除去しようとしたマーリキーの意志がみて取れる。ハーシミー副大統領の自宅軟禁、またその後イーサーウィー財務相とムトラク副首相に対してとられた措置は非常に大きな政治的意味をもつ。実のところハーシミーは特別人気があるわけでも非常に有能というわけでもない。あるいはそのために、他の二人に比べて厳しい迫害を受けたのだろう。イーサーウィーとムトラクも同じ日に軟禁されたが、その後解放されている。

アルビル合意の制約を回避するために二〇一一年に首相がとった一連の措置と同様、この軟禁劇もまた、イラクの支配エリートの間にひとつの共通認識をもたらした。すなわち、マーリキーの行動は選挙でのイラーキーヤの躍進よりも大きな脅威と化したという認識である。ハーシミー軟禁の三日前にはムトラクも警鐘を鳴らし、メディアにこう語った。「アメリカは土台をほとんどつくらずに立ち去ってしまった。政治プロセスは誤った方向に進んでおり、独裁に向かっている」[49]。事件が発生すると、マーリキーは民主主義の継続に対する脅威だという確信が支配エリートの間に広がった。二〇一二年四月にはアッラーウィーが新聞に寄稿し、そのなかでこのように述べている。「この国は危険な個人支配に戻りかねない。そうなれば間違いなく完全な独裁に行き着く」[50]。アメリカ政府に直接メッセージを伝える役割を託されたのは、クルディスターン地域政府大統領である。バールザーニーはアメリカ政府当局者に対し「イラクは深刻な危機に直面しており……独裁に近づいている」と語った[51]。

基幹メンバーの一人が圧力を受け、残りの幹部にも累が及ぶ危険に直面したイラーキーヤは、内閣から閣僚を引き揚げ議会をボイコットする手段に訴えた。この措置は二〇一一年一二月から翌年二月の第一週までとられた[52]。しかしマーリキーにいかなる影響を与えることもなく、かえって政府におけるイラーキーヤの存在感を弱める結果に終わった。イラーキーヤが議会に復帰した後は、代わってバールザーニーが行動を起こすことになった。可能ならばマーリキーを退陣させ、それが難しい場合は制御するのが目的である。二〇一二年四月二八日、バールザーニーはアルビルで会合を開催、ターラバーニー、アッラーウィー、サドル、ヌジャイフィーが出席した。話し合いの終了後、出席者はマーリキーに書簡を送った。八項目の要求からなり、一五日以内に実施することを求める内容である。従わない場合は、不信任投票により内閣総辞職に追い込むと書かれていた。[53]

マーリキーに反対する活動の調整役をバールザーニーが担ったのは、二〇一一年ごろから翌年にかけて中央政府とクルディスターン地域政府の関係が悪化したことの現れである。マーリキーがバグダードで権力基盤を固め、自らに異を唱える政治家を黙らせるために国家権力を使ったことで、高度な自律性をもつ組織はほとんどクルディスターン地域政府のみという状況に陥った。逮捕の危機に瀕したハーシミーが最初にアルビルに逃れたのも自然なことである。その後はバールザーニーが先頭に立ってマーリキーの抑え込みを図り、イラクの民主主義とクルド地域の自治に対するマーリキーの脅威に世の注目を集める活動に乗り出した。演説やインタビューのなかでは、軍に対する首相の行きすぎた統制について集中的に語った。一二年三月下旬には、イラク国軍のクルド人参謀長バーバキル・ズィーバーリーが「すべての権限を奪われた」と主張している。バールザーニーによれば、これは大きな流れのなかの通過点にすぎない。マーリキーは憲法を踏みにじって議会を無視し、自身とつながりの深い人物を師団長に据え、クルドの軍人を追放しているのだという。[54] また、アメリカから購入する予定のF－16戦闘機三六機をマーリキーがクルディスターン地域政府への攻撃に使う計画であると別の場所で語っている。[55] イラクが独裁に戻るのであれば、クルディスターンは連邦を離脱すると言明したこともある。[56]

クルド地域がこれまで維持してきた自治をマーリキーが脅かそうとしていることを考えるなら、バールザーニーらクルド人指導者が懸念をいだくのも無理からぬことである。バールザーニー自身もかかわったアルビル合意に首相を従わせ、権力に箍をはめようと先頭に立って努力を傾注した。クルディスターン地域政府の首脳が中央政府に及ぼしうる力はイラーキーヤの力よりも大きい。それは確かだが、限界があることもまた否定できない。現時点では、連邦離脱には現実味がない。というのも、クルディスターン地域政府はイラク予算の純受益地域だからである。例えば二〇一二年には国家予算の一七％、金額にして実に一一〇億ドル相当の割り当てを受けている。[57] クルディスターンに埋蔵されている石油資源の開発はかなり進んでいるが、それでも地域政府が石油開発から得られる収入が現在中央政府から配分されている予算と同水準になるまでには何年もかかる。さらに、クルディスターンの石油を国際市場に輸出するには隣国トルコとの合意が必要であり、国内にクルド人人口を抱えるトルコはクルド分離主義を警戒している。このようなことから、クルディスターン地域政府の中央政府への依存は今後も続く。したがってバールザーニーも、連邦離脱以外の手段を使ってマーリキーと交渉する道を模索してきた。しかし反マーリキー勢力がかりに不信任案を提出できたとしても、多数派を形成できるほどの結束力をみせることはまずないだろう。

マーリキーの統治戦略とアラブの春

首相退陣を狙う勢力が結集したことを受け、マーリキーは政権を正当化するイデオロギーに修正をほどこし、反対派を分裂させ、暴力に訴えた。まずイデオロギー面においては二〇一〇年の選挙運動の際、すべてのイラク人の利益を代表するナショナリストの法治国家同盟というイメージを打ち出した。他方でそれと並行して、シーア派の票を集めるためにバアス党の脅威という幻想を利用した。しかし選挙後にはこうした二面性を消し去っている。シーア派政党連合イラク国民同盟と法治国家同盟との連合を推し進め、シーア派の多数票取り込みを図るという党派主義的な手段を使った[58]。さらに軍を利用して政敵を逮捕している。政府退陣を狙う陰謀が渦巻いており、それはバアス党主義者による軍事クーデター計画の第一段階なのだと、逮捕を正当化した[59]。そしてイラーキーヤを排他的なスンナ派政党と決めつけ、イラーキーヤが全国にもつ影響力を減じようとした。それだけではない。宗派主義的なスンナ派の主張を政治アリーナへ新たに導入すべく、かつて反体制暴動に肩入れし国外に逃亡していたスンナ派政治家を帰国させもした[60]。

マーリキーは計算の結果、政敵たちには統一された行動をとることもビジョンをまとめることもできず、内閣不信任案の可決に必要な一六三票が集まることはないと判断した。その判断は正しく、議場内や外で反首相派が行っている工作は、必要な票数をそろえるところまでこぎ着けることはなかった。

二〇一〇年三月の選挙以来、マーリキーは権力の獲得を目指すいかなる政敵よりも戦略的能力に優れていることを示してきた。とくに一一年一二月の政治危機以後は、非常な冴えをみせている。アメリカとイランからの支持を得ることにも成功した。というのもマーリキー失脚を狙う策謀が企てられている限りイラクが不安定な状態に陥る危険を消し去ることはできず、両国ともそれを恐れているからである。マーリキー退陣の支持に傾いたサドルは依然亡命先のイランにおり、イランからは行動に制約をかけられている。ゆえに反対勢力の柱としてはイラーキーヤの主要メンバーしか残されていないのだが、アッラーウィーやヌジャイフィー、またムトラクにしても、すでにハーシミーの亡命以前から、戦略的能力に乏しいことを露呈していた。ハーシミー亡命以後も一致した行動をとることができず、ましてや首相退陣を実現できるほどの大連合を形成するなどとうていおぼつかない。マーリキーは反対勢力側の無能力ぶりに、いっそう自信を強めている。すでにみてきたように、憲法をないがしろにし、アルビル合意に違反することで権力を着々と掌中に収めていった。にもかかわらず、あるいはそれゆえにこそ、盤石の状態にある。首相に指名された〇六年以来、最大の安定を得ている。

エリートたちが対立と陰謀を繰り返しているうちに、政府に対する民衆の嫌悪感が増幅されていった。アメリカ国務省は二〇一一年までイラクの全一八県で調査を行い、公共サービスの欠如と政治的不安定および暴力との関係を判定してきたのだが、一一年七月の調査では、電気と上水、下水、交通の未整備が原因で一六の県が「非常に不安定」な状態にあるとの判断を下している[61]。しかし不満の原因は公共サービスの欠如だけではない。失業者の多さも不満を拡大させている。イラク政府によれば失業率は一五％であるが、イラク認識ネットワークの推計では二六％、世界銀行の調査では四〇％にのぼる。また三〇％は「不完全就業」の状態にあるという[62]。一二年の三月と四月に発表された世論調査の結果からは（それぞれ別の機関が実施）、公共サービスの劣悪さと失業率の高さに対する不満の高まりが読み取れる。例えば四月の調査では、クルディスターン地域住民を除く調査対象の八九％が雇用機会の減少を感じると回答し、七七％が電力供給も減ったと答えている[63]。

アラブの春に触発されたのだろうか、二〇一一年二月、政府に対する怒りが沸点に達した。南部カーディスィーヤ県、ディーワーニーヤの県庁に一〇〇〇人の市民が押しかけたのである[64]。抗議活動は瞬く間に南部全体に広がり、バグダードにも波及。そこでマーリキーは自らの給与を二分の一減額することを発表し、抗議の波が広がるのを防ごうとした。それによってアラブの春で不安定化した中東地域の状況にも対処しようと考えた。翌日には側近の一人がマーリキーは三期目を目指さないかもしれないと踏み込んだ発言を行ったが、さまざまな横槍が入って沙汰止みとなった。本稿執筆時点では、この件に関する限り状況は変わらない。[65] このように、政府の無能力と腐敗に対する民衆の怒りを鎮めるための取り組みが開始されたが成果はなく、政府に対する抗議のデモは全国に広がった。エジプトのカイロで成功を収めたデモにあやかろうと、イラクのデモ参加者もバグダードのタハリール広場にテント村をつくった。しかしイラクのデモは、棍棒や刃物を持った平服の政府支持派に切り崩された。[66]

民衆の怒りを収めるためにマーリキー政権が使った戦略には二面性がある。二〇一二年二月末、首相は一〇〇日以内に業績を改善するよう各省庁に指示した。さらに、公共サービスが劣悪な状態にあるのは県行政のしからしむるところと責任を転嫁して県議会選挙を行うと発表、前回選挙からわずか二年後の実施を決めた。[67] また配給増量のためアメリカ製戦闘機の購入費一〇億ドルを暫定的に投入し、新たに二八万人の雇用を創出すると約束した。[68] しかしこのように融和的な言葉を並べる一方で、マーリキー政権はデモの粉砕のために国家権力も行使した。人々が「怒りの日」と名づけた二月二五日には、バグダードで自動車の通行を禁止。このためデモ参加者はタハリール広場に徒歩で向かった。デモに参加した知識人三〇〇人は逮捕された。さらにふたつの政党が禁止され、本部を退去させられている。[69] 三月中旬には、デモ参加者は民意から乖離しているとマーリキーが公言。少数派にすぎず、不和の種をまいていると批判した。[70]

しかし国家および支配エリートと国民との距離がはっきり示されたのは、クルディスターンの都市アルビルとスライマーニーヤでデモが発生したときである。その規模はイラク南部および中央部のどの地域よりも大きかった[71]。参加者は政府の腐敗を批判し、二大クルド政党のクルディスターン民主党とクルディスターン愛国同盟が非民主的な方法で権力を独占していると主張した。デモ隊が政党の建物に投石すると警備隊はこれに発砲で応じ、死者を出した。中央政府と同じようにクルディスターン地域政府もまた、デモの粉砕と運営者逮捕のためにスライマーニーヤ中心部の広場で暴力に訴えたのだといえよう[72]。

南部から北部にいたる全土で発生した「イラクの春」。担い手は主として都市に住む若年層だが、支配エリートに深く疎外されたこの集団は非常に大きな存在となった。エリートたちは少なくとも七年もの間、政権を運営してきたのである。中央政府は失業者を減らすことができず、電力も満足に供給していない。クルディスターン地域政府にしても汚職を批判され、クルディスターン民主党による支配を非民主的な方法で維持している。こうした問題が消えてなくなることはなく、国家の中枢が政治腐敗に蝕まれている現状では、雇用を増やすことも電力供給を改善することも政府には不可能である。民衆の疎外が拡大を続けるかぎり、政府の正統性が高まることはあるまい。

小括

二〇〇三年につくられた政治制度は〇五年の二回に及ぶ選挙で信任を得て、複数の挙国「一致」内閣を生み出してきた。しかしこの制度下では内閣と行政組織はいずれも分割され、新しいエリートたちに振り分けられているという状態にある。エリートたちは自分の政治的または個人的な目的のために担当省の物財を自由に使うことができる。しかも国家の分割は、宗派主義的な言葉を意図的に使うことによって正当化されている。票を投じてくれる宗教・民族共同体を自分たちは代表しているというのが政党側の主張である。〇六年にマーリキーが首相に指名されたのも、そうすれば制度維持を脅かす危険を最小限にとどめることができると考えられたからだった。しかし制度が生み出した統制の欠如をマーリキーはすかさず利用し、分裂した内閣を迂回して影の権力制度をつくりあげた。側近集団マーリキーユーンに属する者たちがさまざまな部署に配置され、首相府に権力を集中させていったのだ。首相の権力が強化されたことでマーリキー政権の存続は確実となったが、国家の集権性が向上したわけでも、公共サービスの供給状況が改善されたわけでもない。政府の無能力と腐敗に対する民衆の怒りは、さらに高まった。

二〇一〇年の国民議会選挙では、少なくとも〇五年以後の政治の基底をなしていた排他的な体制が脅威にさらされ、政党の組織とイデオロギーが再び挑戦を受けた。世俗主義・ナショナリズムを基盤に票を集める方針をとったイラーキーヤは選挙戦を成功裏に進めたが、それがイラクの他の支配エリートに懸念をいだかせ、既存の政治制度に対する脅威と化した。そのためエリートらはイラーキーヤを新しい挙国一致内閣に取り込んだ。この措置は「宗派に基づく割り当て」として正当化されたが、イラーキーヤの影響力を無害なものにするために考えられた方策だった。それを可能にしたのが、選挙後に成立した「アルビル合意」である。これにはまたマーリキーの権力を抑制するという目的もあったのだが、こちらは果たされなかった。この文書は限られた時間のなかでつくられたためか、充分に推敲されたようにはみえない。総理大臣の役割に制限を課すことを目指しているが、現在にいたるまでそれは法文書の形になっておらず、憲法のなかに関連する規定があるわけでもない。そうしたこともあって、マーリキーもこの文書を無視している。治安機関を支配しつづけ、司法に対する締めつけを強化し、数少ない独立機関の自律性を弱めている。今後自由で公正な選挙が行われるということは考えにくい。

問題は権力闘争だけではない。二〇一〇年の選挙から首相選出のときまで続けられた長期間の交渉、その結果誕生した挙国一致内閣、ハーシミー軟禁がもたらした政治の危機。こうした要素もまた、イラクをさらに弱体化させた。政治家たちは自らの管轄下にある行政機関の能力を向上させるどころか、二〇一〇年以降の二年間はゼロサム・ゲームに深く没入していった。第一段階では権力を自分たちの掌中に収めるために戦い、第二段階ではマーリキーの追い落としを画策した。国家機関は著しく腐敗し弱体化した状態のまま放置され、支配エリートに対する多くの国民の怒りはとどまるところを知らない。

第6章　攻守の逆転——中東におけるイラクの役割の変化

二〇〇三年の戦争と体制転換。その動機として働いていたのはバアス党政権を消し去り、一九六八年以来イラクが蓄積してきた自律性を弱めるというアメリカ政府の願望である。イラクの政権は一九九〇年から二〇〇三年にいたるまで国際社会に挑戦を続けていたが、それは国内外で培った政治的・経済的自律性が可能にしたことだった。政治の面においては、サッダーム・フセインの統制する国家が暴力を行使し、組織的な抵抗をほとんど壊滅に近い状態に追い込んでいた。経済の面では、石油国有化と一九七三〜七四年の石油価格上昇によって政権が潤ったことが大きい。政権は新たに築いた富を使い、強制力が支配する国家をつくりあげた。そして八〇年以降、この国は中東地域の主要な不安定要因と化したのだった。

皮肉なことだが、現在のイラクは隣国による内政干渉に対し著しく脆弱になっている。これは二〇〇三年に侵攻した米軍が秩序回復を可能にするほどの人的資源を伴っていなかったためであるが、このことに鑑みるならば、中東および国際社会におけるイラクの自律性を制限するというアメリカの野心は当初の目論見をはるかに超えたところで着地したといえよう。駐留米軍には、国境の実効的封鎖に必要な兵力が欠けていた。これによって、イランやトルコといった国々はイラクの主権を随意に侵犯できるようになったといっていいだろう。バアス党政権が倒れて国家が崩壊したときに、中央政府と呼べるものが消失した。[1] その結果、民兵や政党をはじめとする一部の準国家行為主体の力が強まった。他方、隣国がイラクにおいて自国の目標を追求することも可能になり、各国はイラク国内の準国家行為主体と結んで外交上の目的の実現を目指すようになった。トルコとイラン、サウジアラビアは現在も、イラク南部および北部の主な行為主体に資金を提供して支配を及ぼしているが、バグダードも同様の状況にある。イラクは隣国の主権を蹂躙するどころか、周辺の大国による介入から自らを守る能力すらない。

この脆弱国家の中心にいるのがヌーリー・マーリキー首相である。マーリキーにとって、外交が始まる場所は国境ではないのかもしれない。側近集団マーリキーユーンの枠を超えたところ、そして与党ダアワ党の外側が外交の開始点なのだといっていいだろう。長引く内戦のなかから生まれてきた政治制度においては、政治行動の基準をめぐる暴力的な争いが続いている。マーリキーはイラクの利益の最大化には注意を払わず、自身の権力基盤を固め国家機関に対する統制力を強化するために時間とエネルギーを注いでいる。主権回復以来、国益は支配エリートの利害という小さなプリズムのなかで定義されてきた。イラク外交の主たる目的は、既存の体制を維持強化するような環境を国内外で保障することにある。かつてのように隣国の内政に影響力をふるう兆しは、現時点ではほとんど認められない。

そのようなことから、マーリキーはアメリカとイランの両政府から支持を得ることに成功しているのだが、同時に両国との間に距離を置いて自律性を保つ努力も怠っていない。アメリカやイランの利害と自身の利害が異なることを理解しているからであり、また、取り組むべき課題に急激な変化が訪れることもありえなくはないからである。

アメリカの影響

アメリカがこれまでに大規模な軍事的・経済的投資を行ってきたことを考えるなら、イラクの支配エリートに対するこの国の影響力は驚くほど小さい。サージが山場を迎えたころ、すなわち二〇〇七年半ばから〇八年においても、デーヴィッド・ペトレイアス大将はマーリキーの行動を制御することに困難を覚えた。政策決定のための交渉がスムーズに進むことはなく、マーリキーの手法に問題があると考えられる場合も米軍司令部が命令を下す形をとらず、外交を通じた説得を重ねなければならなかった。

マーリキーとイラクの支配エリートに対するアメリカの影響力の弱さが浮き彫りになったのは、地位協定（SOFA）の交渉のときである。費やした時間は一年を優に超えた。最初に、両国政府の長期的関係に関する合意文書をつくることでブッシュとマーリキーが約束を取り交わした。二〇〇八年三月にはアメリカが法律専門家からなる大集団をバグダードに派遣し、交渉を開始した。法律家らがイラク側へ提示したひとつ目の草案には、アメリカが一二年以後もイラクに影響力を維持しようと目論んでいたことが表れている。五八カ所の基地の使用、航空管制権、米軍兵士と民間軍事会社職員の免責特権をアメリカは求めていた。[2] しかしイラク側はこれを一蹴した。この一件は、〇八年にイラクの政治に起きた変化に関するアメリカの理解がいかに浅いものであったかを示している。

地位協定交渉が本格化していたころには、すでにマーリキーの「騎士の襲撃」作戦が開始されていた。二〇〇七年三月末に始動した作戦によって、イラク第二の都市バスラは長期にわたりこの地にいた民兵の支配を離れ、イラク軍の統制下に入った。もっとも、国軍の勝利は米軍の兵站支援と航空部隊の投入があったために実現できたのだが、にもかかわらずこの作戦でマーリキーの人気は高まった。民衆の支持を得るにはナショナリストを演じることが効果的なのだということを首相は悟り、地位協定交渉の過程で、国家主権の観点からみて問題のある条項については反対姿勢を強めていった。そのことでマーリキーは民衆の支持を集め、アメリカに対しさらに態度を硬化させている。

イラクとアメリカのいずれも選挙を間近に控えていたということも、マーリキーに強硬姿勢をとらせた。[3] ブッシュとしては退任前に地位協定をまとめ、在任中最大の議論を呼んだ問題に一応の区切りをつけたいと考えており、その願望は次第にあらわになっていった。二〇〇八年夏から秋の間、交渉は中断。その後マーリキーは、自分のナショナリストぶりとアメリカからの独立性をみせつけるために喜んで地位協定交渉を利用した。かりにオバマ政権が誕生することになれば、草案よりも良い協定とはいわないまでも、類似した協定を結ぶことになろうことは分かっていた。米大統領選のサイクルと強まる一方のイラク首相の自信。このふたつの要素が、イラク側の立場をますます強くした。結局イラクは要求のほとんどを勝ち取ることができ、アメリカは将来にも影響する重大な事項に関しさまざまな譲歩を強いられるはめに陥った。

厳しい交渉姿勢を貫いたことでイラク側がアメリカから引き出した譲歩のなかでもとくに重要なのは、米軍撤退に関する条項である。そこには明確な日程と期限が設けられていた。当時の国務長官コンドリーザ・ライスも統合参謀本部議長マイケル・マレン海軍大将も撤退の具体的日程を明確化することに反対したが、(4) 最終文案は複数の解釈の余地をとどめない、明確な内容である。アメリカの戦闘部隊は二〇〇九年六月三〇日までに都市、区、郡から基地に撤収し、国外への完全撤退は二年半後に完了することとなっていた。合意文書の第二四条ではこのように定められている。「すべての米軍部隊は二〇一一年一二月三一日までにイラクのあらゆる領土、領海、領空から撤退するものとする」(5)。地位協定はバラク・オバマの選挙公約よりもはるかに徹底した内容であり、アメリカ側が短期間のうちにいかに多くの譲歩をしたかが手に取るように分かる。毎月二個旅団を撤退させるというオバマの公約においては、一〇年夏に戦闘部隊を完全に撤退させることになっているが、一方で「残留部隊」を維持することで均衡を保とうとしている。残留部隊は三万人規模で、イラク軍の訓練にあたるほか、アルカーイダとの戦闘、「再度出現しうるシーア派民兵」の問題に取り組むこととされている。(6) しかしブッシュ政権が署名した地位協定では、一一年以降いっさいの部隊をイラクに残さないことになっている。

アメリカの影響力低下には歯止めがかからず、二〇一一年末に米軍が撤退した後も続いた。イラクの政治的枠組みづくりに関する計画は軍部から国務省と中央情報局（ＣＩＡ）の任務へと変わった。当初の計画では、米軍撤退後は一万五〇〇〇から一万六〇〇〇の外交官や民間会社職員を置くことになっており、(7) 世界最大規模のアメリカ大使館のほか、バスラとアルビル、キルクークの領事館に配置する予定だった。CIAも事務所（職員が七〇〇人に達したこともある大規模なもの）を維持する計画だった。主として非軍事的な影響力を及ぼすことを狙った計画ではあったが、それでも予期せぬふたつの要因のために挫折している。ひとつはイラク政府の対応である。一一年以後も外交面におけるアメリカの影響力を徐々に減じようとしていた。アメリカ国民の外交用ビザについてはすべて首相府が認証の業務を取り扱い、そのためにアメリカ政府職員の出入国のペースが大きく落ちた。[8] 米軍が撤退すると、イラク政府はアメリカの外交関係者と自国の公務員および政治家との接触に制限を設けることにした。このため政府の動きを把握し影響を及ぼすことが非常に難しくなった。アメリカの計画を崩した第二の要因はアメリカ側の予算の問題であり、財政上の理由からモスルとキルクークの領事館の開設が延期となった。[9] CIAもバグダードに置く職員を四〇％削減すると発表している。[10] こうしたことを考え合わせてみると、一一年の米軍撤退はアメリカ政府が当初考えていたよりも大きな転換点であった。イラク人の政治的な見解とマーリキーのとった方針、アメリカの予算削減といった要素が、アメリカのイラク全土における影響力を低下させた。体制転換から九年を経てようやく、イラクの政治は内在的な文脈のなかで機能するにいたった。

イラクとイラン

対米関係と同様イラン政府との関係においても、外見以上の自律性をイラク政府は維持している。イランは一九八〇年にイラクから軍事攻撃を受け、八年に及んだ戦争では化学兵器の被害にもあった。

イラクに対するイランの利害を規定するのは、この経験である。つまりこうした歴史的背景があるために、イランはイラクの力と脅威を抑制することに一貫して意を用いている。もっとも、イラクの突きつける問題は軍事的脅威にとどまらない。シーア派の学問的中心地ナジャフは新生イラクにおいて新たな位置を確保し、自らシーア派の盟主をもって任じるイランを脅かしかねない勢いである。このような見地から、イラン政府はイラクを従属的な地位に留め置こうとしている。

イラク戦争後の二年間、すなわち二〇〇三年から〇五年ごろまでは、イラクのシーア派政党に働きかけることで目的を遂げようとしていた。シーア派政党の多くはかつて亡命を強いられ、イランで活動していた。これらの政党に民主的選挙の推進活動を展開させ実施にこぎ着けることができれば、シーア派政党が政権をとることになると考えられた。[11] しかしイラクを内戦の渦が呑み込むと、シーア派民兵に対する資金提供により影響力の行使をはかるようになった。両者のパイプとなったのが、イランの革命防衛隊傘下のゴドゥス部隊とその指揮官ガーセム・ソレイマーニーである。ムワッファク・ルバイイー（イラク統治評議会メンバーを務め〇四年から〇九年まで国家安全保障評議会議長）は一〇年、ソレイマーニーを評し「イラクの最有力者。彼なしでは何もできない」と極言している。[12] イラクの政府および社会に対するイランの影響力が頂点に達したのは、内戦期である。イラクにはゴドゥス部隊の構成員が常時一五〇人いると米軍はみなし、〇七年と〇八年には一部を逮捕した。[13] イランがイラクの民兵組織に高性能兵器を提供し軍事技術を伝えたことを示す情報もある。決定的だったのはレバノンのヒズブッラーの構成員アリー・ムーサー・ダクドゥークがバスラで身柄を拘束された一件で、ダクドゥークはシーア派民兵組織リーダーのカイス・ハズアリーとともに拘束されている。[14]

イランの関与は民兵への資金供与にとどまらない。イランのマフムード・アフマディーネジャード大統領は二〇〇八年三月のバグダード訪問を成功裏に終え、それ以来マーリキーは頻繁にテヘランを訪れるようになった。またガーセム・ソレイマーニーはイラクのジャラール・ターラバーニー大統領と密接な関係にあるだけでなく、ムクタダー・サドルとのつながりも強い。〇八年の「騎士の襲撃」作戦の後にはマーリキーとサドルの仲介役を務め、対立を収束に導いている。(15)

二〇一〇年三月の国民議会選挙の際には、イラン政府はサドルの政党とイラク・イスラーム最高評議会（ISCI）を主軸とする連合「イラク国民同盟」を支援することでシーア派の票をマーリキーから奪おうとした。予想以上にマーリキーに権力が集中し、自律性を高めていたことを懸念したためである。アメリカ政府の推計によると、〇九年にイラクの政党に対してイランが行った支援の規模は一億から二億ドルにのぼり、うちISCIに対する寄付金は七〇〇〇億ドルだという。(16) しかし結果としてイラク国民運動（イラーキーヤ）が多くの票を集め、イランとの関係の深い政党を孤立させる危険が生じたため、イラン政府は方針を変更し、懸念をいだきつつもマーリキー支援に舵をきった。一〇年五月にマーリキーの法治国家同盟とイラク国民同盟との連合が実現した背景には、イラン政府の働きかけがある。サドルが不承不承とはいえマーリキーを支持したのも、直接的にはイランの圧力ゆえといえる。

イラクとイランの関係は選挙後にいっそう密接となった。二〇一二年四月にはマーリキーがイランを公式訪問し、貿易も活発になっている。一二年の両国間の貿易額は、イランの試算によると一一〇億ドルに達した。(17) イラクにおける電力不足も、電力と天然ガス、石油をイランから輸入したことで緩和された[18]。一方で、イランがイラクを経由してシリアのアサド政権に水面下で武器の供与や資金援助を行っているとの情報が流れている。対イラン制裁の国際包囲網をかいくぐる経路としてイラクが使われていると取り沙汰されているのだが、しかしマーリキーは〇六年に首相に就任して以来、イランとの間に距離を置き自律性を最大限に高めることを目指してきた。このことは政権維持のための戦略を追求するマーリキーにとって重要な拠り所となっている。ある意味でこれは強いイラク・ナショナリズムが存在することの現れであり、その対イラン観にみられるものも猜疑心以上の何ものでもない。イラクのナショナリズム、そして自律性を保たなければならないマーリキーの事情。かりにイランが隣人を衛星国にすることを考えているとしても、こうした制約が今後も課せられる可能性は高い。

イラクとトルコ

隣国のなかでも、トルコほどイラクとの関係が急速に悪化したところはない。これはマーリキーが権力基盤を固めたことの直接的な帰結である。二〇〇三年にトルコ議会は、対イラク攻撃の拠点として米軍がトルコを利用することを拒否した。そのときから一一年にいたるまで、トルコはイラク北部に関心を集中させてきた。イラクのクルディスターン地域政府が独自の石油政策を進め経済を発展させていったのと呼応するかのように、トルコ企業の利益も拡大した。しかしこのことはまた、自国内にクルド人地域を抱えるトルコ政府の長年の懸案にも関係する。とくにイラクのクルド人が自律政策によって成功を収めたとすればトルコ内のクルド系少数民族が刺激され、自治拡大の動きが勢いづくかもしれない。そうした事態を阻止すべく、トルコ政府はイラク政府との間に強固な関係を維持し、イラクのクルド人の野心を押さえ込もうとした。トルコ軍は頻繁に越境して北部山岳地帯のカンディールを攻撃し、クルディスターン地域政府大統領マスウード・バールザーニーの怒りを買っている。ここには分離主義集団クルディスターン労働者党の拠点があり、トルコ軍はその宿営地に襲撃を加えていた。トルコ政府はまた、キルクークおよび周辺地域のトルコマン人の保護を主張し、公然とあるいは隠然とイラクに干渉した。中央政府管轄下の地域とクルディスターン地域政府にまたがるイラク北部には油田が点在し、キルクークはこの地域の入り口に位置する、いわば戦略的要衝である。トルコ政府はキルクークの領有権を主張するトルコマン人を支援することでクルディスターン地域政府の拡張をせき止め、その信用を傷つけることを狙ったのだが、それはイラクの国内問題に対する露骨な干渉ともなる。

二〇一〇年にはトルコ政府の背信行為によって両国関係が冷え込んだ。選挙でマーリキーと首相の座を争ったイヤード・アッラーウィーにトルコが肩入れし、アッラーウィー率いるイラーキーヤに対するサウジアラビアからの経済的支援を橋渡ししした。さらに関係を悪化させたのが、ターリク・ハーシミー副大統領の処遇をめぐるマーリキーとトルコのレジェプ・タイイプ・エルドアン首相との対立である。一一年一二月、ハーシミーはおそらく政治的な理由から殺人容疑をかけられ中央政府の統制を逃れると、〔アルビルを経て〕トルコに亡命した。イラクはハーシミーの身柄引き渡しを求めたがトルコ政府が応じず、イラク側は被告不在のまま死刑を言い渡した。[19] この問題はイラクの民主主義を危機にさらすことになるとエルドアンが警告すると、トルコの行為はイラクに対する内政干渉であり

「中東地域に崩壊国家あるいは内戦国を生み出しかねない」とマーリキーは応酬している。[20] 両国関係はイラクがトルコを「敵対国家」とみなしたことで外交摩擦にまで発展した。さらに、トルコのアフメト・ダヴトオール外相がイラク政府への事前通知も許可申請も行わずにキルクークを訪問し、さらに緊張を高めた。また、クルディスターン地域政府のアシュティー・ハウラーミー天然資源大臣がトルコのタネル・ユルドゥズ・エネルギー天然資源大臣とともに演台に立ち、トルコを経由して石油を輸出するために独自にパイプラインを敷設することを発表している。これがクルディスターン地域政府の石油政策と経済に対する中央政府の統制を損なう措置であることはいうまでもない。[21]

イラクの対トルコ関係を規定する要因はふたつある。第一に、アラブの春を受けて、トルコはサウジアラビアのように中東でさらに積極的な役割を演じるようになった。政治的混乱に陥った中東地域で影響力を行使し、アメリカの関心の低下によって生じた間隙を埋めようとしている。またイランが覇権の掌握を狙っていると考えるトルコは、イランとも競合関係にある。第二に、トルコ政府はマーリキーの権威主義的傾向に歯止めをかけ、宗派主義的レトリックがイラクの政治を不安定化させかねないことを知らしめようとしている。こうした状況は当面のあいだ変わらないと思われ、イラクとトルコの関係も波乱続きのまま推移することだろう。しかし少なくとも一点において、トルコには自制が求められる。クルディスターン地域政府を使ってイラク政府を圧迫すれば、長年積み残してきた自国のクルド系少数民族の問題が悪化する危険が増す。このことから、トルコ政府は中東地域で野心をあらわにすることはないと考えられる。イラク政府との関係についても、クルディスターン地域政府に圧力を加えることに互いに利点を見いだし、バランスのとれた関係に復帰する可能性も否定できない。

イラクと湾岸諸国

イラクがかつてペルシャ湾岸地域を不安定状態に陥れてきたことを考えれば不思議な気もするが、湾岸諸国とイラクの関係は最も波乱が少ない。イラクでは独立以来、クウェートとの国境には正統性がないという見方がくすぶってきた。湾岸に抜ける経路が限られ、隣国を頼らねば石油を輸出できない状況にあるイラクにとって、この問題は国益にかかわる積年の懸案といっても過言ではない[22]。二〇一一年五月にクウェートがシャットルアラブ河の河口に位置する無人島ブビヤーン島の開発を発表したことで、国境問題がイラク人の意識に改めてのぼり、興奮をかき立てた。国境近くに巨大な港がつくられるようなことがあれば船舶交通の障害となり、とくに石油タンカーの出入りを阻害する。それだけでなく、イラクがファオ半島で進めている港湾建設計画にとっても打撃となる。このように考えるイラク国民は多かった[23]。しかし、この問題は外交交渉によって解決した。ここからうかがえるのは、湾岸の隣国との関係を改善することにマーリキーが重きを置いているのではないか、ということだ。少なくとも対クウェート関係については、長年の国境問題を再燃させ世論を味方につけることはさほど重視していない。こうした実際的姿勢がさらに明確に打ち出されたのが、一二年三月のことである。バグダードでアラブ連盟首脳会議が開催される直前、イラクは長年の紛争に決着をつけた。中東地域内に展開した「魅力外交」の一環として、クウェートに三億ドルの賠償金を支払うことで同国との合意にこぎ着けたのである。一九九〇年のクウェート侵攻の際にバアス党政権が同国の航空機多数を略奪したことに対し、クウェートは一二億ドルの損害賠償を請求していた[24]。実際的な姿勢はほかにも成果を生み出している。バグダードで開催されたアラブ連盟首脳会議にクウェートの首長が出席した。列席者のなかでは最高位であり、マーリキーが中東で展開する外交が信任を得ていることをはっきり示す形となった。

対クウェート関係で成功を収めているのとは対照的に、サウジアラビアとの関係は冷え冷えとしている。両国の間に緊張がたちこめるようになったのは二〇〇五年から〇八年ごろの内戦期である。イラク側の怒りは、内戦初期にサウジアラビアの高位宗教学者が反乱勢力を支持したこと[25]、その後は資金やおびただしい数の戦闘員が同国から送り込まれてきたことに端を発する[26]。サウジアラビア側の憤激の要因は内戦でスンナ派が多数殺害されたことであり、今も怒りは収まっていない。マーリキー政権が〇五年から〇八年にかけてバグダードのスンナ派に攻撃を加えたことについては、アブドゥッラー国王もこれを非難したといわれる[27]。アラブの春以降、中東はイランとサウジアラビア、カタール、トルコによる一種の勢力争いの場と化したが、サウジアラビアのイラク観もまた、緊張を高める一因となっている。イラクは体制転換を境にイランの傀儡に成り果てたとみているのである。〇九年三月には国王がアメリカ政府高官に対し、マーリキーは「イランのエージェント」であり、信用がならないと語ったという[28]。そうしたことから、一〇年の選挙ではサウジアラビアはマーリキーでなくイヤード・アッラーウィーに資金援助を行い、両国関係がさらに悪化した。〇二年二月にサウジアラビアは、非常駐であるがイラク戦争後初となるイラク大使を任命し〔駐ヨルダン大使による兼任〕、三月には安全保障に関する協定が締結されるなど、状況が改善しつつあるかにみえたこともあった。しかしハーシミーがイラク脱出後にリヤドを訪問したことがきっかけとなり、両国は再び激しい言葉の応酬を繰り広げた。マーリキーが国内で宗派主義的な言辞を弄し、サウジアラビアとイランの綱引きが中東で緊張を高めているかぎり、イラクとサウジアラビアの関係は今後も緊張したままであろう。サウジアラビアの外交当局がイラクをイランの勢力拡大の道具とみなしている状況では、イラクの内政への干渉、ひいてはマーリキーの活動への妨害に対する欲求が消えることはないはずである。

イラクとシリア

サウジアラビア、イラン、トルコとイラクとの緊張の高まりは、対シリア関係においては一貫性の欠如となって表れている。バッシャール・アサドの政権に対する反対運動が始まった二〇一一年四月までは、マーリキーをはじめとするイラク政府当局者にとって、シリアは反乱勢力の資金源でありバアス党幹部の隠れ場所であった。これにはもっともな理由がある。初期のころに反乱勢力を支援していたと思われる二人のバアス党幹部、ムハンマド・ユーニスとイッザト・イブラーヒーム・ドーリー（後者は元革命指導評議会副議長）はダマスカスに住んでいる。[29] 外国出身の自爆テロリストは内戦を引き起こした中心的要因ともいえるが、〇七年にはその七五から八〇％がシリアを経由してイラクに入国していたという。[30]

しかしシリア国内の反体制運動が勢いづき、アサド政権の存続を脅かすまでになると、イラクの立場は変わった。第一の要因はイランである。アサド政権への支援をイラン政府からしきりに促されたため、イラクはアサド政権に石油を輸出し、シリアに向かうイラン貨物機の領空通過を許可し、アサド政権側に自国の金融機関の使用を認めている。アメリカが外交ルートを通じて圧力をかけているにもかかわらず、この政策を改めていない[31]。

しかしシリアに対するイラクの支援をイランの圧力だけで説明するのは単純にすぎる。かりにシリアの政権が崩壊するようなことになれば、イラクの国内情勢がさらに不安定になることは間違いない。イラクの反乱勢力が反アサド政権側に立ち闘争を活発化させているという有力な情報もある。反乱勢力が勝てば、シリアを拠点にイラクに攻撃を加え、現政権の打倒を狙うだろう。それにアサドが失脚すれば、過激なスンナ派ムスリムが政権を握る可能性が高い。シリアがマーリキーにとって、バアス党員よりも手強い反対勢力の供給源となる恐れがある。さらには、アラブのなかの一同盟国であったシリアを失った場合、イランはイラクに対してさらなる要求を突きつけるものと思われる。マーリキーが築き上げてきた自律的な外交の維持が危ぶまれる。イラクは「国益を踏まえ、独立の立場を築こうとしているのであり……物事は白黒に分けられるものではない」。イラク政府が直面している危険と葛藤を考えれば控えめな表現であるといわざるをえないが、ホシャール・ズィーバーリー外相によるこの言葉はかなり考え抜かれた外交表現に思える[32]。

小括

サッダーム・フセインは大統領就任の一九七九年以来、外交における自律性を高めてきたが、イラクの体制転換において目指されていたことのひとつはこれを減じることだった。八〇年の軍事侵攻以来八年にわたりイランと干戈を交え、九〇年にクウェートを侵略し、一三年ものあいだ前例のないほど過酷な国際制裁を堪えることができたのも、イラクが自律性を維持していたためである。アメリカの行動は失敗というより、むしろ初期の目標をはるかに超えたところに行き着いてしまったのだといえる。戦争がもたらした国家の崩壊と内戦。それによってイラクは非常に脆弱となり、隣国の陰謀に巻き込まれる危険性が高まった。イラクの強引な外交、あるいは軍事的積極性が中東の不安定要因になるという事態が近い将来に訪れることはない。

しかしイラクの外交に独断専行の面が認められなくなったとしても、アメリカの同盟国として信頼できる存在になるかといえば、それは違う。マーリキー政権は外部からの（とくにイランからの）影響に対し脆弱になっているが、その一方でアメリカとの関係では政治的独立性を高めてきた。国内の政治運営および外交に対するアメリカの要求を拒絶できるだけの自律性を蓄積している。二〇一一年末の米軍撤退以外に、第一期オバマ政権が外交の分野で成果をあげていないことが、その証明である。イラクの体制を転換させたアメリカ政府としてはマーリキーの成功と民主主義の定着を信じるしかなく、その欲求はイラク国民以上に強かった。すでにアメリカは、中東における米国の権益を守るようイラク政府に強要できる立場にはない。

とはいえイラクの国境が今後もイランやトルコ、シリアなどの外国の浸透を受ける可能性は高い。イラク政府がとくに防止措置をとらないため、軍事組織は隠密に、あるいは公然と入国することができる。支配エリートたちはいまだ分裂と対立を続けており、支援を他国に求め、見返りに忠誠を誓っている。中東地域では、イラン対トルコ、サウジアラビア、カタールという冷戦が起こりつつあり、各国は代理戦争を戦う勢力や同盟相手を探している。イラクが紛争の主要な舞台になる危険性は低くない。

結　論

戦後のイラクは波乱の連続だった。米軍主導の侵攻をもたらした野心と楽観、またイラク変革のための計画は、いずれも政治的動機による暴力の波に押し流された。はじめは外国軍の侵攻に対する反乱が地方で散発的に発生していたが、ほどなくそれは持続的な反体制暴動に発展し、南部および中部全体へと広がっていった。初の民主的選挙が行われた二〇〇五年には内戦状態に陥り、戦闘は宗派主義的な観点から正当化されるにいたった。大きな変化が訪れたのは〇七年、内戦突入から二年を経たころである。二月にアメリカの政策転換をブッシュが発表。「サージ」開始が宣言された。イラク侵攻と、その後についてのアメリカの拙劣な計画が生み出した難局からイラクを脱出させる最後の試みだった。

暴力の現状については資料の間に齟齬があり、データは信頼性に乏しい。国連は二〇一二年を最後に暴力による死者についての情報を公表しておらず、イラク政府がこれまでに発表してきた数字には整合性がなく、政治的意図により歪曲されたこともあった。独立性のあるところとしては非政府組織の「イラク・ボディ・カウント」が唯一の団体であり、ここではメディアの報道を使って、民間人の死者数に関する月ごとのデータを集めている。他の機関のデータからも読み取れることだが、「イラク・ボディ・カウント」の数字からは、〇七年九月を境に民間人の死者数が徐々に減少していることが分かる。しかしこの団体の推計には、〇九年以後、年間四〇〇〇人が死亡したことも示されている。[1]ただし、こうした数字が全土で実際に発生している暴力および殺人の件数に比して小さいことはほぼ間違いなく、その点には留意すべきである。[2]とはいえ、それらは殺人による月間死亡者数の平均値が〇九年以後、毎年増えていることも示している。〇九年の月間死亡者数の平均は三三七人だったが一〇年には三四二人となり、一二年一月から九月までの月間死亡者数の平均は三八五人にはねあがっている。ジョエル・ウィングが利用可能なデータをすべて検討し、一二年四月に導き出した結果によると、〇七年のサージを境に暴力の件数が減ったのに対し、個々の事件における死者の数は増えている。[3]つまり、武力組織の大半を米軍とイラク政府が社会から追放したのは確かだが、残った者が人を殺す能力を伸ばしているということである。

そこで、二〇一一年の米軍撤退後イラクがどこに向かおうとしているのかを問い、はじめに掲げた三つの疑問に再び戻りたい。イラクは内戦再燃の危険にあるのか。政治的多元主義の軌道上にあり、将来の安定と民主主義に希望をもつことができるのか。そして、新生イラクは隣国にとって脅威となるのだろうか。

暴力の要因と内戦再燃の脅威

二〇〇七年における対暴動ドクトリンの実施とイラク政府のとった政策によって、反体制暴動と内戦をもたらした三要因は消え去ったのか。三つの主要な不安定要素のすべてについて対策がすでにとられているのであれば、治安に関しては確信を強めることができるかもしれない。

第1章で筆頭にあげたのは社会文化的要因であり、具体的には暴力の行使が広く一般から認められている状況と宗派主義の拡大を指す。長期にわたり紛争を経験した社会では、殺人を禁じる社会的基準の低下が共通して認められる。戦争や内戦という事態に直面したときに、殺人を禁じる慣習が衰退するからである。イラクの場合は、イラン・イラク戦争、湾岸戦争、経済制裁による社会経済的損失などを経験し、一九八〇年以来三〇年ものあいだ紛争の禍中にあった。それだけでなく、内戦中に大量殺戮が横行したことで、南部および中部イラクにおいては暴力の行使がありふれたものとなってしまった。この問題に対する取り組みはいまだなされていない。国家の承認を受けた暴力と戦争、そして国家崩壊。長きにわたりこうした要素に悩まされてきたイラク社会が、回復までに何年もの年月を必要とすることは言をまたない。

宗派主義的な言辞への依存については、対策がとられるどころかむしろ深く根を下ろしてしまった。第5章でも紙幅を費やして述べたように、ヌーリー・マーリキー首相は少なくとも二〇一〇年以後、シーア派有権者の支持を集め政権を維持する戦略の一環として「バアス党の脅威」を一度ならず利用している。バアス党が三五年に及ぶ暴政と腐敗により広い範囲に汚点を残したことは否定しようもない事実である。しかし〇三年に政府から追放され、治安機関による弾圧も受けている旧バアス党員が、今もイラクを危険にさらすほどの大きな存在だとはとても思えない。マーリキーは「バアス党主義者の隠された陰謀」という幻想を喚起することによって、婉曲的に宗派主義的なメッセージを発信している。バアス党の名のもとでなされた蛮行や党の犯した罪を拡大し、スンナ派ムスリム全体の責任にすることを狙っているのである。それによって過去の問題だけでなく現在のイラクが抱える病理や悪弊に対する責任をも、スンナ派に負わせようとしている。首相自らがこうした言辞をいまだに弄しているという状況では、宗派主義の問題も手つかずといわざるをえない。内戦がコミュナリズム的な言葉によって正当化されたことを考えるなら、イラクが近い将来そうしたレトリックを超克できる望みは断たれているといっていいだろう。

第二の、だが最も重要な要因は、国家が非常に脆弱だということだった。そのため内戦の各勢力が暗躍し、政治的動機による暴力を拡大させた。そして自分たちの宗派に属する民兵だけが紛争の高まりから身を守るための唯一の手段なのだと人々に信じ込ませようとした。二〇〇七年以後、国家の再建が飛躍的な進展を遂げていることは確かだが、治安機関にかなりの比重が置かれており、均衡がとれていない。第4章では、米軍のプレゼンスに対する抵抗に直面したアメリカが〇四年にイラクの治安機関の復活と拡大に着手したことをみてきた。軍の再建には一一年までに二四〇億ドル以上がつぎ込まれ、国防省および内務省内に一〇〇万人近くの人員を抱えるにいたった。これとは対照的に、行政機関の再建ははかばかしい進展をみせていない。およそ二〇〇〇億ドルが投じられたが、〇五年から〇七年にかけて暴力が増大したこと、また統制の欠如や汚職の蔓延が厚い壁となっている。

現在も行政機関は脆弱なままである。復活からいくばくもなく、国民の怒りと嫌悪の的と化した。アメリカもイラク政府も電力生産の拡大を二〇〇三年以降の復興の最優先課題としており、実際に生産量は増えている。しかし高まる需要に応えることができておらず、政府の設定した目標もかなり野心的だったため達成できていない。独立機関の推計によると、一世帯に対する電力供給は一日あたり平均七時間でしかない。電力供給は改善どころかむしろ悪化したと人々が考えているということが、このところの世論調査の結果から読み取れる。電気以外のサービス、上水道の改善や下水道の整備にいたっては重点課題とされたこともなく、目立った進展はみられない。

不安定をもたらした三つ目の要因が、戦後にとられた政治的措置である。二〇〇三年にエリート層が排他的（独占的）な取り決めを結び、これによって政治に枠をはめた。エリートたちは宗派の境線に沿って人を動員し、政府におけるスンナ派や世俗主義者の役割を最小限にとどめようとした。こうして排除のポリティクスが推し進められた結果、疎外され反体制暴動に加わる人が増えていった。その排他的取り決めに異議を申し立てる側と擁護する側が戦ったのが一〇年の国民議会選挙である。ナショナリズムと世俗主義を打ち出して選挙戦を展開したイラク国民運動（イラーキーヤ）が成功を収めたが、障害に直面している。政府内で実質的に力を発揮できないようにし、分裂させて議会における存在感を薄め、既存の宗派主義的な方針を無理強いして内閣に取り込もうという陰謀に遭った。イラーキーヤに投票した二八五万の有権者は、自分たちの代表が役割を削がれていく様子をみせつけられた。このようなことが行われている状況で、国家から疎外される人の数が増えないはずがない。政府に腐敗がはびこり、そのためにニーズが満たされないのだと感じる人は多く、国民感情の悪化に拍車がかかっている。

結局、三つの要因のうち何らかの対応がなされているのはわずかひとつにとどまり、それですら部分的でしかない。前述のように、殺人による月間死亡者数の平均値は〇九年以後年々増えているが、イラクが激しい内戦に再び陥る危険はあるのだろうか。あるとしたら、具体的にどのような危険要素が存在するのか。

現時点では、政治的動機による暴力はバグダード、サラーフッディーン、ディヤーラー、アンバール、ニーナワーの各県に集中しており、地域的な偏りがみられる。最も暴力が少なく、平和が保たれているのはクルディスターン地域政府の管轄領域で、イラク南部もどちらかといえば、治安に関わる事件は少ない。右の五県については、都市部で事件が多発する傾向が認められる。具体的にはニーナワー県のモスル、バグダード市、ディヤーラー県のバアクーバ、アンバール県のファッルージャおよびラマーディーである(4)。

イラク中部および北部に暴力が集中している事実から、メソポタミアのアルカーイダが活動を続行していることがうかがえる。イラクを内戦に陥れた主要な非国家行為主体としてはふたつをあげることができ、メソポタミアのアルカーイダはそのひとつだ。傘下のイラク・イスラーム首長国とともに、暴力活動を続けている。多数の犠牲者を出した武力攻撃事件のほとんどがアルカーイダによるもので、より小規模な自動車爆弾テロや治安機関への攻撃もこの勢力の犯行である(5)。活動が最も活発化した二〇〇六年時点から、その目指すところは変わっていない。シーア派を標的にした大規模な爆破攻撃によって民兵の報復を引き出し、治安部隊による過剰反応を呼び起こして、再び内戦に火をつけようとしている。二〇一〇年の選挙後に政治が膠着したことがアルカーイダに有利に働いたのは間違いない。

選挙におけるイラーキーヤの躍進は政府の代表性と応答性の向上につながらなかった。その結果、中部と北部の人々の疎外が拡大し、武装勢力を勢いづかせた。イラク・アメリカ両政府の治安専門家は、この政治的状況がアルカーイダのメンバー拡大を許したとみている。専門家らの推計によれば、二〇一一年に一〇〇〇人だった人員は翌年一〇月には二五〇〇から三〇〇〇人に増えた。[6]

これに対し、内戦期にシーア派の代表を自任していた民兵組織はほとんど再編が進んでおらず、守勢に立たされている。例えばムクタダー・サドルのマフディー軍は二〇〇七年八月に休戦を発表、翌年には休戦継続を宣言した。ただし〇四年には、サドルの腹心だったカイス・ハズアリーがさらに戦闘的な組織「真理の民の連盟」を結成している。この組織はイランから資金を受けており、内戦期には米軍に対する攻撃や外国人労働者の誘拐、バグダードおよびその周辺でのスンナ派住民に対するテロといった犯行を重ねた。マーリキー首相はラディカルなナショナリストという自ら打ち出したイメージに磨きをかけ、同時にサドルの支持基盤を分断することを狙ってハズアリーとの間に密接な関係を築いた。その結果「真理の民の連盟」は一二年に休戦を宣言、政治プロセスに参加するにいたった。これはイラクの民兵組織のなかでもとくに暴力的で攻撃性の高い組織が機能を停止したことを意味する。[7]

政界では今も宗派主義的な言葉が響きわたり、政府の機能と閣僚人事の決定権は排他的なエリート集団に掌握されている。とはいえ将来イラクが内戦に引き戻されることはないだろう。治安機関は二〇〇四年にその再建が着手され、イラク社会で比類ない軍事力を維持している。確かに、一〇年の選挙の結果アルカーイダの規模は拡大し政治的動機による殺人の犠牲者も増えた。しかし武力攻撃の発生した場所に注意すると、イラク政府にはアルカーイダの活動を完全に封鎖する能力はないにせよ、その範囲と破壊性は制限できる、ということが分かる。民間人を狙った大規模攻撃や治安機関に対する軍事作戦が繰り返されるのは、前述のようにモスルやバグダード、バアクーバ、ファッルージャ、ラマーディーといった北部および中部の五都市である。バグダードとモスルはイラクで最大級の都市で、これは政治的動機による暴力が多くのイラク国民の生活を左右していることを意味する。だが、現在の体制あるいはマーリキーの支配体制にとって、そうした暴力は大きな問題とはならない。政権を脅かすまでに暴力が深刻になるのを許すほど、治安機関は弱体でも混乱してもいないからである。

民主主義の挫折と権威主義への移行

治安がこれ以上悪化する恐れはないとはいえ、イラクの政治は二〇〇八年以降、別の種類の変化を遂げた。首相と首相府に権力が集中してゆき権威主義的な傾向が強まったのである。政治的動機に基づく暴力が減少し内戦の危険が遠ざかると、マーリキーは米軍の置き土産、すなわち強大な軍事組織を統制する方途を模索した。そして軍と情報機関の掌握に成功し、政敵を脅し自身の政権に異を唱える者に圧力を加えるためにこれを利用した。首相の属するダアワ党の外部には、イラクを権威主義的な一党体制に戻すのがマーリキーの狙いなのだということを疑う者はもはやいない。

第5章でも詳しく述べたが、マーリキーは内閣と議会においてイラーキーヤのもつ力を削ぎ、部分的に取り込んだ。今も柔軟な司法を使って、自分の権力に対する障害を和らげ、異議を申し立てる者を攻撃している。反対の立場を維持できるだけの力と自律性をもつ勢力は、クルディスターン地域政府のクルディスターン民主党とマスウード・バールザーニーだけである。

　中央政府とクルディスターン地域政府との間に漂う緊張は、二〇〇八年以降、徐々に高まっていった。国家の軍事力が勢力をつけマーリキーが政府内での支配を固めると、彼はクルディスターン地域政府に対決姿勢をみせるようになり、政権内で権力を掌握する過程で使ったのとほぼ同じ手段に訴えた。二〇一二年一一月にキルクークとディヤーラー、サラーフッディーンの治安機関を統轄する司令部を設置、自分の意に叶う軍人に指揮を任せた。その人物（アブドゥルアミール・ザイディー将軍）の指名に関しては、議会に承認を求めていない。憲法をないがしろにする行為である。キルクークは中央政府でなくクルディスターン地域政府が管轄すべきだと同地域政府が長年主張してきたことを考えるならば、このチグリス作戦司令部という機関の設置は、クルディスターンにとって脅威以外の何物でもない。キルクークにおける中央政府の軍事プレゼンスを高め、しかもその武力組織を自身の直接指揮下に置くことによって、マーリキーはクルディスターン地域政府と対決したのである。(8)もはやクルディスターンには、経済的自立を可能な限り速やかに達成する道しか残されていないようだ。それには中央政府よりも良い条件を国際石油資本に提示する必要があり、またクルディスターンの原油輸出量を伸ばすためにトルコ政府と良好な関係を結ばなくてはなるまい。

「イラクの春」の際にあがった抗議の声は都市住民の苦境を映し出している。とくに若年層は、新しい支配層によって疎外されつづけてきた。(9)中央政府は失業者数の削減に成果をあげておらず、充分な電力も供給できていない。クルディスターン地域政府もまた腐敗の蔓延を指摘されており、クルディスターン民主党の支配を維持するため非民主的な手段を使っているとの批判も受けた。政府が腐敗にまみれている現状で、雇用や電力供給の問題が改善するとは考えにくく、こうした不満の声が消え去ることはないだろう。だが国民の怒りは政治制度全体にとって、そしてマーリキーの支配体制にとってどれだけの重要性があるのか。今後も政権を悩ませることになるのだろうか。

軍部がある程度強大なため、政治的動機に基づく暴力を封じ込め、議会内の反対派の足並みを乱し、クルディスターン地域政府を守勢に立たせ経済的に締めつけることも可能である。マーリキーの首相の座は安泰どころか、むしろ今後数年で権力がさらに強大化しそうな勢いをみせている。二〇一二年一一月、イラクの一日あたり石油産出量は三〇年ぶりに三〇〇万バレルに達した。国際エネルギー機関（IEA）は同国の石油生産がこの時点で持続的成長の段階に入ったとみており、二〇年に六〇〇万バレル/日、三五年には八〇〇万バレル/日に達すると予測している。増産の原動力となるのがバスラをはじめとする南部の広大な油田地帯であるが、この地域はマーリキーの治安機関による徹底的な管理のもとにある。IEAの予想どおりに生産量が増えれば、政府の歳入は年平均二〇〇〇億ドルになるものと推定される。[10] それが一部でも実現するなら、充分すぎるほどの金が流れ込むこととなり、イラクは他の湾岸諸国に匹敵するレンティア国家（レント依存国家）となる。そしてマーリキーの政権基盤はさらに強化されよう。

地域大国の勢力を抑えるもの

イラクの体制転換における目標のひとつは、この国が中東の不安定要因になる危険を最小に抑えることだったが、事態はイラク自体を不安定化させかねないところまで進んでしまった。戦争は国家の崩壊と内戦をもたらし、予期せぬ結果を招来した。イラクが国境管理の能力を失い、隣国が隠密に、あるいは公然とイラクの内政に干渉できるようになった。

マーリキーが支配権を固め、アメリカ政府の予想を上回る速度で米軍撤退を実現できるだけの力を得たことは確かである。イランとの関係でも、ある程度の自律性を獲得できた。しかしイランからの直接の圧力には抗しきれず、外交に関するマーリキーの政策決定はこれに規定されつづけている。加えてトルコとの関係が悪化の一途をたどり、それがトルコとクルディスターン地域政府との経済的・戦略的関係強化の推進要因となった。さらに、トルコだけでなくサウジアラビアもマーリキーの追い落としを狙っており、二〇一〇年の選挙では政敵のイヤード・アッラーウィーを資金面で支援している。

マーリキーは国内では権力基盤を固めたが、中東と国際社会には不確定の部分が依然少なくない。このため、国内環境をマーリキーの有利になるよう整えることが外交においては大きな柱となる。現在のところアメリカとイランはマーリキーの政権を支援しているが、それもいつかは終わるということはマーリキー自身もよく分かっている。とくにイランが主要な同盟相手シリアのアサド政権を失うようなことがあれば、埋め合わせのために自国の軌道にイラクを呼び込もうと干渉を強めるだろう。他方、サウジアラビアとトルコはマーリキー政権を倒すために過剰な活動を続けている。政敵に対する外国からの支援が拡大し、政策の決定や実施に重大な障害となる事態を、マーリキーは恐れているに違いない。

戦後の人道的介入

二〇〇二年九月にアメリカ政府が発表した国家安全保障戦略ではイラク侵攻が正当化され、イラク政府が過去に大量破壊兵器を使用しただけでなく、再び使う恐れがあるとの指摘がなされた。その一方で、ここには戦争後に実施される復興計画の原点も示されている。冒頭のページには、「あまねく世界に民主主義と発展、自由市場、自由貿易の希望をもたらすためわが国は積極的に活動する」という大胆な言葉が躍る。(11) 別のところでは「9・11」後のアメリカの主要な敵はテロリストや大量破壊兵器だけでなく、「力を信奉し人間の尊厳をないがしろにする全体主義者」や「圧制者」もまた米国の敵なのだと述べている。(12) さらにイラク侵攻の前月すなわち〇三年二月には、ジョージ・W・ブッシュ大統領がこう語った。「イラクが解放されれば何百万もの人のもとに希望と進歩が訪れ、自由というものにこの重要な〔中東〕地域を変える力があることを証明できる」。(13) ブッシュ大統領の考えでは、イラク国民の生活を変革するという大義名分のためならこの国の主権などは停止されてしかるべきであり、領土は侵犯されるべきものなのだった。サッダーム・フセインを追放した後は社会と経済における国家の役割を変え、徹底的な改革を断行することで解放の成果を根づかせる。中東の中心部に位置するイラクはリベラルな資本主義と民主主義の案内役を担い、この国の事例は武力による体制転換と経済変革のもつ利点を示すケーススタディになるはずだった。(14)

しかしブッシュ政権が採用した復興の手法は、無から考え出されたのではない。冷戦の終焉によって国際介入主義に新しい基準が生じる余地ができたのだとすると、その誕生を告げたのは湾岸戦争（一九九〇～九一年）の後の時期である。アメリカが戦場でイラクに対する驚異的な優位をみせつけたことで、プロバイド・コンフォート作戦が実現した。国連安全保障理事会はイラク北部のクルド人を保護する活動と人道救援活動のためにイラクの主権を停止することを支持。それ以来、国連の承認を受けて数々の人道的介入が行われるようになった。対象となったのはソマリア（一九九二～九三）、ハイチ（一九九四）、ボスニア（一九九三～九五）、東ティモール（一九九九）、シエラレオネ（二〇〇〇～〇一）といった地域である。[15]

一九九〇年代を通じて、国連安保理の西側諸国は主権国家に対する介入の閾値を下げてきた。その根拠としたのは国連憲章第七章であり、紛争の禍中にある国家や、他国の安全保障上の脅威になると考えられる国家が対象となった。コフィ・アナン国連事務総長による一連の講演と「介入と国家主権に関する国際委員会」の報告書のなかでも、体制転換のために武力に頼る人道主義が唱えられている。そのころがこうした人道主義のいわば最盛期であった。[16] 国際的介入の第一世代が紛争当事者の仲介に力点を置いたもので、第二世代が紛争解決に焦点を絞ったものであったとするなら、冷戦後の一時期に安保理の間で形成されたコンセンサスから生まれた第三世代の介入は、世界の発展途上にある国々で国家を再建し、その国家と社会との関係を変革することに基礎を据えたものである。[17] この新しい平和構築ドクトリンが観念と法文書の両方においてまとまった形に整えられたのは、人道上の問題が増大した直接的原因が明確に指摘されるようになったからである。そのような問題に苦しむ人が増えたのは、当該国家があまたの罪を重ねたためだと考えられるようになった。脆弱国家だとか破綻国家、あるいは独裁国家といったレッテルを貼られる国が、冷戦後に増加している[18]。人道主義を名分になされる介入は、それまで行われてきた介入に比べてはるかに大規模である。紛争を仲介によって解決に導くのではなく、根本的原因を突き止めて取り除かねばならない[19]。そしてその原因は機能不全国家や脆弱国家、有害国家にあるのだとされる。

実に高くつく考えだが、この介入と国家再建のドクトリンによって、イラクではいったい何を達成できたのだろう。米軍側の死者は、イラク撤退の時点で四四八七人に達している[20]。戦争とその後の暴力によって死亡した民間人は、イラク・ボディ・カウントの控えめな推計値によれば、二〇一二年一一月現在で一一万一一〇人から一二万二九三人の間である[21]。戦後の復興のためにアメリカとイラクの国庫から投じられた資金は、一二年九月までの時点で二一二〇億ドルにのぼる[22]。

アメリカは自国の犠牲者を減らし、占領の政治的代償を縮小するためにイラク軍を短期間で再建した。しかしこれがあまりに短期間のうちになされ、また膨大な金《かね》が治安機関に流れ込んだため、この国はまたもや巨大な軍事機構に依存する状態に陥っている。首相と軍部の関係は、「春」到来以前のアラブ諸国の抑圧的政権を思わせるだけでなく、一九三二年の独立から二〇〇三年の体制転換にいたるイラクの歴代政権が軍隊を利用した手法をも彷彿とさせる。

経済は軍事分野を上回る惨状を呈しており、ほとんど進展をみせていない。国庫歳入の多くを石油輸出による収入が占めており、国民から徴税する必要がない。そのため政府は国民から距離を置き自律性を保つことができる。二〇〇三年後に復活したのはレンティア国家にほかならず、経済活動の大半を国家が管理している。第4章でも述べたように、〇五年に一二〇万人だった公務員の数は〔〇八年の新聞報道によると」二三〇万人に膨れ上がったという。計画省傘下の統計庁が行った〇六年の試算では、労働人口の三一％が政府で公務に従事し、〇八年には三五％に達する見通しとされていた。なお、CIAがイラク侵攻前の〇三年に導き出した推計値はこの数字を五ポイント上回るにすぎない。(23)

国家は再建の途上にあり、いびつに歪んでいる。将来における民主主義の定着に必要な基盤がつくられていない。国民は行政機関からしかるべきサービスを受けることができず、政治家の腐敗を非難している。それは国民として当然の行いであるにもかかわらず、政府による疎外は深まり、批判の声は高まりこそすれ収まる気配はない。しかし政府は国内最強の治安機関を掌握している。公然とあるいは隠密裏に強制力に訴えることができ、自分たちの無能力に向けられた大衆の抗議の声を抑え込もうと、幾度も実力を行使している。これだけでも問題であるのは明白だが、同時にマーリキーが宗派主義的レトリックを使っているため事態はさらに複雑になった。政府には基本的なサービスを国民に提供する物理的能力がなく、自らの存続のために治安機関への依存を過度に強めている。マーリキーは統一的・ナショナリズム的なイデオロギーによって国民を団結させるのではなく、むしろ分裂を誘発するような言葉を使うことを選択した。自身の支配を維持するために国民の一部にすぎないシーア派をつなぎとめようとしたのだが、基本的サービスが提供できていない現状や腐敗の蔓延を考えると、マーリキーはシーア派による積極的な支持はおろか、黙諾すらあてにできないのではないか。支配エリートはますます権威主義的となって暴力への依存を深め、社会は疎外され、分裂したまま放置される。

つまり、何万もの民間人が命を落とし何十億ドルもの金が費やされたにもかかわらず、市井の人々の生活は、国家との関係および経済という点についていえば、体制転換以前の状況と何ら変わらないのである。もちろん現時点における支配層の構成や、民主的な選挙が全国で行われたことは前進として捉えるべきだが、こうした旧体制との違いですらも絶えず危殆に瀕しており、もとを正せばそれ自体が途方もない犠牲を払うことによって達成できたものにすぎない。イラクに介入した外部主体は成果らしい成果をほとんど残すことができず、アフガニスタンでも同様に成功を勝ち得ることができなかった。介入によって国家の政治制度を変革しようという意欲が鈍ったことは明らかである。しかし外部国家が他国に介入し、経済と政治に持続可能な変化をもたらすなどということが、そもそも可能なのだろうか。イラクでの経験は根本的な問いを投げかけている。

謝　辞

筆者が本書の主題を追い、議論を進め、結論にたどり着くことができたのは、ひとえにイラクの方々に助けていただいたおかげである。どれだけ感謝しても感謝し足りない。ここにお一人おひとりのお名前をあげることはできないが、じつに多くの方からご教示をいただいた。皆さんが辛抱強くつきあってくださったからこそ、この国の政治をよりよく理解できた。深くお礼申し上げる。

本研究に着手したきっかけは、国際戦略研究所（IISS）でジョン・チップマン、アレックス・ニコル両氏と議論を交わしたときにさかのぼる。執筆を勧めてくださったお二人に心から感謝したい。アダム・ウォードとニック・レッドマンは研究段階から原稿の構成、刊行の段階にいたるまで、鋭い洞察力と調整の手腕を振るい、筆者を導いてくださった。IISSではまた、デイナ・アリンやベン・バリー、マムーン・ファンディ、ジェームズ・ハケット、エミール・ホーケイアム、アンドルー・パラシリッティ、故ヒラリー・シノットの各氏とイラクの政治について刺激に満ちた有益な討論を重ねることができた。貴重な時間を割いてくださったことに感謝申し上げる。IISSロンドン本部のジョン・バックとアレクサ・ヴァン・シックルには、本書のデザインと校正でお世話になった。

マーク・オールウォージーのサポートにも感謝の意を表したい。アメリカ事務所ではインターンのナサニエル・マーコウィッツに翻訳を手伝っていただき、ベッカ・ウォッサーからもご協力を賜った。

執筆にとりかかったのはロンドン大学クィーン・メアリー校で教鞭をとっていたときで、脱稿はロンドン・スクール・オブ・エコノミクスの国際関係学部に移った後のことだが、両校のジェレミー・ジェニングズ、リー・ジョーンズ、レイ・キーリー、ジョージ・ローソン、ブライアン・マビー、ブレンダン・オダフィ、デーヴィッド・ウィリアムズの諸氏からはじつに多くの示唆をいただいた。また幸いにしてロンドン・スクール・オブ・エコノミクスのLSE-IDEASという恵まれた知的環境にわが身を置くことができたのは、ミック・コックスとアルネ・ウェスタッドのおかげである。

各界のイラク専門家の方々も、時間を割いてその啓発的な見解を語ってくださった。以下お名前をあげ、謝意を表明したい。ジョージ・アデア、ラアド・カーディリー、ジェイン・アラーフ、スチュアート・ボーウェン、ジェーソン・バーク、パトリック・コバーン、ホアン・コール、ラリー・ダイアモンド、アリス・フォーダム、マイケル・フラー、マイケル・ゴードン、ファナール・ハッダード、ピーター・ハーリング、デレク・ハーヴィー、ハイルッディーン・ハシーブ、ヨースト・ヒルターマン、ファーレフ・ジャッバール、イサーム・ハッファージー、レイラー・ハリーリー、ルビーナ・カーン、アリー・フダイリー、ユースフ・フーイー、デーヴィッド・キルカレン、マイケル・ナイツ、デーヴィッド・マローン、ラムズィ・マーディーニ、フィービー・マー、リージス・マトラック、H・R・マクマスター、ルール・メイヤー、ジョン・ムーア、デニス・ナタリ、ネッド・パーカー、サム・パーカー、ニック・ペルハム、デーヴィッド・ペトレイアス、モリー・フィー、アンドルー・ラスメル、ジョエル・レイバーン、トム・リックス、ニール・ローゼン、ヤヒアー・サイード、ジョゼフ・サスーン、ウバイー・シャーバンダル、ジョナサン・ショー、エマ・スカイ、ジョン・スロボダ、ピーター・スラグレット、チャールズ・トリップ、レイダ・フィセール、サーミー・ズバイダ。

本書の基盤となっているのは、筆者がブラウン大学のワトソン国際関係研究所で行った発表である。招聘してくださったシヴァ・バラギとマイケル・ケネディのお二人にお礼申し上げる。クレアは原稿だけでなく、筆者の書いたものすべてに目を通してくれた。彼女の協力と忍耐に感謝する。

多くの想い出への感謝を込めて、この本をかけがえのない旧友、ズヘイル・カーディリーに捧げたい。バグダードでは筆者のために心を砕き、また、複雑なイラクの政治と歴史について気長に語ってくれた。その卓見が本書にいかなる作用を及ぼしたか、その結果を目にすることなく彼が他界したことは心残りでならない。

イラク戦争後の国家建設をどう捉えるのか

山尾　大

二〇一四年四月三〇日、イラク戦争後三回目にあたる国会選挙が行われた。二〇一一年末の米軍撤退以後初めての国政選挙だ。結果はマーリキー首相率いる「法治国家同盟」が三二八議席中九二議席を獲得して第一党の座に返り咲いた。前回の選挙（二〇一〇年三月の第二回国会選挙）では、僅差で第一党の座を逃したマーリキー首相だったが、今回の選挙で巻き返しをみせたのである。

マーリキー首相が勝利した要因を説明するのは、おそらくそれほど難しくない。というのも、前回の選挙で大連合を結成したスンナ派を中心とする政党連合が分裂し、票が割れたことが相対的な勝利につながったと考えられるからである。確かにマーリキー首相は、土地や住宅などのばら撒き政策を通じてうまく票を集めた。マーリキー首相個人の得票数も約六二万票（二〇一〇年）から七二万票に伸びている。だが、それによって、首相率いる法治国家同盟や他の主たるシーア派政党の得票率が増大したわけではない。それどころか、選挙前には非常に厳しい状況に陥っていた。二〇〇五年一二月の第一回国会選挙以降、二期にわたって政権を担ってきたマーリキー首相は、とりわけ二期目で首相府の権限を強化し、次第に大きな権力を手中に収めるようになった。そのため、二〇一四年の選挙では三期目のマーリキー政権樹立を阻止しようと、法治国家同盟以外のほとんどの勢力が、反マーリキー姿勢を前面に押し出していた。

こうしてマーリキー首相包囲網が形成されたにもかかわらず、それらの勢力は「反マーリキー首相」の一点を除いてなかなか一致団結した行動を取れなかった。様々な利害関係や政策志向において対立を解決できなかったからである。さらにマーリキー政権は、首相包囲網に対抗するように「法治国家同盟の優勢」や「マーリキー首相の三選確実」といった宣伝を繰り返し、ばら撒き政策を中心に全力で選挙キャンペーンに取り組んできた。こうして、今回の選挙（二〇一四年四月）でマーリキー首相が第一党の座を取り戻したのだ。

とはいえ、マーリキー首相率いる法治国家同盟が獲得した議席は、過半数には遠く及ばない。単独では首班指名や組閣を進めることはできない。だから、必然的に連立政権を形成するための交渉が、選挙直後から始まることになる。選挙だけでは決まらない、複雑な政治が展開されてゆく。

イラクでは、議員を輩出するほとんどの主要政党から閣僚を登用する挙国一致内閣が形成されてきたが、連立交渉にはいずれも長期にわたる激しい議論が欠かせなかった。選挙間期も事情は同じである。政策を決定するためには国会で過半数以上の賛成が必要で、そのために各政党が離合集散を繰り返してきた。戦後のイラク政治が複雑にみえるのは、政党間の同盟関係が政治状況や政策イシューごとに極めて短期間で再編されるからである。

連立交渉や政党連合再編のプロセスでは、選挙結果が適切に反映されるとは限らない。だからこそ、その過程で政治対立が物理的な暴力に転嫁されてきた。とりわけ、米軍がイラクから完全に撤退した二〇一一年末以降、徐々に治安の悪化が進み、マーリキー政権に反対するデモが西部のアンバール県を中心に拡大した。反体制派の背中を押したのは、言うまでもなくアラブ諸国に広がった「アラブの春」であった。さらに、混乱したシリアから武装勢力がイラク国内に流入し、爆弾テロを繰り返すようになった。本書にも登場する「イラク・ボディー・カウント」によれば、二〇〇九年には五一五三人であったテロによる民間人死者数は、二〇一〇年には四一一〇人、二〇一一年には四一四九人と減少してきたが、二〇一二年には四五八七人、反体制運動が拡大した二〇一三年には九五七一人と倍増している。

戦後イラクで最も治安が悪かったのは、二〇〇六年と二〇〇七年のことである。再び「イラク・ボディー・カウント」をみてみると、その時期の民間人死者数は、順に二万九三二一人、二万五八一六人となっており、イラクはまさに内戦状態にあった。それはなぜなのか。本書は、二〇〇三年から二〇一一年までのイラク政治について詳細に分析するなかで、この問題に答えている。

具体的には、本書は三つの問い（内戦再発の可能性の有無、多元的で法が支配する国家になるか否か、近隣諸国の脅威となるかどうか）を上げているが、全編を通して具体的に取り組まれている問題は、次の二つであろう。

一つは、二〇〇六年に内戦が勃発し、政治や社会が混乱したのはなぜかという問題である。戦後イラクの占領統治を担った連合国暫定当局（CPA）は、イラク軍や治安機関、そして行政機構を解体した。さらに、脱バアス党政策によって旧バアス党政権の幹部を追放した。これがイラクの国家機構を破壊する結果となった。一旦壊された国家機構の再建は遅々として進まず、脆弱な状態が続いた。と同時に、政治エリート間のバーゲニング（交渉）が行われるようになったが、著者によれば、このバーゲニングは旧バアス党勢力やスンナ派を排除した排他的なものであった。こうした排他的・独占的なエリート交渉こそが、戦後イラク政治の中心的な仕組みになったという。

その結果、政治エリートたちは、その交渉を有利に展開するために自らの民兵組織などの非国家主体を利用し、暴力を促進していった。シーア派イスラーム主義を掲げるイラク・イスラーム最高評議会（ISCI）やサドル派といった勢力が、省庁や治安機関などの国家機構を独占したのはその典型的な例である。著者は、その過程で宗派主義的な言説が動員されたと主張している。こうしたことが可能となった主因は、国家機構が極めて脆弱であった点に求められる。つまり、米軍による軍と行政機構の解体が国家機構の脆弱性をもたらし、それと並行して進んだ政治エリート間の排他的・独占的なバーゲニングが宗派主義を扇動し、その結果政治・社会が混乱して内戦に陥った、という議論である。

もう一つは、戦後イラクで独裁主義的な傾向が強まってきたプロセスを明らかにするという問題である。これに対する説明はより単純である。各勢力が排他的なバーゲニングを進めるなかで、当初はほとんど力を持っていなかったマーリキー首相が、軍や治安機関、司法をはじめとする行政機構を首相直属の管理下に置くことによって権力を集中的に管理し、こうした機構を用いて政敵を排除していったからである。その契機となったのは、同じシーア派の民兵（サドル派のマフディー軍）に対する掃討作戦で国民の大きな人気を勝ち取り、引き続いて第二回地方選挙（二〇〇九年一月）で大きな勝利を獲得したことであった。

マーリキー首相は、国民からの支持と選挙での勝利を背景に、段階的に権力を拡大していった。その結果、米国でさえマーリキー首相をコントロールすることはできなくなっていったのである。さらに、マーリキー首相は、従来影響力が強いと言われてきたイランからの圧力もうまく回避するようになったという。その結果、自信を強めたマーリキー首相は、安定的で強固な基盤を確立し、独裁的な政治体制を作り上げていった、というわけである。

イラク戦争から九年間の国内政治について手際よくまとめた本書は、これまで専門家以外は理解しづらかったイラク政治の見取り図を提供している。欧米では特にこの点が高い評価を受けた（たとえば英国『エコノミスト』誌の書評 http://www.economist.com/news/books-and-arts/21573530-scholarly-analysis-effect-war-iraq-and-its-neighbours-decade-regret を参照）。純然たる学術書でありながら、平易な文章で書かれていることも、本書の読者層を広げることになるだろう。

つまるところ、本書は主としてイラクの国内政治に光をあてたものなのであるが、議論のバックボーンにある問題意識は、国家形成を国際政治のなかで考えるという点にある。筆者のトビー・ドッジはもともと、近代国家イラクが第一次世界大戦当時の国際関係のなかでどのように形成されていったのかという問題に関心を持っていた。ロンドン大学東洋アフリカ研究学院（ＳＯＡＳ）に提出した博士論文は、*Inventing Iraq: The Failure of Nation Building and A History Denied*（Columbia University Press, 2005）として刊行されている。当時の国際政治システムのなかで、英国がいかにして近代国家イラクを作り上げようとしたのか、そしてポスト・コロニアルな状況下で英国とイラク人エリートによる国家形成はどのような禍根を残したのか、といった点を明らかにした良書である。

その後、ドッジはＳＯＡＳで四年間教鞭をとり、ウォーリック大学グローバリゼーションと地域化研究センターのシニア・リサーチ・フェローを経てロンドン大学クィーン・メアリー校で国際関係論を教え始めた。二〇一一年からは、ロンドン・スクール・オブ・エコノミクス（ＬＳＥ）の国際関係学部で教鞭をとる傍ら、英国のシンクタンクである国際戦略研究所（ＩＩＳＳ）のシニア・フェローを務めるようになった。

近年では、アカデミックな活動に加え、米軍のペトレイアス将軍や英国政府のアドバイザーの仕事もこなしており、イラクの専門家としてＩＩＳＳのワーキングペーパーもいくつか上梓している（単著として *Iraq's Future: The Aftermath of Regime Change*, Adelphi, Routledge, 2005 編著として *Iraq at the Crossroad: State and Society in the Shadow of Regime Change*, Adelphi, Routledge, 2003）。このように、国際関係のなかで国家形成を考えるという元来の問題関心に加え、近年はシンクタンクの研究員として、政治情勢をフォローするという仕事にウエイトが置かれるようになっている。

著者のこのようなキャリアを鑑みると、本書の議論の背景にある問題関心がより明瞭になる。すなわち、国際社会が外部から国を作ることの限界に対する認識が、ドッジの議論の通奏低音となっているのだ。言うまでもなく、彼が博士論文で取り上げた時代の英国やイラクと、二〇〇三年以降の状況は、まったく異なる。けれども、外部のアクターが主導して国作りを進めるという現象は同じであり、そこから生まれてくる問題も似たり寄ったりである。

ただ、本書の議論が、国家建設（支援）論と呼ばれる一連の研究動向を意識して組み立てられたものである点は重要である。国家建設論は、紛争が多発したポスト冷戦期の国際情勢を受けて、二〇〇〇年代半ばにかけて欧米で流行した議論である。紛争や内戦が多発すると、近代国家の本来果たすべき機能が崩壊してしまう事例がしばしばみられるようになった。具体的には、主権の行使や治安維持といった基本的な国家機能が不全を起こし、行政サービスが提供できなくなる。その結果、国家は正統性を喪失する。こうした国家は、崩壊国家や脆弱国家、破綻国家などと呼ばれるようになった。問題は国際社会がこのような破綻国家をどう扱うかである。様々な議論がなされたが、失われた国家の機能を回復するために国際社会が介入するべきだとの主張が次第に優勢になっていった。国家建設論が従来の平和構築論と異なるのは、紛争を停止させて和平を維持するだけにとどまらず、もう一歩踏み込んで国家の機能を再建したり、民主化を定着させたりするべきだと主張する点である。というわけで、国際社会が具体的にどのように介入し、いかにして国家機能を回復するのか、これを論じるのが国家建設（支援）論なのである。

国家建設論のなかでは、紛争や独裁体制下で蹂躙された人権を回復するために国際社会が介入することが、「人道的介入」や「保護する責任」といった言葉で正当化されてきた。こうした大義名分は、国際政治において不可侵とされてきた国家主権よりも、人権を優位に位置づけるという点を明言した画期的なものであった。人権保護という基本的な役割を果たせない国家には積極的に介入するべきだというわけである。

とはいえ、国家建設支援のコストをわざわざ払って介入するインセンティブがしばしば別のところにあることは、言うまでもない。破綻国家を放置すると、テロリストに国家の管理が及ばない自由な土地（しばしば訓練地となる）を提供することになり、国際的な脅威となるためである。さらに、紛争に介入するか否かが大国の都合で決定されることは、アフガニスタンやイラクをシリアの事例と比較してみれば一目瞭然である。結局のところ、国家建設支援においても大国の利害が優先される。

ドッジがこのような国家建設論に懐疑的であることは、「外部国家が他国に介入し、経済と政治に持続可能な変化をもたらすなどということが、そもそも可能なのだろうか」（一八四頁）と疑問符をつけていることからもみて取れる。とくに、米国の戦後政策が、イラク国内の状況ではなく、ワシントンの都合に合わせて作られたことがビビッドに描かれている点が興味深い（第3章）。

ただし、戦後イラクの混乱の原因は、アメリカの政策だけに帰されるものではない。本書では、ＩＳＣＩやサドル派をはじめとするイラクの内部アクターが脆弱な国家機構を恣意的に利用したことに対しても、同様に厳しい批判が向けられている（ＩＳＣＩの民兵であるバドル軍団の内務省支配など）。その最も顕著な例がマーリキー首相による独裁的な政権運営だ。平たく言えば、筆者は、外部介入による国家建設の問題点と、イラク内部におけるマーリキー首相による独裁化の問題点を等しく指摘している。

確かに、マーリキー首相は影響力を拡大するために権力を集中的に管理しようとしてきた。著者も主張するように、二〇〇九年の第二回地方選挙以来、軍や治安機関、司法の管理を強化し、政敵を排除する動きが顕在化した。二〇一〇年の第二回国会選挙時には、脱バアス党政策にもとづいて事前審査が実施され、本書にもあるとおり、統合した野党大連合の出馬者を排除する動きも取られた。これは明らかに、司法制度を恣意的に利用して政敵を排除し、権力基盤を強化しようとするマーリキー首相の戦略である。

とはいえ、マーリキー首相の権限はそれほど盤石なわけではない。そのことは、選挙後の組閣プロセスをみれば明らかである。第二回国会選挙（二〇一〇年）直後、第一党の座をアッラーウィーに僅差で奪われたマーリキー首相は、連立政権の形成のために他の政党に大きな妥協をする必要があった。その過程で様々な政治協定が締結された。その複雑な交渉プロセスを、私はかつて「多数派形成ゲーム」と呼んだ（「多数派形成ゲームとしてのイラク選挙後危機――二〇一〇年三月国会選挙後の権力分有をめぐる合従連衡」『中東研究』五一〇、二〇一〇年）。それぞれの政党が、できる限り多くの政治ポストや利権を獲得するために、政党連合を組み替え、多数派を形成しようとしたからである。

結局、八ヶ月にも及ぶ交渉を経て、マーリキー首相はサドル派やISCIに多くの重要な政治ポストを配分することで、大連合の形成と首班指名への賛同を取り付けた。首班指名にはサドル派の同意が不可欠であったため、国会第一副議長もサドル派から登用した。クルドへ配分された政治ポストが拡大したのも、クルディスターン同盟の支持が必須であったからである。スンナ派勢力も同様である。副大統領や副首相、国会議長、財務相など、かつてないほど多くの重要ポストがスンナ派勢力に配分された。つまり、第二次マーリキー政権の成立には、様々な妥協と調整が必要であったのだ。だからこそ、二期目のマーリキー政権も挙国一致内閣となり、政権運営において首相がフリーハンドで政治を決められた事例はほとんどない。

同じことは冒頭で触れた二〇一四年の第三回国会選挙にも言える。過半数を取れる勢力が存在しない状態では、いきおい選挙後の連立交渉の重要性が高まる。組閣に向けて政党連合を形成するためには、妥協が不可欠である。それはマーリキー首相も例外ではない。「政治エリートの排他的交渉」だけで連立政権が作れない場合には、より広く妥協を進めていかざるを得ない。

さらに、シーア派イスラーム主義政党が国政を独占するという構造も、地方から弛緩しつつある。それが初めて目にみえる形で現れたのは、二〇一三年の第三回地方選挙であった。その選挙では、マーリキー首相らの主要政党には大きな変化がなかったが、これまでまとまった議席を獲得できなかった共産党やリベラル派、地方の泡沫政党が大きな連合を形成し、一定の票を獲得したのである。こうした勢力は、依然として大規模政党には及ばない。だが、既存の政権に批判的な勢力が地方で糾合し始めたという点では、大きな地殻変動の兆しかもしれない。主要政党といえども絶対的過半数を取れない以上、こうして出現した新たな地方勢力との政治的妥協が必要になってくるからである。

ライバルの政治指導者たちがマーリキー首相を引きずり降ろそうと虎視眈々と狙っているという状況もある。「アラブの春」を追い風にして発生した反体制運動を利用し、スンナ派勢力の多くがマーリキー首相の追い落としにかかった。第三回国会選挙（二〇一四年）前には、マーリキーの首相三選を回避するための連合形成の交渉が粛々と進められていた。シーア派宗教界の法学権威の一人であるバシール・ナジャフィーも、マーリキー首相の三選を否定するファトワー（宗教裁定）を発した。マーリキー首相が影響力を強めるにつれ、周囲のライバルたちはその基盤を切り崩そうと躍起になってきたのである。

このように、マーリキー首相は、国家利権のパイをめぐる群雄割拠のなかで、ライバル勢力と激しく競合しながら国家建設を進めるアクターであった。意のままに国家機構を操れるストロングマンではないのだ。

外部介入によってもたらされた体制転換と、その後の国家建設の行き詰まり。こうした問題に対して、私もドッジと同じような問題意識からアプローチしたことがある。私は、国家建設を支援するために外部から持ち込まれた政策を、イラク内部の政治アクターが自らの都合の良いように再編して行く過程を、アクターの主体性に着目して描いた（『紛争と国家建設――戦後イラクの再建をめぐるポリティクス』二〇一三年、明石書店）。イラク国内のアクターの主体性に光を当てると、浮き彫りになる事実や評価も異なってくる。たとえば、本書にも登場する覚醒評議会は、米軍から配分された資金を利用して治安を回復すると、その後はそこで獲得した発言力を背景に政党を結成した。そして、二〇〇九年の第二回地方選挙では一定の議席を得ることになった。それ以来、覚醒評議会は選挙のたびに一定の票を獲得し、いつの間にか自立した政治アクターとなった。彼らは外部からの国家建設支援を利用して、自らの政治基盤を構築したのである。

このように、国家建設の過程で権力基盤の確立を図ろうとするのはマーリキー首相だけではない。あらゆるアクターが、外部から持ち込まれた制度や支援、資金を、なんとかして自らの利害に合致するように組み替え、利用しようと奔走しているのである。

考えてみれば、外部から国家建設支援が入ってくると、国内の政治アクターが介入者の政策をうまく利用して自らの利害に沿う形で国家建設を進めようとするのは、当たり前の話である。米国という超大国の軍事侵攻と占領を経験するなかで、内部アクターに残された選択肢は、支援政策を利用し、導入された制度や仕組みをしたたかに再編すること以外にはなかった。国家機構が脆弱で、なおかつ極度に分権的な制度のなかで政治を動かすためには、ある程度の集権化を進めようとするアクターが出てくるのも、それほど奇怪なことではない。新しい国の仕組みを作り上げるなかで、あらゆる勢力が自らの利益を最大化しようともがく。イラクで現在みられるのはこうしたダイナミズムに他ならない。

本書は民主的な国家建設を目指して進められた外部からの介入が、いかに当初の想定に反して独裁化という方向に帰着したのかという問題を炙り出している。これは、外部からの国家建設がどのような問題を生み出すのか、その際に現地の人々の主体性をどのように考えればいいのかという、極めて重要な問題にかかわっている。

訳者あとがき

日本のメディアで毎日のようにイラク情勢が報じられていた二〇〇三年ごろに比べると、この国に関する日本語の情報はめっきり減ってしまった。私自身、新聞やテレビで時おり断片的な情報に触れたり、一般読者向けに書かれた書籍を読んだりして、イラクが今も内戦に近い状態にあるのではないかという印象をもっていたが、ぼんやりしたイメージしかなかった。そこへ、現在のイラク情勢に関する書籍を翻訳してみないかと、版元の方から声をかけていただいた。

本書は、Toby Dodge, *Iraq: From War to a New Authoritarianism*（Routledge, 2012）の全訳である。著者は内戦を引き起こした要因に着目しながら、多国籍軍による軍事侵攻後の複雑なイラク情勢を整理・分析し、未来の展望を試みている。本書の翻訳を進めるうちに、私の頭のなかで明確でなかったイラク像が焦点を結んだ。国内のさまざまな勢力の相関図や現在の中東におけるイラクの位置が、理解できたように思う。

もっとも、各国のイラク研究における本書の位置づけや最新のイラク情勢については九州大学大学院の山尾大先生が解説を寄せて下さったので、詳しくはそちらをお読みいただくとして、ここでは私が翻訳作業の過程で気がついた英語表現と日本語表現の「ずれ」に触れておこうと思う。

一番大きなずれを感じたのが、本書も含めたイラク戦争に関する英語の文献でinvasion（侵攻）という言葉がよく使われる点である。例えば二〇〇三年三月にイラクに仕掛けられた軍事行動はUS-led invasion（アメリカに主導された侵攻）であり、これを訳す際にはとくに違和感をもつこともなかった。ただ、これよりも頻繁に本書で使われていたpost-invasion（侵攻後）という表現がある。Iraq's post-invasion history（侵攻後のイラクの歴史）というような使われかたをしているのだが、日本語の場合、「侵攻」という言葉は「侵攻する主体」に言及せずに使うのが難しい。「侵攻後のイラクの歴史」では日本語の表現として落ち着かない。「アメリカによる」とか「有志連合による」といった言葉を一緒に使わざるをえなくなる。うがった見方をするなら、invasionはwar（戦争）に比べ「侵攻した主体」を連想させやすく、この紛争のあり方を正確に伝えられるという考えが、invasionという語の選択の根底にあるのかもしれない。これに対して日本語の文章では、この紛争を表すのに「戦争」という言葉が使われるケースが多い。行為の主体に言及しなければならない「侵攻」という言葉が使いにくいから、「戦争」が使われているのだろうか。あるいはほかの理由があるのだろうか。その点については私のなかでいまも疑問のままだ。結局、訳書のなかでは日本語としての読みやすさと正確さとのバランスをとるため、invasionは日本語の文として違和感のない限り「侵攻」とし、「侵攻」と訳しただけでは落ち着かない場合はやむをえず「戦争」と訳した。太平洋戦争の終結が日本では「敗戦」ではなく「終戦」と呼びならわされているのと同様、invasionに「戦争」の訳語をあてることで何かを覆い隠すことになるのではないか、という懸念を抱えつつも、読みやすさとのバランスを考慮しての選択だった。

そのまま訳すことに困難を覚えたもうひとつの言葉は、insurgency（暴動）である。「暴動」は文脈の明確でないところで使うと、大勢が集まり騒ぎを起こすという意味になり、その「暴動」が方向性を欠いているというニュアンスを帯びるように思える。対照的に英語のinsurgencyは手元の英英辞書によれば、a usually violent attempt to take control of a government（政府の支配権を奪おうとする試みで、暴力を伴うことが多い）、あるいはa rebellion or uprising（反抗や蜂起）であり、方向性ははっきりしている。「暴動」という訳語を使うと、その方向性が不明確になってしまうのではないかと感じた。そのため、insurgencyを「反体制暴動」と訳した箇所がある。これに対して、文脈から暴動の標的がはっきりしている場合は「暴動」とした。

sectarianという言葉の扱いについても考えた。英和辞典には「分派の、宗派の、学派の」といった意味があがっていて、必ずしも宗教的な分派主義だけを指すのではないことがうかがわれる。本書では宗教的な分派主義をさす場合だけでなく、それ以外のものをも意味する表現としてこの言葉を使っていると思われる箇所がある。このため「宗派主義」でなく「分派主義」を訳語としてあてることも考えたのだが、日本語では「何から分かれたのか」が明確でない文脈では使うのが難しい。また、例えばsectarian quotaといった表現をどう訳すかという問題が生じた。「分派に基づく割り当て」よりは「宗派に基づく割り当て」としたほうが、日本語としてはしっくりする。そのようなことから、原語には違うニュアンスがあることを認識しながらも、sectarianは宗派主義と訳した。

英語で書かれた文章を自然な日本語に置き換えるためには、何かを切り捨てたり、加えたりせねばならないことがある。それ自体は普通のことかもしれないが、本書で鍵となる右記の三つの概念については、その「切り捨てた」ものについてぜひこの場に記しておきたかった。

なお、訳文中の（　）および［　］は原著のもの、〔　〕は訳者が補ったものである。また、アラビア語の人名中の定冠詞アルは省略した。

本書を翻訳する機会を与えてくださったのは、みすず書房編集部の中川美佐子さんである。中川さんは用語や文章表現など訳文全体を丁寧にチェックし、訳語の選択に悩んだときにも貴重な助言をくださった。ここに記して、お礼を申し上げたい。

二〇一四年六月

訳　者

トビー・ドッジ
イラク戦争は民主主義をもたらしたのか
山岡由美訳
山尾大解説

2014年6月27日　印刷
2014年7月9日　発行

発行所 株式会社 みすず書房
〒113-0033 東京都文京区本郷5丁目32-21
電話 03-3814-0131(営業) 03-3815-9181(編集)
http://www.msz.co.jp

本文組版 キャップス
本文印刷所 平文社
扉・表紙・カバー印刷所 リヒトプランニング
製本所 松岳社

ISBN 978-4-622-07833-3
[イラクせんそうはみんしゅしゅぎをもたらしたのか]

著者略歴

(Toby Dodge)

ロンドン大学東洋アフリカ研究学院より博士号取得（イラク政治）．ウォーリック大学等を経て，現在，国際戦略研究所（IISS）のシニア・コンサルティング・フェロー（中東地域）とロンドン・スクール・オブ・エコノミクス国際関係学部教授を兼務．著書に *Inventing Iraq: The Failure of Nation Building and a History Denied* (Columbia University Press, 2003), *Iraq's Future: The Aftermath of Regime Change* (IISS, 2005) などがある．

訳者略歴

山岡由美〈やまおか・ゆみ〉津田塾大学学芸学部国際関係学科卒業．出版社勤務を経て，翻訳業に従事．訳書にブルース・カミングス『朝鮮戦争の起源　第2巻　上・下』（共訳，明石書店 2012），スチュアート・D・ゴールドマン『ノモンハン 1939』（みすず書房 2014），ブルース・カミングス『朝鮮戦争論――忘れられたジェノサイド』（共訳，明石書店 2014）などがある．

解説者略歴

山尾大〈やまお・だい〉2010 年京都大学アジア・アフリカ地域研究研究科一貫制博士課程修了．2010 年日本学術振興会特別研究員（PD）．現在，九州大学大学院比較社会文化研究院専任講師．専門はイラク政治，中東政治，比較政治，国際政治．著書に『紛争と国家建設――戦後イラクの再建をめぐるポリティクス』（明石書店 2013）（第 17 回国際開発研究 大来賞受賞），『現代イラクのイスラーム主義運動――革命運動から政権党への軌跡』（有斐閣 2011）などがある．

索引

人名

ア行

アアラジー，ファアルーク（Farouk al-Araji） 107
アイケンベリー，カール（Karl Eikenberry） 96
アサド，バッシャール（Bashar al-Assad） 160, 165-66, 179
アジーズ，ターリク（Tariq Aziz） 95
アスカリー，サーミー（Sami al-Askari） 83
アッラーウィー，アリー（Ali Allawi） 48, 50
アッラーウィー，イヤード（Ayad Allawi） 7, 32-33, 35, 124, 126-27, 129, 131-32, 143, 146, 161, 164, 179, 192
アデア，ジョージ（George Adair） 186
アナン，コフィ（Kofi Annan） 181
アーニー，ラアド・シャラール（Ra'ad Shalal al-Ani） 119
アビゼイド，ジョン（John Abizaid） 59
アブー・リーシャ，アブドゥッサッタール（Abdul Sattar Abu Risha） 76
アブドゥッラー（サウジアラビア国王）（Abdullah） 164
アブドゥルハミード，モホセン（Mohsen Abdel Hamid） 31
アフマディーネジャード，マフムード（Mahmoud Ahmadinejad） 159
アラーフ，ジェイン（Jane Arraf） 186
アリン，デイナ（Dana Allin） 185
イーサーウィー，ラーフィウ（Rafi al-Issawi） 126, 141-42
ウィリアムズ，デーヴィッド（David Williams） 186
ウィング，ジョエル（Joel Wing） 170
ウェスタッド，アルネ（Arne Westad） 186
ウォッサー，ベッカ（Becca Wasser） 186
ウォード，アダム（Adam Ward） 185
ウガイリー，ラヒーム（Raheem al-Ugaili） 119-20
ウバイディー，サラーフ（Salah al-Ubaidi） 88
エルドアン，レジェプ・タイイプ（Recep Tayyip Erdoğan） 161
オダフィ，ブレンダン（Brendan O'Duffy） 186
オディエルノ，レイ（Ray Odierno） 67, 69, 80
オバマ，バラク（Barack Obama） 1, 95, 155-56, 167
オールウォージー，マーク（Mark Allworthy） 186

カ行

カーディリー，ズヘイル（Zuhair al-Kadiri） 187
カーディリー，ラアド（Raad Alkadiri） 186
カライヴァス，スタティス（Stathis N.

Kalyvas) 65
ガルーラ，デーヴィッド（David Galula） 64-65, 92
カーン，ルビーナ（Rubina Khan） 186
キルカレン，デーヴィッド（David Kilcullen） 186
ケーシー，ジョージ（George Casey） 8, 59-62
ゲーツ，ロバート（Robert Gates） 2
ケネディ，マイケル（Michael Kennedy） 187
コックス，ミック（Mick Cox） 186
ゴードン，マイケル（Michael Gordon） 186
コバーン，パトリック（Patrick Cockburn） 186
コール，ホアン（Juan Cole） 186

サ行

ザイディー，アブドゥルアミール（Abdul Amir al-Zaydi） 177
サイード，ヤヒアー（Yahia Said） 187
サスーン，ジョゼフ（Joseph Sassoon） 187
ザートマン，ウィリアム（William Zartman） 26
サドル，ムクタダー（Muqtada al-Sadr） 33, 35, 50-55, 86-90, 96, 100, 107, 143, 146, 159, 175
サドル，ムハンマド・サーディク（Muhammad Sadiq al-Sadr） 51-52
サーリフ，ムズハル（Mudher Saleh） 138
ザルカーウィー，アブー・ムスアブ（Abu Musab al-Zarqawi） 46-47, 74
サンバニス，ニコラス（Nicholas Sambanis） 5
ジェニングズ，ジェレミー（Jeremy Jennings） 186
シスターニー，アリー（Ali al-Sistani） 44, 125
シックル，アレクサ・ヴァン（Alexa van Sickle） 185
シノット，ヒラリー（Hilary Synnott） 185
ジャアファリー，イブラヒーム（Ibrahim al-Jaafari） 7, 32, 34, 107, 134
シャーウィース，ローシュ（Rowsch Shaways） 32
ジャザーエリ，ズヘイル（Zuhair al-Jezairy） 18
ジャースィム，アブー・アリー（Abu Ali Jassim） 76
ジャッバール，ファーレフ（Faleh A. Jabar） 186
シャーバンダル，ウバイー（Oubai Shahbandar） 187
シャビービー，スィナーン（Sinan al-Shabibi） 138
ジャブル，バヤーン（Bayan Jabr） 49-50, 105
シャワーニー，ムハンマド・アブドゥッラー（Muhammad Abdullah al-Shahwani） 109
ショー，ジョナサン（Jonathan Shaw） 187
ジョーンズ，リー（Lee Jones） 186
シンセキ，エリック（Eric Shinseki） 24
ズィーバーリー，バーバキル（Babakir Zebari） 95, 144
ズィーバーリー，ホシャール（Hoshiyar Zebari） 166
スカイ，エマ（Emma Sky） 67, 187
ズバイダ，サーミー（Sami Zubaida） 187
スライマーン，アリー（Ali Suleiman）

77
スラグレット，ピーター（Peter Sluglett） 187
スローカム，ウォルター（Walter Slocombe） 96
スロボダ，ジョン（John Sloboda） 187
ソレイマーニー，ガーセム（Qassem Suleimani） 158-59

タ行

ダイアモンド，ラリー（Larry Diamond） 186
ダヴトオール，アフメト（Ahmet Davutoğlu） 162
ダクドゥーク，アリー・ムーサー（Ali Musa Daqduq ） 158
タバータバーイー，モハンマド（Mohammed Tabatabai） 51
ターラバーニー，ジャラール（Jalal Talabani） 34, 143, 159
ダンリー，ジェームズ（James Danley） 49
チップマン，ジョン（John Chipman） 185
チャーデルチー，ナースィル（Naseer al-Chaderchi） 31
チャラビー，アフマド（Ahmad Chalabi） 128
デメッロ，セルジオ・ヴィエイラ（Sérgio Vieira de Mello） 29-30
ドゥライミー，サアドゥーン（Saadoun al-Dulaimi） 137
トゥルキー，アブドゥルバースィト（Abdelbassit Turki） 138-39
ドビンズ，ジェームズ（James Dobbins） 24
ドーリー，イッザト・イブラーヒーム（Izzat Ibrahim al-Douri） 165
トリップ，チャールズ（Charles Tripp） 187

ナ行

ナイツ，マイケル（Michael Knights） 186
ナタリ，デニス（Denise Natali） 186
ニコル，アレックス（Alex Nicoll） 185
ヌジャイフィー，アスィール（Atheel al-Nujaifi） 126
ヌジャイフィー，ウサーマ（Usama al-Nujayfi） 126, 131
ヌーリー，リヤード（Riad al-Nouri） 51
ネグロポンテ，ジョン（John Negroponte） 115

ハ行

ハイダリー，ファラジュ（Faraj al-Haidari） 139
ハーイリー，カーズィム・フサイニー（Kadhim Husseini Haeri） 53
ハーヴィー，デレク（Derek Harvey） 186
ハウラーミー，アシュティー（Ashti Hawrami） 162
パーカー，サム（Sam Parker） 187
パーカー，ネッド（Ned Parker） 186
ハキーム，アブドゥルアズィーズ（Abdul Aziz al-Hakim） 34
ハキーム，ムハンマド・バーキル（Muhammad Baqir al-Hakim） 42, 46, 125
バーク，ジェイソン（Jason Burke） 186
バクル，ハサン（Hasan al-Bakr） 13
ハケット，ジェームズ（James Hackett） 185

ハシーブ，ハイルッディーン（Khair el-Din Haseeb）　186
ハーシミー，ターリク（Taliq al-Hashimi）　126, 140-44, 146-47, 151, 161, 165
ハズアリー，カイス（Qais al-Khazali）　51, 53, 158, 175
パーチャチ，アドナーン（Adnan Pachachi）　95
バック，ジョン（John Buck）　185
ハッダード，ファナール（Fanar Haddad）　19-20, 22, 186
ハッファージー，イサーム（Isam al-Khafaji）　186
パネッタ，レオン（Leon Panetta）　1-2
ハーフィズ，ムハンマド・M（Muhammad M. Hafez）　41
バラギ，シーア（Shia Balaghi）　187
パラシリッティ，アンドルー（Andrew Parasiliti）　185
バリー，ベン（Ben Barry）　185
ハリーリー，レイラー（Laleh Khalili）　65, 186
ハリルザード，ザルメイ（Zalmay Khalilzad）　8, 34, 72, 82, 92
ハーリング，ピーター（Peter Harling）　186
バールザーニー，マスウード（Masoud Barzani）　34, 143-45, 161, 177
ヒルターマン，ヨースト（Joost Hiltermann）　186
ファイヤード，ファーレフ（Falih al-Fayyad）　137
ファンディ，マムーン（Mamoun Fandy）　185
フーイー，ユースフ（Yousif al-Khoei）　186
フィー，モリー（Molly Phee）　187
フィアロン，ジェームズ・D（James D. Fearon）　23
フィセール，レイダ（Reidar Visser）　187
フィル，ジョゼフ（Joseph Fil）　70
フォーダム，アリス（Alice Fordham）　186
フセイン，サッダーム（Saddam Hussein）　7, 13-14, 22, 41-42, 52, 109, 116-17, 128, 167, 180
フダイリー，アリー（Ali Khedery）　186
ブッシュ，ジョージ・W（George W. Bush）　1, 6, 8, 9, 25, 57-58, 60-61, 64, 71, 88, 114, 154-55, 169, 180
フラー，マイケル（Michael Gfoeller）　186
ブレマー，ポール（Paul Bremer）　7, 25, 29-31, 60, 96
ペトレイアス，デーヴィッド（David Petraeus）　48, 57-58, 62-64, 66-67, 71, 78-80, 85, 91-92, 154, 187
ペルハム，ニック（Nick Pelham）　187
ボーウェン，スチュアート（Stuart Bowen）　94, 186
ホーケイアム，エミール（Emile Hokayem）　185
ホメイニー師（Ayatollah Khomeini）　13
ボラーニー，ジャワード（Jawad al-Bolani）　105

マ行

マー，フィービー（Phebe Marr）　186
マクファーランド，ショーン（Sean MacFarland）　76-77
マクマスター，H・R（H. R. McMaster）　48, 62, 66, 186
マクリスタル，スタンリー（Stanley

McChrystal） 91
マーコウィッツ，ナサニエル（Nathaniel Markowitz） 186
マーディーニ，ラムズィ（Ramzy Mardini） 186
マトラック，リージス（Regis Matlak） 186
マビー，ブライアン（Bryan Mabee） 186
マフムード，ミドハト（Medhat al-Mahmoud） 138
マーリキー，アフマド（Ahmed Maliki） 135
マーリキー，ヌーリー（Nuri al-Maliki） 8, 16, 54, 83-84, 87-88, 101, 106-10, 127, 129, 130-51, 153-55, 157, 159-67, 171, 175-79, 183
マレン，マイケル（Michael Mullen） 2, 156
マローン，デーヴィッド（David Malone） 186
ムーア，ジョン（John Moore） 186
ムーサー，ハミード・マジード（Hamid Majid Mousa） 30
ムトラク，サーリフ（Saleh al-Mutlaq） 126, 129, 131, 141-43, 146
メイヤー，ルール（Roel Meijer） 186

ヤ行

ヤークービー，ムスタファー（Mustafa al-Yacoubi） 51
ユーニス，ムハンマド（Mohamed Younis） 165
ユルドゥズ，タネル（Taner Yildiz） 162

ラ行

ライス，コンドリーザ（Condoleezza Rice） 156
ラスメル，アンドルー（Andrew Rathmell） 187
ラーディー，ラーディー・ハムザ（Radhi Hamza al-Radhi） 120
ラーミー，アリー・ファイサル（Ali Faysal al-Lami） 128-29
ラムズフェルド，ドナルド（Donald Rumsfeld） 59
リックス，トム（Tom Ricks） 187
リンデマン，ステファン（Stefan Lindemann ） 28
ルバイイー，ムワッファク（Mowaffak al-Rubaie） 158
レイティン，デーヴィッド・D（David D. Laitin） 23
レイバーン，ジョエル（Joel Rayburn） 187
レッドマン，ニック（Nick Redman） 185
ローゼン，ニール（Nir Rosen） 20, 43, 85, 187
ローソン，ジョージ（George Lawson） 186

ワ行

ワーイリー，シルワーン（Sherwan al-Waeli） 109

地 名

ア行

アーミリーヤ（Ameriya） 43, 54, 81
アルビル（Erbil） 131-32, 141, 143-44, 149, 156；一合意 132-33, 137-39, 143-44, 147, 150
アンバール（Anbar） 33, 50, 54, 71-76, 78-80, 82, 84, 129, 140, 174, 186；一覚醒評議会 72, 76-79, 93
アンマン（Amman） 27, 77

カ行

ガザーリーヤ（Ghazaliya） 54
カーズィミーヤ（Kadhimiyah） 42
カーディスィーヤ（Qadisiya） 89, 147
カルバラー（Karbala） 22, 42, 89
カンディール（Qandil） 161
キルクーク（Kirkuk） 156-57, 161-62, 177
クウェート（Kuwait） 12-14, 18, 25, 111, 163-64, 167
グリーン・ゾーン（Green Zone） 70
クルディスターン（Kurdistan） 31, 147-48, 177；一地域政府 131, 136, 140-41, 143-45, 149, 161-62, 177-79
コム（Qom） 88

サ行

サウジアラビア（Saudi Arabia） 12, 72, 153, 161-62, 164-65, 168, 179
サウラ（Thawra） 52
サッダーム・シティー（Saddam City） 52
サドル・シティー（Sadr City） 52-54, 135-36
サーマッラー（Samarra） 5, 43；アスカリー廟 5, 43-44
サラーフッディーン（Salahuddin） 140-41, 174, 177
シャットルアラブ河（Shatt al-Arab waterway） 13, 163
スライマーニーヤ（Suleimaniya） 149

タ行

タルアファル（Tal Afar） 62, 66, 76
チグリス川（The Tigris） 50, 54, 177
ディヤーラー（Diyala） 84, 140, 174, 177
ディーワーニーヤ（Diwaniya） 147
ドーラ（Dora） 49

ナ行

ナジャフ（Najaf） 35, 42, 52-53, 89, 91, 158
ニーナワー（Nineva） 174

ハ行

バアクーバ（Baquba） 174, 176
バグダード（Baghdad） 1-2, 5, 8, 10, 25, 30, 40, 42-44, 47-50, 52-55, 61-62, 66-72, 74, 77, 81-82, 84, 86-90, 92, 96, 100, 102-104, 107-109, 112, 114, 117-18, 133, 135, 140-41, 144, 147-48, 153-54, 157, 159, 163-64, 174-76, 198
ファオ半島（Grand Faw） 163
ファッルージャ（Falluja） 33, 42-43, 73, 96, 141, 174, 176
ブビヤーン島（Bubyan Islands） 163

マ行

ヤ・ラ・ワ行

原　注

序

1　Secretary of Defense Leon E. Panetta, 'US Forces-Iraq End of Mission Ceremony', 15 December 2011, http://www.defense.gov/speeches/speech.aspx?speechid=1641.

2　John D. Banusiewicz, 'Gates Shares Views on Iraq, Afghanistan, Pakistan', *American Forces Press Service*, 19 May 2011, http://www.defense.gov//News/NewsArticle.aspx?ID=64011.

3　Sam Dagher, 'Transcript: Maliki on Iraq's Future', *Wall Street Journal*, 28 December 2010, http://online.wsj.com/news/articles/SB10001424052970203513204576047804111203090.

4　Tim Arango and Michael S. Schmidt, 'Iraq Denies Legal Immunity to US Troops After 2011', http://www.nytimes.com/2011/10/05/world/middleeast/iraqis-say-no-to-immunity-for-remaining-american-troops.html?_r=1&ref=midleeast.

5　アメリカのイラク政策におけるパラメーターの変化については以下を参照されたい. Toby Dodge, 'The Ideological Roots of Failure: The Application of Kinetic Neo-Liberalism to Iraq', *International Affairs*, vol. 86, no. 6, November 2010, pp. 1,269–86.

6　Iraq Family Health Survey Study Group, 'Violence-Related Mortality in Iraq from 2002 to 2006', *New England Journal of Medicine*, vol. 358, no. 5, 31 January 208, pp. 484–93, http://www.nejm.org/doi/full/10.1056/NEJMsa0707782#t=abstract.

7　http://www.iraqbodycount.org. 死亡者数に関する見解を明らかにしてくれた「イラク・ボディ・カウント」のジョン・スロボダに感謝する.

8　Michael E. O'Hanlon and Ian Livingston, *Iraq Index: Tracking Varieties of Reconstruction and Security in Post-Saddam Iraq*, July 2012, http://www.brookings.edu/~/media/Centers/saban/iraq%20index/index201207.pdf, p. 3. 調査の方法論については以下を参照. *Iraq Index*, fn. 1, p. 11.

9　Iraq Body Count, 'Year Four: Simply the Worst', 18 March 2007, http://www.iraqbodycount.org/analysis/numbers/year-four.

10　Errol A. Henderson and J. David Singer, 'Civil War in the Post-Colonial World, 1946–92', *Journal of Peace Research*, vol. 37, no. 3, May 2000, p. 284.

11　Damien Cave and John O'Neil, 'UN Puts '06 Iraq Toll of Civilians at 34,000', *International Herald Tribune*, 17 January 2007; and Associated Press, 'Iraq Sets Toll of Civilians at 12,000 for 2006', *New York Times*, 3 January 2007.

12 筆者が行ったインタビューと以下の記事に基づく．Fareed Zakaria, ‘Rethinking the Way Forward’, *Newsweek*, 6 November 2006, p. 26.

13 以下に引用がある．‘A Matter of Definition: What Makes a Civil War, and Who Declares It So?’ *New York Times*, 26 November 2006, http://www.nytimes.com/2006/11/26/world/middleeast/26war.html?_r=1&scp=1&sq=Iraq%20civil%20war%20Edward%20Wong&st=cse.

14 イラクの紛争を内戦と定義できる要素には，戦場での死亡者数以外に，紛争当事者の軍隊がイラクという場所に固有のものであるか否か，という点も含まれる．この点に関していえば，2005年5月まではイラク政府軍の規模はアメリカおよび有志連合の軍に比べ小さかった．だがこのとき以降イラク軍の兵力は継続的に増強された．また反体制暴動側との闘いの比重が大きくなったことが，死亡者数の増加に反映されている．03年6月から05年1月までの18カ月間に治安機関の人員1300人が殺害されており，05年と06年には2000人以上が死亡している．以下を参照．O’Hanlon and Livingston, *Iraq Index*, pp. 5, 19, 23. 内戦の定義と外生軍（exogenous forces）・土着軍（indigenous forces）のバランスについては，次の文献を参照されたい．Henderson and Singer, ‘Civil War in the Post-Colonial World’, p. 276; James D. Fearon and David D. Laitin, ‘Ethnicity, Insurgency and Civil War’, *American Political Science Review*, vol. 97, no. 1, February 2003, p. 76; Nicholas Sambanis, ‘What Is Civil War? Conceptual and Empirical Complexities of an Operational Definition’, *Journal of Conflict Resolution*, vol. 48, no. 6, December 2004, p. 829.

15 David S. Cloud, ‘U.S. to Hand Iraq a New Timetable on Security Role’, *New York Times*, 22 October 2006, http://www.nytimes.com/2006/10/22/world/middleeast/22policy.html?scp=67&sq=Iraq+benchmarks&st=ny.

16 John F. Burns, ‘Fighting Split, U.S. and Iraq Renew Vow to Work for Peace’, *New York Times*, 28 October 2006, http://www.nytimes.com/2006/10/28/world/middleeast/28iraq.html?scp=71&sq=Iraq+benchmarks&st=ny.

17 George W. Bush, ‘President’s Address to the Nation’, 10 January 2007, http://georgewbush-whitehouse.archives.gov/news/releases/2007/01/20070110-7.html.

18 ‘US Troop Readiness, Veterans’ Care, Katrina Recovery, and Iraq Accountability Appropriations Act, 2007’, Bill 1314. 以下で読むことができる．http://frwebgate.access.gpo.gov/ncgi-bin/getdoc.cgi?dbname=110_cong_bills&docid=f:h2206enr.txt.pdf.

19 ベンチマークは以下のとおり．（1）憲法再検討委員会を設置し再検討作業を完遂する（2）脱バアス党化に関する法律を制定および施行する（3）炭化水素資源による収入の公平な分配を確保するための法律を制定および施行する（4）準自治地域を設置する手続きについての法律を制定および施行する（5）独立高等選挙管理委員会および県選挙法，県統治機構，県議会選挙を定める法律を制定および施行する（6）恩赦に関する法律を制定および施行する（7）民兵組織を武装解除し，イラクの中央政府にのみ責任を負い憲法に忠実な治安機関を定着させるための強力なプログラム

を定める法律を制定および施行する（8）バグダード治安計画を支える政治・メディア・経済・サービス分野の支援委員会を設置する（9）バグダードでの作戦を支援する態勢の整った，練度の高い三個旅団をイラク軍が投入する（10）米軍指揮官と協議のうえ治安計画を実行し戦術および作戦を決定する一切の権限をイラク軍指揮官に付与する．決定は政治的介入を受けないものとし，付与する権限にはスンナ派暴徒とシーア派民兵などあらゆる過激派を追撃する権限を含む（11）イラクの治安機関が法を公正に執行するよう保証する（12）ブッシュ大統領の発言中にあるマーリキー首相の言葉，すなわち「バグダード治安計画は法逸脱者に対し，その所属する宗派または政治団体のいかんを問わず，避難場所を与えるものとはならない」との発言内容を確実なものとする（13）イラクにおける宗派間暴力を削減し，民兵による地方支配を一掃する（14）計画されているすべての共同警備所をバグダードの全地区に設置する（15）独立した作戦行動を遂行できるイラク治安部隊の数を拡大する（16）イラク議会における少数民族政党の権利を保護する（17）イラクの歳入中100億ドルを，生活必須サービスの公平な提供等の復興計画に割り当て支出する（18）イラク政府の者がイラク治安機関の構成員に対し中傷または虚偽の告訴をすることのないよう保証する．

20　以下を参照．*Iraq Index*; http://www.iraqbodycount.org.

21　Kenneth Katzman, *Iraq: Politics, Elections, and Benchmarks*, Congressional Research Service, 4 October 2010, pp. 23-4.

22　以下を参照．Astri Suhrke, 'Introduction', in Mats Berdal and Astri Suhrke (eds), *The Peace in Between: Violence in Post-war States* (Routledge, 2012).

23　以下を参照．http://data.worldbank.org/indicator/SP.POP.TOTL?cid=GPD_1.

24　International Energy Agency, 'Iraq poised to become game-changer for world markets, landmark IEA report says', http://www.iea.org/newsroomandevents/pressreleases/2012/october/name,32060,en.html.

25　Tim Niblock, 'Iraqi Politics Towards the Arab States of the Gulf, 1958-1981', in Tim Niblock (ed.), *Iraq: The Contemporary State* (Croom Helm, 1982), p. 126.

26　Charles Tripp, *A History of Iraq* (Cambridge University Press, 2000), p. 214.〔チャールズ・トリップ著／大野元裕監修／岩永尚子ほか訳『イラクの歴史』（明石書店2004年）．317ページを参考に情報を補った〕

27　Fanar Haddad, *Sectarianism in Iraq: Antagonistic Visions of Unity* (Hurst & Co., 2011), p. 89.

28　Phebe Marr, 'Iraq: Balancing Foreign and Domestic Realities', in L. Carl Brown (ed.) *Diplomacy in the Middle East: The International Relations of Regional and Outside Powers* (I.B. Tauris, 2006), p. 89.

29　Daniel W. Drezner, *The Sanctions Paradox: Economic Statecraft and International Relations* (Cambridge University Press, 1999), p. 1; Jeffrey A. Meyer and Mark G. Califano, *Good Intentions Corrupted: The Oil-for-Food Scandal and the Threat to the U.N.* (Public Affairs, 2006), p. 2.

30　以下を参照．Toby Dodge, 'The Failure of Sanctions and the Evolution of International Policy Towards Iraq 1990–2003', *Contemporary Arab Affairs*, vol. 3, no. 1, January 2010, pp. 82–90.

第１章　暴力の推進要因

1　Suhrke, 'Introduction', in Berdal and Suhrke (eds), *The Peace in Between*.

2　同上と以下を参照．Stathis N. Kalyvas, *The Logic of Violence in Civil War* (Cambridge University Press, 2006), p. 57.

3　Isam al-Khafaji, 'War as a Vehicle for the Rise and Decline of a State-controlled Society: The Case of Ba'athist Iraq', in Steven Heydemann, *War, Institutions, and Social Change in the Middle East* (University of California Press, 2000), p. 260.

4　例えば以下を参照．Neil MacFarquar, 'Crime Engulfs Iraq', *International Herald Tribune*, 21, October 1996.

5　David M. Malone, *The International Struggle over Iraq: Politics in the UN Security Council 1980–2005* (Oxford University Press, 2006), p. 136.

6　Zuhair al-Jezairy, *The Devil You Don't Know* (Saqi, 2009), pp. 162–3.

7　Graduate Institute of International Studies, *Small Arms Survey 2004: Rights at Risk* (Oxford University Press, 2004), pp. 45–7.

8　*Ibid.*, p. 47.

9　James D. Fearon and David D. Laitin, 'Ethnicity, Insurgency, and Civil War', *American Political Science Review*, vol. 97, no. 1, February 2003, p. 75; Kalyvas. *The Logic of Violence in Civil War*, p. 75.

10　Fanar Haddad, *Sectarianism in Iraq: Antagonistic Visions of Unity* (Hurst & Co., 2011), p. 2.

11　Nir Rosen, 'Anatomy of A Civil War; Iraq's Descent into Chaos', *Boston Review*, November/December 2006, http://bostonreview.net/BR31. 6 /rosen.php.

12　Joseph Rothschild, *Ethnopolitics, a Conceptual Framework* (Columbia University Press, 1981), p. 61.〔ジョセフ・ロスチャイルド著／内山秀夫訳『エスノポリティクス　民族の新時代』(三省堂1989年), 69ページ〕

13　Haddad, *Sectarianism in Iraq*, p. 25.

14　以下を参照．Rothschild, *Ethnopolitics*, p. 29.

15　Andrea Kathryn Talentino, 'The Two Faces of Nation-building: Developing Function and Identity', *Cambridge Review of International Affairs*, vol. 17, no. 3, October 2004, p. 569.

16　David D. Laitin, *Identity in Formation: The Russian-speaking Populations in the Near Abroad* (Cornell University Press, 1998), p. 16.

17　Andreas Wimmer, 'Democracy and Ethno-religious Conflict in Iraq', *Survival*, vol. 45, no. 4, Winter 2003–04, p. 120.

18　これらの違いについては以下を参照されたい．Sudipta Kaviraj, 'On the Construction of Colonial Power, Structure, Discourse, Hegemony', in Dagmar Engels and Shula Marks (eds), *Contesting Colonial Hegemony: State and Society in Africa and India* (British Academic Press, 1994), pp. 21–32.

19　Haddad, *Sectarianism in Iraq*, p. 33.

20　Nir Rosen, *Aftermath: Following the Bloodshed of America's Wars in the Muslim World* (Nation Books, 2010), p. 30.

21　Anthony Shadid, 'A Tradition of Faith Is Reclaimed on Blistered Feet', *Washington Post*, 23 April 2003, p. A01; Glenn Kessler and Dana Priest, 'US Planners Surprised by Strength of Iraqi Shiites', *Washington Post*, 23 April 2003, p. A03; Faleh A. Jabar, 'The Worldly Roots of Religiosity in Post-Saddam Iraq', *Middle East Report*, no. 227, Summer 2003, p. 8.

22　International Crisis Group, 'Iraq's Shiites Under Occupation', *Middle East Briefing*, Baghdad/Brussels, 9 September 2003, p. 8.

23　Mohammed M. Hafez, *Suicide Bombers in Iraq: The Strategy and Ideology of Martyrdom* (U.S. Institute of Peace Press, 2007), p.35.

24　Fearon and Laitin, 'Ethnicity, Insurgency, and Civil War', pp. 75–6.

25　この古典的定義に関しては，以下を参照．Max Weber, 'Politics, as a Vocation', in H. M. Gerth and C. Wright Mills (eds.), *From Max Weber: Essays in Sociology* (Routledge, 1991), pp. 78–9.

26　Michael Mann, 'The Autonomous Power of the Sate: Its Origins, Mechanisms and Results', in Michael Mann (ed.), *States, War, and Capitalism: Studies in Political Sociology* (Blackwell, 1988), p. 4.

27　Joel S. Migdal, *Strong Societies and Weak States: State-Society Relations and State Capabilities in the Third World* (Princeton University Press, 1988).

28　以下を参照．Antonio Gramsci, Selections from the Prison Notebooks (Lawrence and Wishart, 1998), p. 145; Christine Buci-Glucksmann, *Gramsci and the State* (Lawrence and Wishart, 1980).〔クリスチーヌ・ビュシ＝グリュックスマン著／大津真作訳『グラムシと国家』(合同出版1983年)〕開発途上国における覇権の不在については，以下の書籍の第1章を参照されたい．Nazih N. Ayubi, *Over-stating the Arab State: Politics and Society in the Middle East* (I.B. Tauris, 1995).

29　体制転換後の暴力については以下を参照．Simon Chesterman, *You, the People: The United Nations, Transitional Administration, and State-building* (Oxford University Press, 2004), pp. 100, 112. 秩序を維持させるのに必要な兵員の数については以下を参照のこと．James Dobbins et al., *America's Role in Nation-Building: From Germany to Iraq* (RAND Corporation, 2003), p. 197.

30　*Ibid*.

31　Michael O'Hanlon and Ian S. Livingston, *Iraq Index: Tracking Reconstruction and Security in Post-Saddam Iraq*, 31 October 2010, p. 18. 以下でダウンロードできる．

http://www.brookings.edu/iraqindex.

32　制裁措置，およびそれがイラクの国家と社会に及ぼした影響については以下を参照．Toby Dodge, 'The Failure of Sanctions and the Evolution of International Policy Towards Iraq 1990–2003,' *Contemporary Arab Affairs*, vol. 3, no. 1, January 2010, pp. 82–90.

33　David L. Phillips, *Losing Iraq: Inside the Postwar Reconstruction Fiasco* (Basic Books, 2005), p. 135.

34　Ali A. Allawi, *The Occupation of Iraq: Winning the War, Losing the Peace* (Yale University Press, 2007), p. 116.

35　James Dobbins et al., *Occupying Iraq: A History of the Coalition Provisional Authority* (RAND Corporation, 2009), p. 111.

36　フィリップスの試算によると，党員200万人のうち12万人が失業したという．またポール・ブレマーは情報機関の推計を引用し，党員の１％，すなわち２万人が犠牲になったと述べている．ジョージ・パッカーの試算では，「少なくとも３万5000人」である．以下を参照．Phillips, *Losing Iraq*, pp. 145–46; L. Paul Bremer III with Malcolm McConnell, *My Year in Iraq: The Struggle to Build a Future of Hope* (Simon & Schuster, 2006), p. 40; George Packer, *The Assassins' Gate: America in Iraq* (Farrar, Straus and Giroux, 2005), p. 191.〔ジョージ・パッカー著／豊田英子訳『イラク戦争のアメリカ』（みすず書房2008年），235ページ〕

37　I. William Zartman, 'Posing the Problem of State Collapse', in I. William Zartman (ed.), *Collapsed States: The Disintegration and Restoration of Legitimate Authority* (Lynne Rienner, 1995), p. 1.

38　*Ibid.*, p. 6.

39　*Ibid.*, p. 5.

40　Nelson Kasfir, 'Domestic Anarchy, Security Dilemmas, and Violent Predation', Robert I. Rotberg (ed.), *When States Fail: Causes and Consequences* (Princeton University Press, 2004), p. 55.

41　Alan Whaites, *States in Development: Understanding State-building* (DFID, 2008), p. 7, http://tna.europarchive.org/20081212094836/http://dfid.gov.uk/pubs/files/State-in-Development-Wkg-Paper.pdf.

42　Michael Burton, Richard Gunther and John Higley, 'Introduction', in John Higley and Richard Gunther (eds), *Elites and Democratic Consolidation in Latin America and Southern Europe* (Cambridge University Press, 1992), p. 8.

43　John Higley and Richard Gunther, 'Preface', in *ibid.*, p. xi.

44　以下を参照．Burton, Gunther and Higley, 'Introduction', in *ibid.*, p. 14.

45　Stefan Lindemann, 'Do Inclusive Elite Bargains Matter? A Research Framework for Understanding the Causes of Civil War in Sub-Saharan Africa', Crisis States Discussion Paper 15, Crisis States Research Centre, London School of Economics and Political Science, February 2008, http://www.crisisstates.com/download/dp/dp15.

pdf.

46　*Ibid*., pp. 2, 10.

47　*Ibid*., pp. 2, 21.

48　Edward Mortimer, 'Iraq's Future Lies Beyond Conquest', *Financial Times*, 22 August 2003, p. 17; Samantha Power, *Chasing the Flame: Sergio Vieira de Mello and the Fight to Save the World*（Penguin, 2008）, p. 418.

49　Rend Rahim Francke, 'Iraq Democracy Watch: On the Situation in Iraq', The Iraq Foundation, September 2003, http://www.iraqfoundation.org/news/2003/isept/26_democracy_watch.html.

50　Phebe Marr, 'Who Are Iraq's New Leaders? What Do They Want?', Special Report160, United States Institute of Peace, March 2006, p. 11.

51　以下を参照. 'The Iraqi Governing Council', BBC News, 14 July 2003, http://news.bbc.co.uk/ 1 /hi/world/middle_east/3062897.stm.

52　Hanna Batatu, *The Old Social Classes and the Revolutionary Movements of Iraq: A Study of Iraq's Old Landed and Commercial Classes and of its Communists, Ba'athists, and Free Officers*（Princeton University Press, 1978）, p. 305.

53　Anthony Shadid, *Night Draws Near: Iraq's People in the Shadow of America's War*（Henry Holt, 2005）, p. 312.

54　Mark Turner, 'Poll Planning on Track But No Room for Hitches', *Financial Times*, 14 October 2004.

55　Adeed Dawisha and Larry Diamond, 'Iraq's Year of Voting Dangerously', *Journal of Democracy*, vol. 17, no. 2, April 2006, p. 93.

56　Roel Meijer, 'The Sunni Resistance and the "Political Process"', in Markus E. Bouillon, David M. Malone, and Ben Rowswell（eds）, *Iraq: Preventing a New Generation of Conflict*（Lynne Rienner Publishers, 2007）, p. 7.

57　Edward Wong, 'Sunni Party Leaves Iraqi Government over Fallujah Attack', *New York Times*, 10 November 2004; Steve Negus, 'Attack on City Fails To Shake Sunni Stance on Polls', *Financial Times*, 11 November 2004.

58　選挙に関する数字については以下を参照. Independent Electoral Commission of Iraq, http://www.ieciraq.org/English /Frameset_english.htm; Phebe Marr, 'Iraq's Identity Crisis', in Bouillon, Malone, Ben Rowswell（eds）, *Preventing a New Generation of Conflict*.

59　John F. Burns and James Glanz, 'Iraqi Shiites Win, But Margin Is Less Than Projections', *New York Times*, 14 February 2005.

60　Jonathan Morrow, 'Iraq's Constitutional Process II. An Opportunity Lost', United States Institute of Peace, Special Report 155, November 2005, p. 15.

61　Marina Ottaway, 'Back From the Brink: A Strategy for Iraq', *Carnegie Endowment Policy Brief*, no. 43, November 2005.

62　アンバール県では96.96%, サラフッディーン県では81.75%, ニーナワー県では

55.08%が反対した．以下を参照．Marr, 'Iraq's Identity Crisis'.

63 Larry Diamond, 'Slide Rules: What Civil War Looks Like', *New Republic*, 13 March 2006, p. 12.

64 Campbell Robertson and Sabrina Tavernise, 'Sunnis End Boycott and Rejoin Iraqi Government', *New York Times*, 20 July 2008.

第2章　反体制暴動から内戦へ

1 この分析概念は，以下の書籍の序章でサールケが示している勝者の平和と敗者の平和についての記述を援用したものである．Berdal and Suhrke (eds), *The Peace in Between* (Routledge, 2012).

2 Faleh A. Jabar, 'The War Generation in Iraq: A Case of Failed Statist Nationalism', in Lawrence G. Potter and Gary G. Sick (eds.), *Iran, Iraq, and the Legacies of War* (Palgrave Macmillan, 2004).

3 Bruce Hoffman, *Insurgency and Counterinsurgency in Iraq* (RAND, 2004), p. 8.

4 Jason Burke, *The 9/11 Wars* (Allen Lane, 2011), p. 129.

5 Mohammed M. Hafez, *Suicide Bombers in Iraq: The Strategy and Ideology of Martyrdom* (U.S. Institute of Peace Press, 2007), p. 25.

6 *Ibid.*, p. 3.

7 以下を参照．International Crisis Group, 'In Their Own Words: Reading the Iraqi Insurgency', *Middle East Report*, no. 50, 15 February 2006, fn. 41.

8 Patrick Cockburn, *Muqtada al-Sadr and the Fall of Iraq* (Faber and Faber, 2008), pp. 21, 223.

9 Jonathan Steele, 'To the US Troops It Was Self-defence. To the Iraqis It Was Murder', *The Guardian*, 30 April 2003, http://www.guardian.co.uk/world/2003/apr/30/iraq.jonathansteele.

10 Rory McCarthy and Michael Howard, 'New Insurgency Confronts US Forces', *The Guardian*, 12 November 2004, http://www.guardian.co.uk/world/2004/nov/12/iraq.rorymccarthy1.

11 Nir Rosen, 'Anatomy of a Civil War', *The Boston Review*, November/December 2006.

12 Monte Morin, 'Crime as Lethal as Warfare in Iraq', *Los Angeles Times*, 20 March, 2005, http://articles.latimes.com/2005/mar/20/world/fg-crime20/2.

13 Oliver Poole, 'Nerves Stretched to Breaking Point as Baghdad Clings to Normal Life', *Daily Telegraph*, 20 July 2005, http://www.telegraph.co.uk/news/worldnews/middleeast/iraq/1494449/Nerves-stretched-to-breaking-point-as-Baghdad-clings-to-normal-life.html.

14 2006年における暴力の増加に関しては，以下を参照のこと．Kimberly Kagan, *The Surge: A Military History* (Encounter Books, 2009), pp. 8–9.

15　Bobby Ghosh, 'An Eye For an Eye', *Time*, 26 February 2006, http://www.time.com/time/magazine/article/0,9171,1167741,00.html.

16　筆者が行ったインタビューと以下の記事に基づく．Fareed Zakaria, 'Rethinking the Way Forward', *Newsweek*, 6 November 2006, p. 26, http://www.thedailybeast.com/*newsweek*/2006/11/05/rethinking-iraq-the-way-forward.html.

17　Jeffrey Gettleman, 'Bound, Blindfolded and Dead', *New York Times*, 26 March 2006, http://www.nytimes.com/2006/03/26/international/middleeast/26bodies.html.

18　Sabrina Tavernise, 'U.N. Puts '06 Death Toll in Iraq Above 34,000' *New York Times*, 16 January 2007, http://www.nytimes.com/2007/01/16/world/middleeast/16cnd-iraq.html; Associated Press, 'Iraq Sets Toll of Civilians at 12,000 for 2006', *New York Times*, 3 January 2007, http://www.nytimes.com/2007/01/03/world/middleeast/03Casualties.html.

19　Cockburn, *Muqtada al-Sadr and the Fall of Iraq*, p. 226.

20　Ahmed S. Hashim, 'The Sunni Insurgency', *Middle East Institute Perspective*, 15 August 2003, p. 8.

21　Hafez, *Suicide Bombers in Iraq*, p. 52.

22　International Crisis Group, 'In Their Own Words', pp. 1–3.

23　この点については以下を参照のこと．Roel Meijer, 'The Sunni Resistance and the Political Process' in Markus E. Bouillon, David M. Malone, and Ben Rowswell (eds), *Iraq: Preventing a New Generation of Conflict* (Lynne Rienner Publishers, 2007).

24　Ali A. Allawi, *The Occupation of Iraq: Winning the War, Losing the Peace* (Yale University Press, 2007), p. 181.

25　Peter Beaumont, 'Al-Qaeda's Slaughter Has One Aim: Civil War', *The Observer*, 18 September 2005, http://www.guardian.co.uk/world/2005/sep/18/iraq.alqaida.

26　General James L. Jones, *The Report of the Independent Commission on the Security Forces of Iraq*, 6 September 2007, p. 27.

27　David Kilcullen, *The Accidental Guerrilla: Fighting Small Wars in the Midst of a Big One* (Hurst & Co., 2009), p. 177.

28　James Dobbins et al., *Occupying Iraq: A History of the Coalition Provisional Authority* (RAND Corporation, 2009).

29　Allawi, *The Occupation of Iraq*, p. 145.

30　以下に引用がある．'Secret Iraq', Part 2, BBC 2, 6 October 2010.

31　Allawi, *The Occupation of Iraq*, p. 394.

32　以下を参照．PBS テレビによるマシュー・シャーマン（2003年12月から06年1月までイラク内務省の上級副顧問を務める）へのインタビュー，2006年10月4日（http://www.pbs.org/wgbh/pages/frontline/gangsofiraq/interviews/sherman.html）；および Matt Sherman and Roger D. Carstens, *Independent Task Force on Progress and Reform*, Institute for the Theory and Practice of International Relations at the College of William and Mary, Williamsburg, VA 14 November 2008, p. 2.

33 Dexter Filkins, 'Armed Groups Propel Iraq Toward Chaos', *New York Times*, 24 May 2006, http://www.nytimes.com/2006/05/24/world/middleeast/24security.html; Andrew Buncombe and Patrick Cockburn, 'Iraq's Death Squads', *Independent on Sunday*, 26 February 2006, http://www.independent.co.uk/news/world/middle-east/iraqs-death-squads-on-the-brink-of-civil-war-467784.html.

34 Michael Moss, David Rohde, Max Becherer and Christopher Drew, 'How Iraq Police Reform Became Casualty of War', *New York Times*, 22 May 2006, http://www.nytimes.com/2006/05/22/world/middleeast/22security.html; Andrew Rathmell, *Fixing Iraq's Internal Security Forces: Why Is Reform of the Ministry of Interior so Hard?*, Post Conflict Reconstruction Project Special Briefing, Center for Strategic and International Studies, Washington DC, November 2007, p. 7, http://csis.org/files/media/csis/pubs/071113_fixingiraq.pdf.

35 例えば以下を参照. Hannah Allam, 'Wolf Brigade the Most Loved and Feared of Iraqi Security Forces', *Knight Ridder Newspapers*, 21 May 2005, http://www.mcclatchydc.com/2005/05/21/11687/wolf-brigade-the-most-loved-and.html; Sabrina Tavernise, Qais Mizher, Omar al-Neami and Sahar Nageeb, 'Alarmed by Raids, Neighbors Stand Guard in Iraq', *New York Times*, 10 May 2006, http://www.nytimes.com/2006/05/10/world/middleeast/10patrols.html.

36 例えば以下を参照. Moss et al., 'How Iraq Police Reform Became Casualty of War'.

37 以下に引用がある. 'Secret Iraq'.

38 Amnesty International, *Beyond Abu Ghraib: Detention and Torture in Iraq*, March 2006, p. 4.

39 PBS テレビによるマシュー・シャーマンへのインタビューを参照のこと.

40 2007年3月と4月に行ったインタビューから得られた情報.

41 Kilcullen, *The Accidental Guerrilla*, p. 126.

42 Allawi, *The Occupation of Iraq*, p. 319.

43 Jones, *The Report of the Independent Commission on the Security Forces of Iraq*, p. 30.

44 Anthony Shadid, *Night Draws Near: Iraq's People in the Shadow of America's War* (Picador, 2006), p. 180.

45 Marisa Cochrane, *The Fragmentation of the Sadrist Movement*, Iraq Report No. 12 (Institute for the Study of War, 2009), p. 11; and Shadid, *Night Draws Near*, p. 172.

46 Rosen, 'Anatomy of a Civil War'.

47 Shadid, *Night Draws Near*, p. 173.

48 *Ibid*.

49 International Crisis Group, 'Iraq's Shiites Under Occupation', p. 17.

50 Cochrane, *The Fragmentation of the Sadrist Movement*, p. 15.

51 Burke, *The 9/11 War*, p. 274.

52　Cochrane, *The Fragmentation of the Sadrist Movement*, p. 15.

53　以下に引用がある．Solomon Moore, 'Iraqi Militias Seen as Spinning Out Of Control', *Los Angeles Times*, 12 September 2006, http://articles.latimes.com/2006/sep/12/world/fg-militias12. 以下も参照のこと．Ghaith Abdul-Ahad, 'Tea and Kidnapping — Behind the Lines of a Civil War', *The Guardian*, 28 October 2006, http://www.guardian.co.uk/world/2006/oct/28/iraq-middleeast; Peter Beaumont, 'Inside Baghdad: Last Battle of a Stricken City', *The Observer*, 17 September 2006, http://www.guardian.co.uk/world/2006/sep/17/iraq.

54　Kagan, *The Surge*, p. 16.

55　Patrick J. McDonnell, 'Following a Death Trail to Sadr City', *Los Angeles Times*, 24 October 2006, http://articles.latimes.com/2006/oct/24/world/fg-sadr24.

56　以下を参照．Kilcullen, *The Accidental Guerrilla*, p. 126.

57　Michael Mason, 'Iraq's Medical Meltdown', *Discover Magazine*, August 2007, http://discovermagazine.com/2007/aug/iraq2019s.

58　Melissa McNamara, 'Intelligence Seen by CBS News Says Hospitals Are Commanded Centers for Shiite Militia', CBS News, October 4 2006, http://www.cbsnews.com/stories/2006/10/04/eveningnews/main2064668.shtml.

59　Ali al-Saffar, 'Iraq's Elected Criminals', *Foreign Policy*, 4 March 2010, http://www.foreignpolicy.com/articles/2010/03/04/iraqs_elected_criminals.

60　以下を参照．Lara Logan, Reporter's Notebook, CBS News, 4 October 2006, http://www.cbsnews.com/stories/2006/10/05notebook/main2064668.shtml; Amit R. Paley, 'Iraqi Hospitals Are War's New "Killing Fields"', *Washington Post*, 30 August 2006, http://www.washingtonpost.com/wp-dyn/content/article/2006/08/29/AR2006082901680.html; Nir Rosen, 'Killing Fields', *Washington Post*, 28 May 2006, http://www.washingtonpost.com/wp-dyn/content/article/2006/05/26/AR2006052601578.html.

第3章　アメリカの政策と対暴動ドクトリンの復活

1　以下を参照．Toby Dodge, 'The Ideological Roots of Failure: The Application of Kinetic Neo-Liberalism to Iraq', *International Affairs*, vol. 86, no. 6, November 2010, pp. 1,269-86.

2　ブッシュは演説のなかで2万人を増派すると語っていたが，「サージ」の一環としてイラクに追加投入された兵力は実際にはそれよりも多く，ピーク時の2007年10月の時点では3万9000人に達していた．

3　George W. Bush, 'President's Address to the Nation', 10 January 2007, http://georgewbush-whitehouse.archives.gov/news/releases/2007/01/20070110-7.html.

4　例えば以下を参照のこと．Andrew J. Bacevich, 'The Petraeus Doctrine', *The Atlantic*, October 2008, http://www.theatlantic.com/doc/200810/petraeus-doctrine;

Gian P. Gentile, 'Misreading the Surge Threatens U.S. Army's Conventional Capabilities', *World Politics Review*, 4 March 2008, http://www.worldpoliticsreview.com/article.aspx?id=1715; Pete Mansoor, 'Misreading the History of the Iraq War', *Small Wars Journal* blog, 10 March 2008, http://www.smallwarsjournal.com/blog/2008/03/misreading-the-history-of-the-iraq-war.

5 Jason Burke, *The 9/11 Wars* (Allen Lane, 2011), pp. 243-4.

6 Bob Woodward, *The War Within: A Secret White House History, 2006-2008* (Simon & Schuster, 2008), p. 15.

7 'President Addresses Nation, Discusses Iraq, War on Terror', 28 June 2005, Fort Bragg, North Carolina, http://georgewbush-whitehouse.archives.gov/news/releases/2005/06/20050628-7.html.

8 この共同作戦計画は以下に引用されている. Woodward, *The War Within*, p. 7.

9 John Koopman, 'Putting an Iraqi Face on the Fight', *San Francisco Chronicle*, 21 May 2006, http://articles.sfgate.com/2006-05-21/news/17295730_1_iraqi-officers-iraqi-security-forces-iraqi-face.

10 Louise Roug and Julian E. Barnes, 'Iraqi Forces Not Ready Yet, U.S. General Says', *Los Angeles Times*, 31 August 2006, http://articles.latimes.com/2006/aug/31/world/fg-iraq31; Julian Borger, 'The US View of Iraq: We Can Pull Out in a Year, The View on the Ground: Unbridled Savagery', *The Guardian*, 31 August 2006, http://www.guardian.co.uk/world/2006/aug/31/iraq.julianborger.

11 Michael R. Gordon, 'Iran Aiding Shiite Attacks Inside Iraq, General Says', *New York Times*, 23 June 2006, http://www.nytimes.com/2006/06/23/world/middleeast/23military.html; Michael R. Gordon, 'U.S. General in Iraq Outlines Troop Cuts', *New York Times*, 25 June 2006, http://www.nytimes.com/2006/06/25/world/middleeast/25military.html; Borger, 'The US View of Iraq'.

12 Koopman, 'Putting an Iraqi Face on the Fight'.

13 Julian Borger and Richard Norton-Taylor, 'Bush Drops 'Stay the Course' Slogan as Political Mood Sours', *The Guardian*, 25 October 2006, http://www.guardian.co.uk/world/2006/oct/25/topstories3.usa.

14 Michael E. O'Hanlon and Ian Livingston, *Iraq Index: Tracking Varieties of Reconstruction and Security in Post-Saddam Iraq*, 31 October 2010, p. 4. http://www.brookings.edu/iraqindex.

15 第三装甲騎兵連隊長H・R・マクマスター大佐による以下の報道発表を参照のこと. Army Col. H. R. McMaster, commander of the 3rd Armored Cavalry Regiment, 'Press Briefing on Overview of Operation Restoring Rights in Tall Afar, Iraq', US Department of State, Office of the Assistant Secretary of Defense (Public Affairs), 13 September 2005, http://www.defense.gov/transcripts/transcript.aspx?transcriptid=2106.

16 George Packer, 'The Lesson of Tal Afar', *The New Yorker*, 10 April 2006, http://

www.newyorker.com/archive/2006/04/10/060410fa_fact2; Thomas E. Ricks, *Fiasco: The American Military Adventure in Iraq* (Allen Lane, 2006), pp. 419–23.

17 Linda Robinson, *Tell Me How This Ends: General David Petraeus and the Search for a Way Out of Iraq* (Public Affairs, 2008), p. 76.

18 以下を参照. Burke, *The 9/11 Wars*, p. 264.

19 Thomas E. Ricks, *The Gamble: General David Petraeus and the American Military Adventure in Iraq, 2006–2008* (Allen Lane, 2009), p. 27; Stathis N. Kalyvas, 'The New US Army/Marine Corps Counterinsurgency Field Manual as Political Science and Poltical Praxis', *Perspectives on Politics*, vol. 6, no.2, June 2008, p. 351.

20 Ian F. W. Beckett, *Insurgency in Iraq: A Historical Perspective*, January 2005, Strategic Studies Institute, p. 51; http://www.carlisle.army.mil/ssi/; Lorenzo Zambernardi, 'Counterinsurgency's Impossible Trilemma', *Washington Quarterly*, vol. 33, no. 3, p. 21.

21 David Kilcullen, 'Counter-insurgency Redux', *Survival*, vol. 48, no.4, 2006, pp. 112–13.

22 David Galula, *Counter-Insurgency Warfare: Theory and Practice* (Pall Mall Press, 1964), p. 27.

23 Kalyvas, 'The New US Army/Marine Corps Counterinsurgency Field Manual', p. 351.

24 Department of The Army, *Counter-insurgency Field Manual*, FM 3–24 (Headquarters, Department of The Army, 2006), Chapter 2, paragraph 6, December 2006, http://www.fas.org/irp/doddir/army/fm3-24.pdf.

25 *Ibid*.

26 David J. Kilcullen, 'Countering Global Insurgency', *Journal of Strategic Studies*, vol. 28, no. 4, August 2005, p. 607.

27 Beatrice Heuser, 'The Cultural Revolution in Counter-Insurgency', *Journal of Strategic Studies*, vol. 30, no. 1, February 2007, pp. 153–71.

28 Department of The Army, *Counter-insurgency Field Manual*, FM 3–24 p. 1, para. 80.

29 Kalyvas, 'The New US Army/Marine Corps Counterinsurgency Field Manual', p. 352.

30 Laleh Khalili, 'The New (and Old) Classics of Counterinsurgency', *Middle East Report*, no. 255, Summer 2010, http://www.merip.org/mer/mer255/khalili.html.

31 Galula, *Counter-Insurgency Warfare*, pp. 74–7.

32 以下を参照. Montgomery McFate and Andrea V. Jackson, 'The Object Beyond War: Counterinsurgency and the Four Tools of Political Competition', *Military Review*, January-February 2006, p. 56.

33 Douglas A. Ollivant and Eric D. Chewning, 'Producing Victory: Rethinking Conventional Forces in COIN Operations', *Military Review*, July-August 2006, pp.161,

163.

34 Robinson, *Tell Me How This Ends*, pp. 82–3.

35 Kimberly Kagan, *The Surge: A Military History* (Encounter Books, 2009), pp. 196–7.

36 Emma Sky, 'Iraq 2007 — Moving Beyond Counter-Insurgency Doctrine: A First-Hand Perspective', *RUSI Journal*, vol. 153, no. 2, April 2008, p. 31.

37 駐バグダード米大使館の上級職員へのインタビュー，2007年4月1日.

38 Robinson, *Tell Me How This Ends*, p. 122.

39 Bernard B. Fall, *The Two Vietnams: A Political and Military Analysis* (Frederick Praeger, 1968), pp. 106–7.〔バーナード・フォール著／高田市太郎訳『二つのベトナム』(毎日新聞社1966年)，116ページ〕

40 Eric R. Wolf, *Peasant Wars of the Twentieth Century* (Faber and Faber, 1969), p. 243.

41 Thomas J. Sills, 'Counterinsurgency Operations in Baghdad: The Actions of 1–4 Cavalry in the East Rashid Security District', *Military Review*, May-June 2009, pp. 97–105; Thomas Ricks, 'Understanding the Surge in Iraq and What's Ahead', *E-Notes*, May 2009, http://www.fpri.org/enotes/200905.ricks.understandingsurgeiraq.html.

42 バグダードのルサーファ地区で行った複数のインタビュー．2007年4月22日.

43 O'Hanlon and Ian Livingston, *Iraq Index*, p. 9.

44 Dana Hedgpeth and Sarah Cohen, 'Money as a Weapon', *Washington Post*, 11 August 2008, http://www.washingtonpost.com/wp-dyn/content/article/2008/08/10/AR2008081002512.html.

45 以下を参照. Kagan, *The Surge*; Mark Urban, *Task Force Black: The Explosive True Story of the SAS and the Secret War in Iraq* (Little, Brown, 2010).

46 O'Hanlon and Ian Livingston, *Iraq Index*, p. 4.

47 Alissa J. Rubin, 'Frustration Over Wall Unites Sunni and Shiite', *New York Times*, 24 April 2007, http://www.nytimes.com/2007/04/24/world/middleeast/24iraq.html; Mike Nizza, 'Baghdad's "Great Wall of Adhamiya"', *New York Times* blog, 20 April 2007, http://thelede.blogs.nytimes.com/2007/04/20/baghdads-great-wall-of-adhamiya.

48 Robinson, *Tell Me How This Ends*, p. 230.

49 Nir Rosen, 'The Great Divide', *The National*, 5 June 2008, http://www.thenational.ae/article/20080605/REVIEW/708177227/1043&profile=1043.

50 バグダードのカルフ，ルサーファ両治安地区で行ったインタビュー．2007年4月.

51 David S. Cloud and Damien Cave, 'Commanders Say Push in Baghdad Is Short of Goal', *New York Times*, 4 June 2007, http://www.nytimes.com/2007/06/04/world/middleeast/04surge.html?pagewanted=all.

52 Kalyvas, 'The New US Army/Marine Corps Counterinsurgency Field Manual'; Khalili, 'The New (and Old) Classics of Counterinsurgency'.

53　Jonathan Steele, 'The Viceroy of Baghdad', *The Observer*, 23 April 2006, http://www.guardian.co.uk/world/2006/apr/23/iraq.jonathansteele; Dana Priest, 'U.S. Talks With Iraqi Insurgents Confirmed', *Washington Post*, 27 June 2005, http://www.washingtonpost.com/wp-dyn/content/article/2005/06/26/AR2005062600096.html. 以下も参照. Allawi, *The Occupation of Iraq*, p. 399.

54　以下を参照. http://www.sigir.mil/directorates/interactiveMap.html#.

55　以下を参照. Steele, 'To the US Troops It Was Self-defence'.

56　International Crisis Group, 'Iraq After the Surge I: The New Sunni Landscape', *Middle East Report*, no. 74, 30 April 2008, p. 3.

57　International Crisis Group, 'Iraq After the Surge I', p. 3.

58　Burke, *The 9/11 Wars*, p. 249.

59　International Crisis Group, 'Iraq After the Surge I', p. 4.

60　Carter Malkasian, 'Did the Coalition Need More Forces in Iraq? Evidence from Al Anbar', *Joint Force Quarterly*, nol. 46, 3rd Quarter 2007, p. 123.

61　Austin Long, 'The Anbar Awakening', *Survival*, vol. 50, no. 2, p. 78.

62　Ibid.

63　Malkasian, 'Did the Coalition Need More Forces in Iraq?'.

64　Long, 'The Anbar Awakening', p. 79.

65　Ibid.

66　Kagan, *The Surge*, p. 67; Ricks, *The Gamble*, p. 64.

67　David Kilcullen, *The Accidental Guerrilla* (Hurst & Co., 2009), p. 173.

68　Toby Dodge, *Inventing Iraq: The Failure of Nation Building and a History Denied* (Columbia University Press and Hurst & Co., 2003), pp. 87-9.

69　Andrew Phillips, 'How Al Qaeda Lost Iraq', *Australian Journal of International Affairs*, vol. 63, no. 1, p. 73.

70　Ricks, *The Gamble*, p. 66.

71　Office of the Special Inspector General for Iraq Reconstruction, 'Sons of Iraq Program: Results Are Uncertain and Financial Controls Were Weak', *SIGIR Report*, 11-010, 28 January 2011, p. 11, http://www.sigir.mil/files/audits/111-010.pdf.

72　Urban, *Task Force Black*, p. 185.

73　General David H. Petraeus, 'Report to Congress on the Situation in Iraq', 10-11 September 2007, p. 1, http://www.defense.gov/pubs/pdfs/Petraeus-Testimony20070910.pdf.

74　Office of the Special Inspector General for Iraq Reconstruction, 'Sons of Iraq Program', p. 2.

75　David Kilcullen, 'Anatomy of a Tribal Revolt', Small Wars Journal blog, 29 August 2007, http://smallwarsjournal.com/blog/anatomy-of-a-tribal-revolt.

76　*Counter-insurgency Field Manual*, FM 3-24 (Headquarters, Department of The Army, 2006), (2-16).

77 FM 3-24, 3-27.

78 Roberto J. González, 'Going 'Tribal': Notes on Pacification in the 21st Century', *Anthropology Today*, vol. 25. no. 2, April 2009, p. 15.

79 Faleh A. Jabar, 'Sheikhs and Ideologues: Deconstruction and Reconstruction of Tribes under Patrimonial Totalitarianism in Iraq, 1968-1998', in Faleh A. Jabar and Hosham Dawod (eds), *Tribes and Power: Nationalism and Ethnicity in the Middle East* (Saqi, 2003), pp. 69-101.

80 David Kilcullen, 'Anatomy of a Tribal Revolt'.

81 Special Inspector General for Iraq Reconstruction, 'Sons of Iraq Program', p. 2; Ricks, *The Gamble*, p. 215.

82 Special Inspector General for Iraq Reconstruction, 'Sons of Iraq Program'.

83 Kilcullen, 'Anatomy of a Tribal Revolt'.

84 以下に引用がある. Michael R. Gordon, 'The Former-Insurgent Counterinsurgency', *New York Times*, 2 September 2007, http://www.nytimes.com/2007/09/02/magazine/02iraq-t.html.

85 Martin Fletcher, 'Are They Guardians of Ghazaliyah? Or Is the US Giving Guns to a Sectarian Gang?', *The Times*, 6 September 2007, http://www.timesonline.co.uk/tol/news/world/iraq/article2395562.ece; Special Inspector General for Iraq Reconstruction, 'Sons of Iraq Program', p. 2.

86 Ghaith Abdul-Ahad, 'Meet Abu Abed: the US's New Ally Against al-Qaida', *The Guardian*, 10 November 2007, http://www.guardian.co.uk/world/2007/nov/10/usa-al-qaida; Nir Rosen, *Aftermath: Following the Bloodshed of America's Wars in the Muslim World* (Nation Books, 2010), p. 283; Robinson, *Tell Me How This Ends*, pp. 236-42.

87 Ricks, *The Gamble*, p. 205.

88 Brian Katulis, Peter Juul, and Ian Moss, 'Awakening to New Dangers in Iraq Sunni 'Allies' Pose an Emerging Threat (Center for American Progress, February 2008), http://www.americanprogress.org/issues/2008/02/pdf/new_dangers.pdf.

89 Ricks, *The Gamble*, p. 204.

90 Leila Fadel, 'Shiite Leaders Oppose Expansion of US-backed Citizens Groups', *McClatchy*, 21 December 2007, http://www.mcclatchydc.com/iraq/story/23567.html.

91 Leila Fadel, 'U.S. Sponsorship of Sunni Groups Worries Iraq's Government', *McClatchy*, 29 November 2007, http://www.mcclatchydc.com/iraq/story/22259.html.

92 以下を参照. Safa Rasul al-Sheikh and Emma Sky, 'Iraq Since 2003: Perspectives on a Divided Society', *Survival*, vol. 53, no. 4, August-September 2011, p. 130; Robinson, *Tell Me How This Ends*, p. 245.

93 Ned Parker, 'Distrusted by the Shiite-led Government, the Sons of Iraq Face Arrests and Could Return to Insurgency', *Los Angeles Times*, 23 August 2008, http://www.latimes.com/news/printedition/front/la-fg-sons23-2008aug23,0,2435302.story.

94　O'Hanlon and Ian Livingston, *Iraq Index*, 30 October 2008, p. 12.

95　以下を参照. Sam Parker, 'Guest Post: Behind the Curtain in Diyala', http://www.cnas.org/blogs/abumuqawama/2008/08/guest-post-behind-curtain-diyal.html, 20August2008.

96　Nicholas Spangler, 'U.S. Denounces Chaotic Iraqi Raid', *McClatchy*, 20 August 2008, http://www.mcclatchydc.com/iraq/story/49518.html.

97　例えば以下を参照. Richard A. Oppel, 'Iraq Takes Aim at U.S.-Tied Sunni Groups' Leaders', *New York Times*, 21 August 2008, http://www.nytimes.com/2008/08/22/world/middleeast/22sunni.html; Ned Parker, 'Iraq Seeks Breakup of Sunni Fighters', *Los Angeles Times*, 23 August 2008, http://articles.latimes.com/2008/aug/23/world/fg-sons23; Nir Rosen, 'The Big Sleep—Iraq, the Americans, and the Sunni-Shi'a Civil War', 24 April 2009, http://www.thephora.net/forum/showthread.php?t=49910; *The National*, 24 April 2009, http://thenational.ae/article/20090424/REVIEW/704239996/1008.

98　Nir Rosen, 'The Big Sleep'.

99　Shadid, *Night Draws Near*.

100　Rosen, *Aftermath*, p. 236.

101　International Crisis Group, 'Iraq's Civil War, the Sadrists and the Surge', *Middle East Report*, no. 72, 7 February 2008, p. 20.

102　サドルの発言は以下に引用されている. 'Iraq Cleric Sadr Explains Absence', BBC News, 7 March 2008, http://news.bbc.co.uk/ 1 /hi/world/middle_east/7284211.stm.

103　Rosen, *Aftermath*, p. 271.

104　以下に引用がある. Ali al-Mashakheel and Nick Schifrin, 'Anti-U.S. Cleric to Lay Down Weapons: Moqtada al-Sadr Says He'll Turn Iraq Militia into Nonviolent Organization', ABC News, 7 August 2008, http://abcnews.go.com/International/story?id=5536519&page=1.

105　Urban, *Task Force Black*. p. 53.

106　以下を参照. David H. Petraeus, 'Multi-National Force-Iraq Commanders Counter-insurgency Guidance', *Military Review*, vol. 8, no. 5, September/October 2008, http://nesa-center.org/files/CG%20COIN%20Unclass%20AnacondaGuidance%20 20July08.pdf.

107　以下を参照. 'Why Iraqis Cherish Their Mobile Phones: Iraq's Mobile-phone Revolution', *The Economist*, 12 November 2009, http://www.economist.com/node/14870118.

第４章　行政と軍事的能力の再建

1　*Counter-insurgency Field Manual*, FM 3-24（Headquarters, Department of the Army, 2006）, page 1, paragraph 166（１-116）.

2 Special Inspector General for Iraq Reconstruction, *Quarterly Report and Semiannual Report to the United States Congress*, 30 April 2012, p. 2, http://www.sigir.mil/files/quarterlyreports/April2012/Report_-_April_2012.pdf#view=fit.

3 Sam Dagher, 'Iraqis Face Uncertain Future as U.S. Ends Combat Mission', *Wall Street Journal*, 27 August 2010, http://online.wsj.com/article/SB10001424052748704913704575453303215595156.html; Martin Chulov, 'Iraq Tries to Play Down General's Remarks over US Withdrawal', *The Guardian*, 12 August 2010, http://www.guardian.co.uk/world/2010/aug/12/iraq-general-unease-us-withdrawal.

4 'Letter from L. Paul Bremer to George W. Bush', 22 May 2003. 以下に採録されたもの. *New York Times*, http://www.nytimes.com/ref/washington/04bremer-text1.html?ref=washington/23military.html.

5 Rajiv Chandrasekaran, *Imperial Life in the Emerald City: Inside Baghdad's Green Zone* (Bloomsbury, 2007), p. 85.〔ラジブ・チャンドラセカラン著／徳川家広訳『グリーン・ゾーン』(集英社インターナショナル2010年), 129ページ〕

6 Eric Schmitt. 'U.S. Plans Iraqi Force for Civil Defense', *International Herald Tribune*, 21 July 2003.

7 Special Inspector General for Iraq Reconstruction, *Hard Lessons*, p. 133, http://www.sigir.mil/files/HardLessons/Hard_Lessons_Report.pdf.

8 *Ibid*, p. 134.

9 Sabrina Tavernise and John F. Burns, 'As Iraqi Army Trains, Word in the Field Is It May Take Years', *New York Times*, 13 June 2005, http://www.nytimes.com/2005/06/13/international/middleeast/13training.html.

10 Ricks, *The Gamble*, p. 199.

11 Anthony Cordesman, *Iraqi Force Development: A Progress Report, Working Draft, Center for Strategic and International Studies*, Washington DC, 23 August 2007, http://csis.org/files/media/csis/pubs/070823_iraqi_force_development.pdf; Special Inspector General for Iraq Reconstruction, *Quarterly Report and Semiannual Report to the United States Congress*, 30 July 2011, p. 70, http://www.sigir.mil/files/quarterlyreports/July2011/Report_-_July_2011.pdf.

12 Special Inspector General for Iraq Reconstruction, *Quarterly Report and Semiannual Report to the United States Congress*, 30 January 2012, p. 68, http://www.sigir.mil/files/quarterlyreports/January2012/Report_-_January_2012.pdf.

13 以下を参照. Toby Dodge, 'The Ideological Roots of Failure', pp. 1,269-86.

14 Toby Dodge, 'Cake Walk, Coup or Urban Warfare: The Battle for Iraq', in Toby Dodge and Steven Simon (eds), *Iraq at the Crossroads: State and Society in the Shadow of Regime Change* (International Institute for Strategic Studies and Oxford University Press, 2003), pp. 59-75.

15 General James L. Jones, *The Report of the Independent Commission on the Security Forces of Iraq*, September 2007, p. 55, http://www.csis.org/program/independent-

commission-security-forces-iraq.

16　以下を参照．Samuel P. Huntington, *Political Order in Changing Societies* (Yale University Press, 1968), pp. 192, 216〔サミュエル・ハンチントン著／内山秀夫訳『変革期社会の政治秩序　上・下』（サイマル出版会1972年）〕; S. E. Finer, *The Man on Horseback: The Role of the Military in Politics* (Penguin, 1976), pp. 104, 200.

17　国防省の雇用者数は27万1400人で，これは陸軍（19万3421人）と空軍（5053人），下部組織を合わせた数である．これに対し内務省は53万1000人．警察の雇用者数は30万2000人で，これには施設警備隊（9万5000人），国境警備隊（6万人），イラク連邦警察（4万4000人），石油警察（3万人）が含まれる．以下の文献に基づく．Special Inspector General for Iraq Reconstruction, *Quarterly Report and Semiannual Report to the United States Congress*, p. 75.

18　Anthony H. Cordesman with Adam Mausner and Elena Derby, *Iraq and the United States: Creating a Strategic Partnership* (Center for Strategic and International Studies, June 2010), p. 312.

19　Special Inspector General for Iraq Reconstruction, *Quarterly Report to the United States Congress*, 30 October 2010, p. 34, http://www.sigir.mil/files/quarterlyreports/October2010/Report_-_October_2010.pdf#view=fit.

20　International Institute for Strategic Studies, *The Military Balance* 2013, p. 41.

21　Jane Arraf, 'Iraqi Army: Almost One-quarter Lacks Minimum Qualifications', *Christian Science Monitor*, 22 May 2009, http://www.csmonitor.com//2009/0522/p06s07-wome.html.

22　Timothy Williams and Omar al-Jawoshy, 'Drug and Alcohol Abuse Growing in Iraqi Forces', *New York Times*, 24 October 2010, http://www.nytimes.com/2010/10/25/world/middleeast/25baghdad.html.

23　Barak Salmoni, 'Responsible Partnership: The Iraqi National Security Sector after 2011', *Policy Focus*, no. 112, Washington Institute for Near East Policy, May 2011, p. 10, http://www.washingtoninstitute.org/templateC04.php?CID=343.

24　以下を参照．'Text of memo from Col. Timothy R. Reese, Chief, Baghdad Operations Command Advisory Team, MND-B, Baghdad, Iraq', 30 July 2009, http://www.nytimes.com/2009/07/31/world/middleeast/31advtext.html.

25　Anthony H. Cordesman, *The U.S. Transition in Iraq: Iraqi Forces and U.S. Military Aid*, 21 October 2010, p. 21, http://csis.org/files/publication/101019_IraqiForcesMilAid.pdf.

26　Salmoni, 'Responsible Partnership', p. 11; Cordesman, Mausner and Derby, *Iraq and the United States*, p. 269.

27　Steven Lee Myers, 'Concerns Mount on Preparedness of Iraq's Forces' *New York Times*. 7 May 2009, http://www.nytimes.com/2009/05/08/world/middleeast/08security.html?pagewanted=all.

28　Alexander Zavis, 'Iraqi Troops not Ready to Go it Alone', *Los Angeles Times*, 1

September 2008, http://articles.latimes.com/2008/sep/01/world/fg-army1; Ernesto Londoño, 'Lower Oil Prices Lead Iraqi Security Forces to Cut Payrolls, Halt Key Purchases', *Washington Post*, 20 May 2009, http://www.washingtonpost.com/wp-dyn/content/article/2009/05/19/AR2009051903259.html; Nir Rosen, 'Iraq's Fragile Peace Rests on Its Own Forces', *The National*, 10 September 2010, http://www.thenational.ae/news/world/middle-east/iraqs-fragile-peace-rests-on-its-own-forces.

29 Michael Knights, 'The Iraqi Security Forces: Local Context and U.S. Assistance', *Policy Notes*, no. 4, Washington Institute for Near East Policy, June 2011, http://www.washingtoninstitute.org/uploads/Documents/pubs/PolicyNote04.pdf, p. 6.

30 Jones, *The Report of the Independent Commission on the Security Forces of Iraq*, September 2007, p. 45.

31 International Crisis Group, 'Loose Ends: Iraq's Security Forces between US Drawdown and Withdrawal', *Middle East Report*, no. 99, 26 October 2010, p. 18.

32 Jones, *The Report of the Independent Commission on the Security Forces of Iraq*, September 2007, p. 80; Cordesman, *Iraqi Force Development*, p. 30; Tim Arango, 'Iraq's Forces Prove Able, But Loyalty Is Uncertain', *New York Times*, 13 April 2010, http://www.nytimes.com/2010/04/14/world/middleeast/14security.html.

33 Nada Bakri, 'In Iraq, Battling an Internal Bane', *Washington Post*, 22 October 2009, http://www.washingtonpost.com/wp-dyn/content/article/2009/10/21/AR2009102103617.html.

34 ブッシュ米大統領の国家安全保障担当顧問スティーヴン・ハドリーがバグダードから帰国した後に書いたマーリキーに関するメモ．2006年11月．'Text of U.S. Security Adviser's Iraq Memo', *New York Times*, http://www.nytimes.com/2006/11/29/world/middleeast/29mtext.html.

35 Salmoni, 'Responsible Partnership', p. 14.

36 Robinson, *Tell Me How This Ends*, p. 157.

37 Cordesman, Mausner and Derby, *Iraq and the United States*, p. 268.

38 International Crisis Group, 'Loose Ends', p. 7.

39 Shane Bauer, 'Iraq's New Death Squad', *The Nation*, 22 June 2009, http://www.thenation.com/doc/20090622/bauer.

40 Department of Defense, *Measuring Stability and Security in Iraq*, December 2009, p. 66, http://www.defense.gov/pubs/pdfs/Master_9204_29Jan10_FINAL_SIGNED.pdf.

41 Nir Rosen, 'Iraqi Security Forces and the Iraqi Political Mess', *The National*, 3 September 2010, http://www.thenational.ae/news/worldwide/middle-east/iraqs-fragile-peace-rests-on-its-own-forces.

42 International Crisis Group, 'Loose Ends',pp. 8–10.

43 Patrick Cockburn, 'The US Can Quit Iraq, or It Can Stay. But It Can't Do Both', *The Independent*, 11 November 2008, https://www.commondreams.org/view/

2008/11/11-5.

44　David Ignatius, 'Behind the Carnage in Baghdad,' *Washington Post*, 25 August 2009, http://articles.washingtonpost.com/2009-08-25/opinions/36876520_1_maliki-security-forces-adel-abdul-mahdi.

45　International Crisis Group, 'Loose Ends', pp. 8-10.

46　Shashank Bengali, 'WikiLeaks: Maliki filled Iraqi security services with Shiites', *McClatchy*, 3 December 2010, http://www.mcclatchydc.com/2010/12/03/104726/us-cables-say-maliki-filled-iraqi.html.

47　Joel S. Migdal, *Strong Societies and Weak States: State-Society Relations and State Capabilities in the Third World* (Princeton University Press, 1988).

48　Andrea Kathryn Talentino, 'The Two Faces of Nation-Building: Developing Function and Identity', *Cambridge Review of International Affairs*, vol. 17, no. 3, October 2004, pp. 557, 571.

49　Isam al-Khafaji, 'The Myth of Iraqi Exceptionalism', *Middle East Policy*, vol. 7, no. 4, October 2000, p. 68.

50　Charles Tripp, *A History of Iraq* (Cambridge University Press, 2000), pp. 205-6.〔チャールズ・トリップ著／大野元裕監修／岩永尚子ほか訳『イラクの歴史』（明石書店2004年）〕

51　Peter Boone, Haris Gazdar and Athar Hussain, 'Sanctions against Iraq: Costs of Failure', paper delivered at the conference 'Frustrated Development: The Iraqi Economy in War and in Peace', Centre for Gulf Studies, University of Exeter, in collaboration with the Iraqi Economic Forum, 1997, pp. 9, 40.

52　Nikki van der Gaag, 'Iraq: The Pride And The Pain', *New Internationalist*, no. 316, 1999, p. 8.

53　Khafaji, 'The Myth of Iraqi Exceptionalism', p. 82.

54　Phillips, *Losing Iraq*, p. 135.

55　Larry Diamond, *Squandered Victory: The American Occupation and the Bungled Effort to Bring Democracy to Iraq* (Times Books, 2005), p. 282; Packer, *The Assassins' Gate*, p. 111.〔ジョージ・パッカー著／豊田英子訳『イラク戦争のアメリカ』（みすず書房2008年）〕

56　以下を参照. Phillips, *Losing Iraq*, pp. 145-6 ; L. Paul Bremer III with Malcolm McConnell, *My Year in Iraq*, p. 40; Packer, *The Assassins' Gate*, p. 191.〔訳書235ページ〕

57　Chandrasekaran, *Imperial Life in the Emerald City*, pp. 79-80.〔訳書121ページ〕

58　Special Inspector General for Iraq Reconstruction, *Hard Lessons*, pp. 95-6.

59　Special Inspector General for Iraq Reconstruction, *Quarterly Report*, 30 April 2012, pp. 17, 24.

60　Report of the Government Assessment Team, Baghdad, 24 April, 2008, p. 2.

61　Special Inspector General for Iraq Reconstruction, *Hard Lessons*, p. 170.

62 Campbell Robertson, 'Iraq Private Sector Falters; Rolls of Government Soar', *New York Times*, 10 August, 2008, http://www.nytimes.com/2008/08/11/world/middleeast/11baghdad.html ; Central Intelligence Agency, *World Fact Book*, https://www.cia.gov/library/publications/the-world-factbook/geos/iz.html.

63 Joel Wing, '2010 Budget Passed', *Musings on Iraq*, 28 January, 2010, http://musingsoniraq.blogspot.co.uk/2010/01/2010-iraq-budget-passed.html; Special Inspector General for Iraq Reconstruction, *Quarterly Report*, 30 April 2012, p. 9, http://www.sigir.mil/files/quarterlyreports/April2012/Report_-_April_2012.pdf#view=fit.

64 Liz Sly, 'Economic Downturn Finally Hits Iraq', *Los Angeles Times*, 11 May, 2009, http://articles.latimes.com/2009/may/11/world/fg-iraq-economy11.

65 Special Inspector General for Iraq Reconstruction, *Quarterly Report*, 30 January, 2011, p. 98, 30 April, p. 119 and 30 January 2012, p. 76.

66 Special Inspector General for Iraq Reconstruction, *Hard Lessons*, p. 146.

67 Allawi, *The Occupation of Iraq*, pp. 257-58.

68 Special Inspector General for Iraq Reconstruction, *Hard Lessons*, p. 152.

69 Ben Lando, 'Power Problems May Continue Through Summer', *Iraq Oil Report*, 21 January 2011, http://www.iraqoilreport.com/energy/electricity/power-problems-may-continue-through-summer-5296.

70 *Ibid*.

71 Iraq Knowledge Network, 'Essential Services Factsheet', December 2011, http://www.japuiraq.org/documents/1583/ServicesFactsheet-English.pdf.

72 Transparency International, Corruption Perceptions Index 2011, http://cpi.transparency.org/cpi2011/results.

73 Special Inspector General for Iraq Reconstruction, *Quarterly Report and Semiannual Report to the United States Congress*, 30 January 2012, p. 9, http://www.sigir.mil/files/quarterlyreports/January2012/Report_-_January_2012.pdf#view=fit.

74 Special Inspector General for Iraq Reconstruction, *Quarterly Report and Semiannual Report to the United States Congress*, 30 July 2011, p. 8, http://www.sigir.mil/files/quarterlyreports/July2011/Report_-_July_2011.pdf#view=fit.

75 Special Inspector General for Iraq Reconstruction, *Quarterly Report and Semiannual Report to the United States Congress*, 30 April 2012, p. 7, http://www.sigir.mil/files/quarterlyreports/April2012/Report_-_April_2012.pdf#view=fit.

76 Special Inspector General for Iraq Reconstruction, *Quarterly Report and Semiannual Report to the United States Congress*, 30 April 2011, pp. 5-6, http://www.sigir.mil/files/quarterlyreports/April2011/Report_-_April_2011.pdf#view=fit.

第5章　エリート間の排他的な取り引きと新しい権威主義の高まり

1 International Crisis Group, 'Iraq's Provincial Elections: The Stakes', *Middle East*

Report, no. 82, 27 January 2009, p. i, http://www.crisisgroup.org/en/regions/middle-east-north-africa/iraq-iran-gulf/iraq/082-iraqs-provincial-elections-the-stakes.aspx.

2　Mark Turner, 'Poll Planning on Track But No Room for Hitches', *Financial Times*, 14 October 2004.

3　Adeed Dawisha and Larry Diamond, 'Iraq's Year of Voting Dangerously', *Journal of Democracy*, vol. 17, no. 2, April 2006, p. 93.

4　Juan Cole, 'Civil War? What Civil War?', *Salon*, 23 March 2003, http://www.salon.com/2006/03/23/civil_war/; Phebe Marr, 'Who Are Iraq's New Leaders? What Do They Want?', United States Institute of Peace, Special Report 160, March 2006, http://www.usip.org/files/resources/sr160.pdf.

5　Juan Cole, 'Iraqi Parliament Passes Electoral Law; Obama Hails Move Toward Indpendence; Kurdistan Wins on Kirkuk', *Informed Comment*, 9 November 2009, http://www.juancole.com/2009/11/iraqi-parliament-passes-electoral-law.html.

6　Reidar Visser, 'No Longer Supreme: After Local Elections, ISCI Becomes a 10 Per Cent Party South of Baghdad', *Southern Iraq and Iraqi Politics*, 5 February 2009, http://www.historiae.org/ISCI.asp.

7　Reidar Visser, 'A Closed Assembly Will Produce a Closed List', *Gulf Analysis*, 16 October 2009, http://gulfanalysis.wordpress.com/2009/10/16/a-closed-assembly-will-produce-a-closed-list.

8　Roy Gutman, 'In Najaf, Iraq's Shiite Clerics Push for Direct Elections', *McClatchy*, 19 October 2009, http://www.mcclatchydc.com/2009/10/19/77413/in-najaf-iraqs-shiite-clerics.html.

9　以下を参照. Roel Meijer, 'Sunni Factions and the "Political Process"', in Markus E. Bouillon, David M. Malone, Ben Rowswell（eds.）, *Iraq: Preventing a New Generation of Conflict*（Lynne Rienner Publishers, 2007）, pp. 89–108.

10　Marina Ottaway and Danial Kaysi, 'Sunnis in Iraq, 6 Years after Saddam', Carnegie Middle East Center, 10 December 2009, http://carnegie-mec.org/publications/?fa=24292.

11　International Crisis Group, 'Iraq's Secular Opposition: The Rise and Decline of Al-Iraqiya', *Middle East Report*, no. 127, 31 July 2012, p. 10, http://www.crisisgroup.org/en/regions/middle-east-north-africa/iraq-iran-gulf/iraq/127-iraqs-secular-opposition-the-rise-and-decline-of-al-iraqiya.aspx.

12　アンソニー・シャディド（Anthony Shadid）へのインタビュー．以下に収録. David Kenner（ed.）, 'Iraq At Eye Level', *Foreign Policy*, 8 March 2010, www.foreignpolicy.com/articles/2010/03/08/iraq_at_eye_level.

13　2010年の選挙の結果については以下を参照されたい．International Crisis Group, 'Iraq's Secular Opposition', pp. 12–13; Adeed Dawisha, 'Iraq: A Vote Against Sectarianism', *Journal of Democracy*, vol. 21, no. 3, July 2010, p. 36; Joel Wing, 'Iraq's Politics; Not Much Changed by 2010 Election', *Musings on Iraq*, 21 May, 2010,

http://musingsoniraq.blogspot.jp/2010/05/iraqs-politics-not-much-changed-by-2010.html.

14 Salam Faraj, 'Iraq Election Officials Bar Nearly 500 Candidates from Poll', Agence France Press, 15 January 2010, http://www.google.com/hostednews/afp/article/ALeqM5iq5fJFplxZiPms3wzK1upE0lpP1A.

15 Leila Fadel and Ernesto Londoño, 'Hand of Iran Seen by Some in Iraqi Candidates' Bans', *Washington Post*, 19 January 2010, http://articles.washingtonpost.com/2010-01-19/world/36872326_1_iraq-s-sunni-mustafa-kamal-shibeeb-iraqi-candidates.

16 'Iraqi Election Commission Bans 500 Candidates', BBC News, 15 January 2010, http://news.bbc.co.uk/ 2 /hi/8461275.stm.

17 Reidar Visser, 'Mutlak and Ani Are Banned: Miscarriage of Justice in Iraq' *Gulf Analysis*, 11 February 2010, http://gulfanalysis.wordpress.com/2010/02/11/mutlak-and-ani-are-banned-miscarriage-of-justice-in-iraq.

18 Nada Bakri, 'The Rise and Fall of a Sunni in Baghdad', *New York Times*, 18 January 2010, http://www.nytimes.com/2010/01/19/world/middleeast/19sunni.html.

19 Reidar Visser, 'Governorate and Party-Level Indicators of De-Baathification, Plus Some Breaking News', *Gulf Analysis*, 16 February 2010, http://gulfanalysis.wordpress.com/2010/02/16/governorate-and-party-level-indicators-of-de-baathification-plus-some-breaking-news.

20 Dawisha, 'Iraq: A Vote Against Sectarianism', p. 37.

21 Toby Dodge, 'Iraq's Perilous Political Carve-up', *IISS Voices Blog*, 16 November 2010, http://www.iiss.org/whats-new/iiss-voices/?blogpost=91.

22 Joel D. Rayburn, 'Rise of the Maliki Regime', *Journal of International Security Affairs*, no. 22, Spring/Summer 2012.

23 Hosham Dawod, 'Nouri al-Maliki: The Construction and Deconstruction of Power in Iraq', *Near East Quarterly*, 30 June 2012, p. 3, http://www.neareastquarterly.com/index.php/2012/06/30/nouri-al-maliki-the-construction-and-deconstruction-of-power-in-iraq.

24 Ned Parker, 'The Iraq We Left Behind; Welcome to the World's Next Failed State', *Foreign Affairs*, vol. 91, no. 2, p. 100.

25 マクマスターの発言．以下に引用がある．'Secret Iraq', Part 2, BBC 2, 6 October 2010.

26 Leila Fadel and Nancy A. Youssef, 'Is 'Success' of U.S. Surge in Iraq about to Unravel'? *McClatchy* 24 March 2008, http://www.mcclatchydc.com/iraq/story/31527.html; Seattle Times News Service, 'Fighting Leaves Crucial Truce with Iraq Militia in Shambles', *Seattle Times*, 26 March 2008, http://seattletimes.nwsource.com/html/iraq/2004306601_iraq26.html; Peter Graff, 'U.S. Special Forces Units Working with Iraqi Troops in Basra', Reuters, 30 March 2008, http://www.reuters.com/article/latestCrisis/idUSL30612974.

27　以下を参照. International Crisis Group, 'Iraq's Provincial Elections', fn. 96.

28　International Institute for Strategic Studies, 'Iraq's Provincial Elections', *Strategic Comments*, vol. 15, no. 1, 2009.

29　Ned Parker and Caesar Ahmed, 'Maliki Seeks Recount in Iraq Elections', *Los Angeles Times*, 22 March 2010, http://articles.latimes.com/2010/mar/22/world/la-fg-iraq-election22-2010mar22.

30　Gabriel Gatehouse, '"No Fraud Found" as Iraq Election Recount Ends', BBC News, 14 May, 2010, http://news.bbc.co.uk/ 2 /hi/8684071.stm.

31　Special Inspector General for Iraq Reconstruction, *Quarterly Report and Semiannual Report to the United States Congress*, July 2011, p. 60; Special Inspector General for Iraq Reconstruction, *Quarterly Report and Semiannual Report to the United States Congress*, October 2011, p. 40.

32　筆者が行った匿名インタビュー.

33　Roy Gutman, 'Iraq's Maliki Rebuffs Biden, Signals Move to Shiite Rule', *McClatchy*, 21 December 2011, http://www.mcclatchydc.com/2011/12/21/133802/iraqs-maliki-rebuffs-biden-signals.html#.UiB11Y5fwzY.

34　Special Inspector General for Iraq Reconstruction, *Quarterly Report and Semiannual Report to the United States Congress*, April 2011.

35　Ali Latif, 'Iranian Lobby Topples Iraqi Central Bank Governor', *Azzaman*, 16 October 2012, republished in al-Monitor, http://www.al-monitor.com/pulse/business/2012/10/warrant-issued-for-iraqs-central-bank-governor.htmlutm_source=&utm_medium=email&utm_campaign=4858.

36　Special Inspector General for Iraq Reconstruction, *Quarterly Report and Semiannual Report to the United States Congress*, April 2013, p. 73.

37　Tim Arango, 'Iraq Election Official's Arrest Casts Doubt on Prospect for Fair Voting', *New York Times*, 16 April 2012, http://www.nytimes.com/2012/04/17/world/middleeast/iraq-arrest-calls-fair-elections-into-question.html?_r=0; 'Iraq Election Chief Gets Prison Sentence for Graft', Agence France Presse, 28 August 2012, http://www.google.com/hostednews/afp/article/ALeqM5hGq3HTU-mfY0SGVgSothEHiOsb_w?docId=CNG.682a24f16b365825cf867757eef8144e.d81&hl=en.

38　イラク憲法第116および117, 119, 120, 121条を参照. http://www.uniraq.org/documents/iraqi_constitution.pdf.

39　Marina Ottaway and Danial Kaysi, *The State of Iraq* (Carnegie Endowment, 2012), pp. 13-14, http://carnegieendowment.org/files/state_of_iraq.pdf.

40　*Ibid*., p. 14.

41　Dan Morse and Asaad Majeed, 'Iraq Premier Nouri al-Maliki Challenges Restive Provinces', *Washington Post*, 24 December 2011, http://articles.washingtonpost.com/2011-12-24/world/35287780_1_maliki-hashimi-political-crisis.

42　Marisa Sullivan, 'Iraq's Post-Withdrawal Crisis, Update 2', Institute for the Study

of War, 23 December 2011, http://www.understandingwar.org/backgrounder/iraqs-post-withdrawal-crisis-update-2.

43 Roy Gutman, 'Iraq Orders Vice President's Arrest after TV "Confessions"', *McClatchy*, 19 December 2011, http://www.mcclatchydc.com/2011/12/19/133575/iraq-orders-vice-presidents-arrest.html#.UiRImY5fwb0.

44 Joel Wing, 'Charges Against Iraq's Vice President, And Why They Matter', *Musings on Iraq*, 26 December 2011, http://musingsoniraq.blogspot.com/2011/12/charges-against-iraqs-vice-president.html.

45 Ghaith Abdul-Ahad, 'Corruption in Iraq: "Your Son Is Being Tortured. He Will Die If You Don't Pay"', *The Guardian*, 16 January 2012, http://www.guardian.co.uk/world/2012/jan/16/corruption-iraq-son-tortured-pay.

46 Roy Gutman, 'Iraqi VP Denies Terror Charges as Sectarian Dispute Continues', *McClatchy*, 20 December 2011, http://www.mcclatchydc.com/2011/12/20/133693/iraqi-vp-denies-terror-charges.html#storylink=cpy.

47 'Iraq Vice-President Hashemi's Guards "Die in Custody"', BBC News, 11 April 2012, 11 April 2012, http://www.bbc.co.uk/news/world-middle-east-17675666.

48 Mustafa Habib, 'Niqash Interview with Iraqi Vice President: US Withdrawal "Nothing to Worry About"', *Niqash*, 13 December 2011, http://www.niqash.org/articles/?id=2953.

49 Arwa Damon and Mohammed Tawfeeq, 'Iraq's Leader Becoming a New "Dictator", Deputy Warns', CNN, 13 December 2011, http://articles.cnn.com/2011-12-13/middleeast/world_meast_iraq-maliki_1_al-maliki-iraqi-prime-minister-nuri-shiite-and-minority-sunni?_s=PM:MIDDLEEAST.

50 Ayad Allawi, 'Iraq's Slide Toward Renewed Violence', *Washington Times*, 9 April 2012, http://www.washingtontimes.com/news/2012/apr/ 9 /iraqs-slide-toward-renewed-violence.

51 Josh Rogin, 'Kurdish Leader: No to Arming the Syrian Opposition', *Foreign Policy*, 5 April 2012, http://thecable.foreignpolicy.com/posts/2012/04/05/kurdish_leader_no_to_arming_the_syrian_opposition.

52 Tim Arango, 'Iraq's Political Crisis Eases as Sunni Ministers Rejoin the Government', *New York Times*, 7 February 2012, http://www.nytimes.com/2012/02/08/world/middleeast/crisis-in-iraq-lulls-as-sunni-ministers-return-to-cabinet.html?ref=iraq.

53 Suadad al-Salhy, 'Iraq's Sadr Meets Kurdish Leader, Aims to End Dispute', Reuters, 26 April 2012, http://uk.reuters.com/article/2012/04/26/iraq-politics-idUKL6E8FQ9QY20120426; Raheem Salman, 'Leading Iraqi Lawmakers Threaten Vote of No Confidence', Reuters, 5 May 2012, http://articles.chicagotribune.com/2012-05-05/news/sns-rt-us-iraq-politicsbre84409i-20120505_1_maliki-blocs-al-sadr.

54 マスウード・バールザーニーのインタビュー. Al-Sharqiyah News Television, 27

March 2012.

55 'Iraq PM Must Not Obtain F-16s: Kurdistan Chief' Agence France Presse, 23 April 2012.

56 Lara Jakes, 'Iraqi Kurd Leader Hints at Secession', Associated Press, 26 April 2012, http://www.dailystar.com.lb/News/Middle-East/2012/Apr-26/171467-iraqi-kurd-leader-hints-at-secession.ashx#axzz1tDz0Q05m.

57 Denise Natali, 'Coddling Iraqi Kurds', *Foreign Policy*, 4 April 2012, http://mideast.foreignpolicy.com/posts/2012/04/04/coddling_iraqi_kurds.

58 Feisal al-Istrabadi, 'Is a Democratic, Unified Iraq Viable?', *Near East Quarterly*, March 2012, http://www.neareastquarterly.com/index.php/2012/03/24/is-a-democratic-unified-iraq-viable.

59 Faleh A. Jabar, Renad Mansour, and Abir Khaddaj, 'Maliki and the Rest: A Crisis within a Crisis', *Iraq Institute for Strategic Studies Iraq Crisis Report-2012*, p. 17, http://iraqstudies.com/Maliki%20and%20the%20Rest%20-%20A%20Crisis%20within%20a%20Crisis.pdf.

60 International Crisis Group, 'Iraq's Secular Opposition', pp. 11-12.

61 Special Inspector General for Iraq Reconstruction, *Quarterly Report and Semiannual Report to the United States Congress*, July 2011, p. 94.

62 Elliott Woods, 'Iraq: Under Worse Managemen', *Businessweek*, 18 January 2012, http://www.businessweek.com/magazine/iraq-under-worse-management-01182012.html.

63 Greenberg Quinlan Rosner Research, 'A Major Shift in the Iraqi Political Landscape; Report on the April 2012 National Survey', http://www.ndi.org/files/NDI-Iraq%20-%20April%202012%20National%20Survey%20-%20Report.pdf; Steve Crabtree, 'Opinion Briefing: Discontent and Division in Iraq', 6 March 2012, http://www.gallup.com/poll/153128/opinion-briefing-discontent-division-iraq.aspx.

64 Suadad al-Salhy, 'Iraqis Protest Power and Food Shortages; 3 Shot', Reuters, 3 February 2011, http://www.reuters.com/article/2011/02/03/idINIndia-54637220110203.

65 以下を参照. 'Prime Minister Nouri Al-Maliki Ordered a Fifty Per Cent Reduction in His Monthly Salary as Prime Minister and Have the Remainder Credited to the Treasury', 2011年2月4日の首相府発表（ナサニエル・マーコウィッツによるアラビア語からの翻訳）, http://www.pmo.iq/ArticleShow.aspx?ID=83; Lara Jakes, 'Iraqi PM Says He Will Not Seek 3rd Term', Associated Press, 5 February 2011, http://www.huffingtonpost.com/2011/02/05/eye-on-unrest-iraqi-pm-sa_n_819118.html.

66 Human Rights Watch, 'Iraq: Police Allow Gangs to Attack Protesters', 24 February 2011, http://www.hrw.org/ja/news/2011/02/24/iraq-police-allow-gangs-attack-protesters.

67 Alice Fordham, 'Up in Arms', *Foreign Policy*, 28 February 2011, http://www.foreignpolicy.com/articles/2011/02/28/up_in_arms.

68 Maria Fantappie, 'Iraq: The Sadrists' Golden Opportunit', *Los Angeles Times*, 1 April 2011, http://latimesblogs.latimes.com/babylonbeyond/2011/04/iraq-the-sadrists-golden-opportunity.html.

69 Stephanie McCrummen. 'After Iraq's Day of Rage, a Crackdown on Intellectuals', *Washington Post*, 27 February 2011, http://www.washingtonpost.com/wp-dyn/content/article/2011/02/26/AR2011022604018.html.

70 Qassim abdul-Zahra and Lara Jakes, 'PM: Protesters Are Out of Step with Iraq's Will', 12 March 2011, Associated Press, http://www.washingtonpost.com/wp-dyn/content/article/2011/03/12/AR2011031201400.html.

71 Dana Asaad, 'Unrest in Kurdistan', *Niqash*, 21 February 2011, http://www.niqash.org/articles/?id=2786; Zanko Ahmad, 'Iraqi Kurdistan 2011: A Year of Demonstration and Political Debate', *Niqash*, 29 December 2011, http://www.niqash.org/articles/print.php?id=2962&lang=en.

72 Human Rights Watch, 'Iraq: Widening Crackdown on Protests', 21 April 2011, http://www.hrw.org/ja/news/2011/04/21/iraq-widening-crackdown-protests; Tim Arango and Michael S. Schmidt, 'Anger Lingers in Iraqi Kurdistan After a Crackdown', *New York Times*, 18 May 2011, http://www.nytimes.com/2011/05/19/world/middleeast/19iraq.html.

第6章　攻守の逆転

1 以下を参照. William Zartman, 'Introduction: Posing the Problem of State Collapse,' in I. William Zartman, ed., *Collapsed States: The Disintegration and Restoration of Legitimate Authority* (Lynne Rienner Publishers, 1995).

2 Leila Fadel and Mike Tharp, 'Maliki Raises Possibility That Iraq Might Ask U.S. to Leave', *McClatchy*, 13 June 2008, http://www.mcclatchydc.com/iraq/story/41047.html; Patrick Cockburn, 'Revealed: Secret Plan to Keep Iraq Under US Control', *Independent*, 5 June 2008, http://www.independent.co.uk/news/world/middle-east/revealed-secret-plan-to-keep-iraq-under-us-control-840512.html.

3 Nancy A. Youssef, 'Why the U.S. Blinked on its Troop Agreement with Iraq', *McClatchy*, 19 November 2008, http://www.mcclatchydc.com/iraq/story/56182.html.

4 Tina Susman and Raheem, 'Iraq Lawmakers Approve Security Pact with U.S', *Los Angeles Times*, 28 November 2008, http://www.latimes.com/news/nationworld/iraq/complete/la-fg-iraq28-2008nov28,0,4965965.story.

5 Sahar Issa, Jenan Hussein and Hussein Kadhim, 'Unofficial Translation of U.S.-Iraq Troop Agreement from the Arabic Tex', *McClatchy*, 18 November 2010, http://www.mcclatchydc.com/iraq/story/56116.html.

6　Barack Obama, 'Turning the Page in Iraq', http://www.comw.org/pda/fulltext/0709obama.pdf.

7　Nathan Hodge, 'In Iraq, U.S. Shifts to a Large, New Footprint' *Wall Street Journal*, 10 December 2011, http://online.wsj.com/article/SB10001424052970204319004577088804024140494.html.

8　Tim Arango, 'US Planning to Slash Iraq Embassy Staff by as Much as Half', *New York Times*, 7 February 2012, http://www.nytimes.com/2012/02/08/world/middleeast/united-states-planning-to-slash-iraq-embassy-staff-by-half.html?pagewanted=all&_r=0.

9　Tim Arango and Michael S. Schmidt, 'U.S. Scales Back Diplomacy in Iraq Amid Fiscal and Security Concerns', *New York Times*, 22 October 2011, http://www.nytimes.com/2011/10/23/world/middleeast/us-scales-back-diplomacy-in-iraq-amid-fiscal-and-security-concerns.html?pagewanted=all&_r=0.

10　Siobhan Gorman and Adam Entous, 'CIA Prepares Iraq Pullback; U.S. Presence Has Grown Contentious; Backers Favor Focus on Terror Hot Spots', *Wall Street Journal*, 5 June 2012, http://online.wsj.com/article/SB10001424052702303506404577446703581496154.html.

11　Kenneth Katzman, 'Iran's Activities and Influence in Iraq', Congressional Research Service (CRS), *Reports and Issue Briefs* (October 2007); http://fpc.state.gov/documents/organization/99534.pdf.

12　Martin Chulov, 'Qassem Suleimani: the Iranian General "Secretly Running" Iraq', *The Guardian*, 29 July 2011, http://www.theguardian.com/world/2011/jul/28/qassem-suleimani-iran-iraq-influence.

13　Dafna Linzer, 'Troops Authorized to Kill Iranian Operatives in Iraq', *Washington Post*, 26 January 2007, http://www.washingtonpost.com/wp-dyn/content/article/2007/01/25/AR2007012502199.html.

14　John F. Burns and Michael R. Gordon, 'U.S. Says Iran Helped Iraqis Kill Five G.I.'s', *New York Times*, 3 July 2007, http://www.nytimes.com/2007/07/03/world/middleeast/03iraq.html.

15　Hannah Allam, Jonathan S. Landay and Warren P. Strobel, 'Iranian Outmaneuvers U.S. in Iraq', *McClatchy* 28 April 2008, http://www.mcclatchydc.com/iraq/story/35146.html.

16　以下を参照. Michael R. Gordon, 'Meddling Neighbors Undercut Iraq Stability', *New York Times*, 5 December 2010, http://www.nytimes.com/2010/12/06/world/middleeast/06wikileaks-iraq.html?pagewanted=all.

17　以下を参照. 'Iran-Iraq Trade Transactions Stood at Over $11bn Last Year', *Tehran Times*, 24 May 2012, http://www.tehrantimes.com/economy-and-business/98157-iran-iraq-trade-transactions-stood-at-over-11bn-last-year-envoy.

18　Ben Lando, 'Iraq Increases Reliance on Iranian Energy', *Iraq Oil Report*, 1 July

2011, http://www.iraqoilreport.com/energy/natural-gas/iraq-increases-reliance-on-iranian-energy-5916/.

19 'Tariq al-Hashemi: Turkey "Will Not Hand Over" Iraq VP', BBC News, 11 September 2012, http://www.bbc.co.uk/news/world-middle-east-19554873.

20 以下を参照. 'Erdoğan to Maliki: Take Steps to Reduce Tensions in Iraq', *Zaman*, 10 January 2012, http://www.todayszaman.com/news-268246-erdogan-to-maliki-take-steps-to-reduce-tensions-in-iraq.html; Joe Parkinson, 'Iraq Lashes Out at Turkey as Sunni-Shiite Rift Grows', *Wall Street Journal*, 17 January 2012, http://online.wsj.com/article/SB10001424052970203735304577165140234013650.html.

21 Marwan Ibrahim, 'Turkish Minister's Kirkuk Visit Infuriates Iraq', Agence France Presse, 2 August 2012, http://www.google.com/hostednews/afp/article/ALeqM5jD_W2IL_AnNHbvg2INSMXvsdrq_Q; Patrick Osgood, 'Turkey Preparing Major Kurdistan Oil', *Iraq Oil Report*, 8 November 2012, http://www.iraqoilreport.com/politics/oil-policy/turkey-preparing-major-kurdistan-oil-entry-9253/.

22 Phebe Marr, 'Iraq: Balancing Foreign and Domestic Realities,' in L. Carl Brown, ed., *Diplomacy in the Middle East: The International Relations of Regional and Outside Powers* (I. B. Tauris, 2006), pp. 185-6.

23 以下を参照. David Roberts, 'Kuwait's War of Words with Iraq', *Foreign Policy*, 20 July 2011, http://mideast.foreignpolicy.com/posts/2011/07/20/kuwatis_war_of_words_with_iraq.

24 Michael Peel and Camilla Hall, 'Iraq Launches Regional Charm Offensive', *Financial Times*, 21 March 2012, http://www.ft.com/cms/s/0/57241272-733b-11e1-9014-00144feab49a.html.

25 Brian Whitaker, 'Saudi Call for Jihad', *The Guardian*, 8 November 2004, http://www.theguardian.com/world/2004/nov/08/iraq.saudiarabia.

26 Ned Parker, 'Iraq Insurgency Said to Include Many Saudis', *Los Angeles Times*, 15 July 2007, http://articles.latimes.com/2007/jul/15/world/fg-saudi15; Joel Wing, 'Wikileaks Documents Show Continued Saudi Opposition To Shiite Rule In Iraq', *Musings on Iraq*, 15 December 2010, http://musingsoniraq.blogspot.jp/2010/12/wikileaks-documents-show-continued.html.

27 Toby Harnden, 'We'll Arm Sunni Insurgents in Iraq, Say Saudis', *Daily Telegraph*, 14 December 2006, http://www.telegraph.co.uk/news/worldnews/1536936/Well-arm-Sunni-insurgents-in-Iraq-say-Saudis.html.

28 Michael R. Gordon, 'Meddling Neighbors Undercut Iraq Stability'.

29 Peter Beaumont, 'Saddam Aide in Exile Heads List of Most Wanted Rebels', *The Observer*, 17 October 2004, http://www.theguardian.com/world/2004/oct/17/iraq; Hugh Naylor, 'Syria Is Said to Be Strengthening Ties to Opponents of Iraq's Government', *New York Times*, 7 October 2007, http://www.nytimes.com/2007/10/07/world/middleeast/07syria.html?pagewanted=all.

30　Daniel Dombey, ‘Influx of Suicide Bombers “Entering Iraq from Syria”’, *Financial Times*, 31 January 2007, http://www.ft.com/intl/cms/s/0/7f80109c-b0cf-11db-8a62-0000779e2340.html.

31　Michael R. Gordon, Eric Schmitt and Tim Arango, ‘Flow of Arms to Syria Through Iraq Persists, to U.S. Dismay’, *New York Times*, 1 December 2012, http://www.nytimes.com/2012/12/02/world/middleeast/us-is-stumbling-in-effort-to-cut-syria-arms-flow.html.

32　Patrick Markey and Suadad al-Salhy, ‘In Syrian Shadow, Iraq's Maliki Juggles Tehran, Washington’, Reuters, 1 October 2012, http://www.reuters.com/article/2012/10/01/us-syria-crisis-iraq-idUSBRE89005W20121001.

結　論

1　以下を参照. Iraq Body Count, http://www.iraqbodycount.org.

2　暴力に関する統計の抱える問題については以下を参照のこと. Michael Knights, ‘Blind in Baghdad’, *Foreign Policy*, 5 July 2012, http://www.foreignpolicy.com/articles/2012/07/05/blind_in_baghdad.

3　以下を参照. Joel Wing, ‘Which Direction is. Violence Heading in Iraq?’ *Musings on Iraq*, 9 April 2012, http://musingsoniraq.blogspot.jp/2012/04/which-direction-is-violence-heading-in.html.

4　Joel Wing, ‘The Localized Nature Of. Violence In Iraq’, *Musings on Iraq*, 17 September 2012, http://musingsoniraq.blogspot.jp/2012/09/the-localized-nature-of-violence-in-iraq.html; Joel Wing, ‘What is Security Like Today in Iraq? An Interview With Wash. Institute for Near East Policy's Dr. Michael Knights’, *Musings on Iraq*, 31 July 2012, http://musingsoniraq.blogspot.jp/2012/07/what-is-security-like-today-in-iraq.html.

5　Wing, ‘What is Security Like Today in Iraq? An Interview With Wash. Institute for Near East Policy's Dr. Michael Knights’.

6　‘Al Qaida “is Rebuilding in Iraq”’, Press Association, 10 October 2012; Khaled Waleed, ‘Al-Qaeda in Iraq: Group Has New Offices, New Deadly Plans for Dissent’, *Niqash*, 6 February 2012, http://www.niqash.org/articles/?id=2990.

7　Khaled Waleed, ‘Weapons for Words: Extremists Enter Politics, Threaten Govt Power Balance’, *Niqash*, 26 January 2012, http://www.niqash.org/articles/print.php?id=2980.

8　Bassem Francis and Mohammad al-Tamimi, ‘Kurds Reject Maliki's Demand For Control of Peshmerga Militia’, Al-Hayat, 10 November 2012, republished in http://www.al-monitor.com/pulse/politics/2012/10/kurds-reject-malikis-demand-to-control-pesherga-militia.html; ‘New Iraqi Army HQ Fuels Arab-Kurd Row’, Agence France-Presse, 16 November 2012, http://www.google.com/hostednews/afp/article/

ALeqM5g9-o1dhEyHWdnKjEVA6vArWdn0Yg?docId=CNG.d4304f390123632a7872ff6eddb04783.381&hl=en.

9 Raad Alkadiri, 'Rage Comes to Baghdad: Will Iraq's Recent Protests Lead to Revolt?', *Foreign Affairs*, 3 March. 2011, www.foreignaffairs.com/articles/67557/raad-alkadiri/rage-comes-to-baghdad; Alice Fordham, 'Up in Arms', *Foreign Policy*, 28 February 2011, http://www.foreignpolicy.com/articles/2011/02/28/up_in_arms; Daniel Serwer, 'Behind Iraq's Protests, a Call for Better Democracy', *Washington Post*, 3 March 2011, http://www.washingtonpost.com/wp-dyn/content/article/2011/03/02/AR2011030204886.html?nav=rss_opinion%2Fcolumns.

10 以下を参照. International Energy Agency, 'Iraq Energy Outlook', October 2012, http://www.worldenergyoutlook.org/media/weowebsite/2012/iraqenergyoutlook/Fullreport.pdf.

11 以下の文書の 'Introduction' を参照. The National Security Strategy of the United States of America, September 2002, http://georgewbush-whitehouse.archives.gov/nsc/nss/2002/.

12 George W. Bush, 'President Bush Delivers Graduation Speech at West Point', June 1, 2002, http://georgewbush-whitehouse.archives.gov/news/releases/2002/06/20020601-3.html.

13 George W. Bush, 'President Discusses the Future of Iraq', 26 February 2003, http://georgewbush-whitehouse.archives.gov/news/releases/2003/02/20030226-11.html.

14 以下を参照. Toby Dodge, 'The Sardinian, the Texan and the Tikriti: Gramsci, the Comparative Autonomy of the Middle Eastern State and Regime Change in Iraq', *International Politics*, Vol. 43, No. 4 (2006), pp. 453-73.

15 以下を参照. Brown, Chris, 'Selective Humanitarianism: in Defence of Inconsistency', in Deen K. Chatterjee and Don E. Scheid (eds), *Ethics and Foreign Intervention* (Cambridge University Press, 2003), p. 32.

16 Ken Menkhaus, 'State Failure and Ungoverned Space', in Mats Berdal and Achim Wennmann (eds), *Ending Wars, Consolidating Peace: Economic Perspectives*, (Routledge for the International Institute for Strategic Studies, 2010), p. 172 and Alex Bellamy, 'The Responsibility to Protect or Trojan Horse? The Crisis in Darfur and Humanitarian Intervention after Iraq', *Ethics and International Affairs*, vol. 19, no. 2. (2005), p. 34.

17 Oliver P. Richmond, *The Transformation of Peace* (Palgrave Macmillan, 2007), p. 86.

18 Menkhaus, 'State Failure and Ungoverned Space'.

19 Richmond, *The Transformation of Peace*, p. 14.

20 Michael E. O'Hanlon and Ian Livingston, *Iraq Index: Tracking Varieties of Reconstruction and Security in Post-Saddam Iraq*, 31 January 2012, http://www.brookings.

edu/~/media/Centers/saban/iraq%20index/index20120131.PDF.

21　Iraq Body Count, http://www.iraqbodycount.org.

22　Special Inspector General for Iraq Reconstruction, *Quarterly Report and Semiannual Report to the United States Congress*, 30 October 2012, p. 3, http://www.sigir.mil/publications/quarterlyreports/October2012.html.

23　Campbell Robertson, 'Iraq Private Sector Falters; Rolls of Government Soar', *New York Times*, 10 August, 2008, http://www.nytimes.com/2008/08/11/world/middleeast/11baghdad.html; Central Intelligence Agency, *World Fact Book*, https://www.cia.gov/library/publications/the-world-factbook/geos/iz.html.